CPIM 개론

문 근 찬

한티미디어

머리말

필자는 미 생산재고관리협회(APICS)가 시행하는 CPIM(certification on production and inventory management : 공인생산재고관리사) 자격시험이 한국 내에서 처음 허용되던 해인 1993년도에 이 인증을 득한 인연으로 그 후 CPIM제도에 대해서 남다른 관심을 갖게 되었다. APICS는 기업의 생산관리 및 공급망 관리 분야의 지식체계를 축적, 교육하는 비영리 협회로서 CPIM 등 국제공인 자격제도를 운영하며, 매년 열리는 연차 대회를 비롯하여 전세계에 지역 본부 모임을 갖는 등 매우 활발히 활동하는 기구다. 이런 활동을 통하여 같은 업계에 종사하는 사람들이 모여 축제의 장을 연출하며, 동시에 그 분야의 지식체계를 이론과 실무의 균형을 살리면서 축적해 가는 모습을 보며 필자는 많은 부러움을 느꼈다. 한국의 제조업 경쟁력이 세계적인 수준이므로, 이제는 우리도 글로벌 스탠더드 수준의 지식체계를 축적해 나가는 데 함께 기여해야 할 것이다.

이 책은 CPIM 지식체계를 바탕으로 서술하였다. CPIM은 공급체인관리 기초, 주계획 과정, 상세일정수립과 계획과정, 생산의 실행과 통제, 전략적 자원관리로 구성된 5개 분야의 시험을 통과한 사람들에게 주어지는 자격이다. 현재 CPIM 인증 시험은 세계 주요 국가에서 공통으로 매년 네 차례 시행되고 있는데, 응시자는 매 시험마다 위의 5 개 분야 중 두 분야씩 응시할 수 있다. 그리고 CPIM자격을 받은 사람은 제조업 프로세스에 대한 포괄적인 전문지식과 컨설팅 능력이 있는 것으로 인정되기 때문에 대학생, 산업계, 산업 컨설턴트, ERP 분야 종사자, IT업계 등에 종사하는 사람들이 이 자격을 위해 도전하고 있다.

본서의 내용과 CPIM 인증의 5 개 분야를 연관시켜 살펴 보면 다음과 같다.

머리말

1. 공급체인관리 기초(basics of supply chain management : BSCM) - CPIM의 첫 관문에 해당하는 부분으로 CPIM에서 다루는 전반에 대한 기초를 제시한다.

- 공급체인 기초(elements of the supply chain management) - 제 1 장
- 저스트·인·타임(just-in-time : JIT) - 제 10 장
- 제약자원이론(TOC) - 제 11 장
- 종합적 품질경영(total quality management : TQM) - 제 13 장
- 생산자원관리(manufacturing resources planning : MRP II) - 제 5 장
- 수요관리(demand planning) - 제 2 장
- 생산능력관리(capacity management) - 제 6 장

2. 주계획 과정(master planning of resources : MPR) - 중장기 판매 및 생산계획 수립과 고객 수요 및 예측에 대한 체계적 접근방법을 다룬다. 사업방침과 목적을 바탕으로 자원한계를 고려하여 주계획을 수립하는 과정을 다루며, 그 과정에서 시장의 수요를 고려한 공급계획의 수립과 검증 방법에 초점을 둔다.

- 수요관리(demand management) - 제 2 장
- 판매 및 생산계획(sales and operations planning : S&OP) - 제 3 장
- 공급망 계획(distribution planning) - 제 12 장
- 기준생산일정의 수립(master scheduling) - 제 4 장
- 사업계획의 성과측정(measuring the business plan) - 제 14 장

3. 상세일정수립과 계획과정(detailed scheduling and planning : DSP) - 자재소요량계획(MRP) 및 생산능력계획(CRP)에 대한 다양한 기법을 제시하며, 재고관리 실무와 공정 중심의 일정관리에 초점을 둔다.

- 재고관리의 기법과 실무(recognizing techniques and practices of inventory management) - 제 8 장, 제 9 장

- 상세 자재계획의 구조(mechanics of the detailed planning process) – 제 4 장 ~ 7 장
- 우선순위계획을 지원하기 위한 운영계획의 수립(planning operations to support the priority plan) – 제 4 장 ~ 7 장
- 조달 및 외부 공급자의 계획(planning procurement and external sources of supply) – 제 10 장

4. 생산의 실행과 통제(execution and control of operations : ECO) – 작업 우선순위, 생산계획의 실행과 통제 등 제조현장관리와 실행에 관한 절차와 기법을 다룬다.

- 작업의 우선순위와 시퀀싱(prioritizing and sequencing work) – 제 7 장
- MRP 기반의 일정계획 – 제 5 장
- JIT 기반의 일정계획 – 제 11 장
- 제약자원이론에 기반한 일정계획 – 제 12 장
- 계획의 집행과 통제(executing planning and implementing controls) – 제 6 장, 제 7 장
- 밀기 및 끌기 시스템에서 활동의 지시와 보고(authorizing and reporting activities for push and pull systems) – 제 10 장
- 품질과 지속적 개선 – 제 13 장
- 성과의 평가와 피드백(evaluating performance and providing feedback) – 제 14 장

5. 전략적 자원관리(strategic management of resources : SMR) – CPIM 지식체계를 종합하는 내용으로서 주요 내용은 전략계획에 대한 자원의 적합, 생산전략의 구조와 수립절차, 조직의 효율적 운영과 변화관리 절차 등이다.

- 경쟁적 시장(competitive market issues) – 제 1 장
- 시설, 공급망, 정보기술, 조직 설계에 관한 선택(choices affecting facilities, supply chain, information technology, and

organizational design) – 제 1 장
- 생산전략(operations strategy) – 제 1 장
- 내부 프로세스의 구성과 통합(configuring and integrating internal processes) – 제 1 장

이상의 내용으로 전개하면서, 이 책에서는 가능하면 전문용어에 대해서는 한글용어와 아울러 그에 해당하는 영문 용어를 괄호 속에 병기했다. 이는 CPIM 지식체계에서 요구되는 생산 분야의 용어를 보다 정확히 익힐 수 있도록 하기 위함이다.

물론 이 책의 일차적인 목적은 CPIM 자격을 준비하는 독자를 위한 것이지만, 그 밖에도 이 책의 내용은 기업체의 경영관리자 및 실무자, 그리고 대학의 경영학도들에게도 기업자원관리 분야의 통합된 지식체계를 전달하는 데에 유용하게 적용될 것으로 기대한다.

2012년 12월
문 근 찬

목차

1 공급망관리 개요

1. 생산시스템의 의의와 목적
2. 공급-생산-유통 시스템
3. 공정선택과 제조환경

제 1 장 공급망관리 개요

학습목표

- ✧ 국가경제에 있어서 생산의 역할과 중요성을 이해한다.
- ✧ 제조기업의 사업 모델을 이해한다.
- ✧ 제조기업에 주된 영향을 주는 사업환경에 대해 설명한다.
- ✧ 시스템 관점에서 생산 시스템의 구성요소를 이해한다.
- ✧ 생산관리의 주요경쟁우위 요소 또는 목표를 이해한다.
- ✧ 생산관리자의 역할을 이해한다.
- ✧ 물적유통시스템(공급체인)의 구성요소에 대해서 이해한다.
- ✧ 제조환경과 공정선택의 내용과 상호 관계를 이해한다.

생산 시스템의 의의와 목적

제조기업의 사업 모델

이 사회를 지탱하는 경제적인 부(wealth)는 어디서 오는가? 원천적으로는 천연자원에서 오지만 보다 큰 부를 창출하려면 천연자원을 가공하는 생산기능을 영위해야 한다. 그리고 서비스 기능은 대체로 생산기능을 더 효율적으로 영위되도록 하는 역할을 수행한다. 결국 우리의 생활이 더욱 윤택해지려면 제품 또는 서비스에 더 큰 가치를 부가하여 부(wealth)를 창출할 수 있어야 하고, 동시에 고객에게 가치(value)를 제공할 수 있어야 한다. 그러기 위해서는 제조기업은 1. 제품 및 고객을 정의하는 일(defining products and customers), 2. 제품과 프로세스를 설계하는 일(designing products and processes), 3. 자재의 흐름 관리(managing material flow), 4. 고객 서비스 및 지원(providing customer service and support)의 4 대 기능을 수행한다. 그 기업이 장기적으로 시장에서 경쟁력을 갖고 이익을 내기 위해서는 위 4 대 기능들이 서로 일관되게 운영되어야 한다.

생산관리자는 조직에서 재화 또는 서비스의 생산을 담당하며, 생산기능을 위해 사용하는 변환시스템(transformation system)에 관한 의사결정을 한다.

사업환경

생산관리는 생산시스템이 외부의 고객으로부터 제품에 대한 수요가 있을 때 이 수요의 요건에 맞추어 회사 내의 자원 또는 능력을 계획, 조직, 운영, 통제해 나가는 일련의 활동이다. 이런 활동은 기업 외부에 존재하면서 기업 시스템에 영향을 주는 많은 환경 요인의 영향을 받는다. 주요 사업환경으로서는 글로벌 경쟁, 경제·정부·규제 요인, 고객의 기대, 그리고 기업의 사회적 책임 문제 등이 포함된다.

① 글로벌 경쟁 – 교통과 통신의 발달로 경쟁은 이제 한 국가 내의 문제가 아니라 글로벌 수준에서 전개되고 있다. 따라서 글로벌 시장에서의 경쟁자가 내 놓는 신제품 및 서비스는 기업의 입장에서 중요한 환경 요인으로 작용한다.

② 경제·정부·규제 요인 – 경기의 활황, 불황 정도는 제품 또는 서비스에 대한 수요에 양향을 미치고, 이에 따라 원재료와 같은 투입물의 가용성이 영향을 받는다. 노동력의 가용성, 인구의 고령화, 외국인 근로자의 필요성, 무역장벽과 세계화 된 경쟁 등도 제조기업이 늘 유의해야 할 환경요소이다. 정부는 규제, 안전, 제조물 책임, 세금 등에 광범위한 영향을 미친다.

③ 고객의 기대 – 고객의 요구는 지속적으로 변하며 다양해진다. 더 낮은 가격, 더 높은 품질의 제품 및 서비스, 더욱 짧고 신뢰성 있는 납기, 사전·사후 서비스, 제품의 다양성과 생산량의 신축성, 제품설계 능력을 비롯한 고객 욕구(needs)의 유형도 다양하다. 생산부문은 특히 신기술 동향에 늘 주의를 기울여서 신기술이 가져오는 기회와 위협 요인을 이해하고 있어야 한다.

④ 기업의 사회적 책임 – UN글로벌콤팩트(UN Global Compact)[1]에서 볼 수 있듯이 오늘날 기업의 사회적 책임에 대한 요구가 커지고 있다. 기업의 사회적 책임에 있어서의 지속가능성(sustainability)은 원재료의 사용과 환경에의 영향을 최소화하는 문제뿐 아니라, 인권, 노동의 차별화 반대, 반 부패 문제 등 사회의 모든 구성원이 공평한 편익을 누릴 수 있도록 하는 책임 있는 성장을 포함하는 개념이다.

조직 내 관련 기능

- 회계 부서 – 회계부서는 비용, 원가, 수익에 관한 자료를 집계, 분석하며 이와 같은 정보를 전달하는 기능을 한다. 생산관리와는 인적자원, 자재 그리고 다른 투입 요소와 관계된 원가정보를 받고, 비용 정보를 전달하여 회사의 통제 시스템이 작동하도록 협력한다.
- 마케팅 부서 – 마케팅 부서는 고객의 요구를 파악하여 제품 및 서비스 부문에 반영시키며, 생산 후에는 제품을 고객에게 판매, 전달하는 기능을 수행한다. 고객을 만족시킨다는 점에서 생산과 마케팅의 목적은 동일하며, 이를 위해 긴밀한 협조를 해야 한다.
- 재무 부서 – 재무부서는 투자수익을 최대화하고 자본비용을 최소화하는 투자의사결정을 한다. 또한 조직의 자금계획을 수립, 분석하고 이에 필요한 자금을 조달하는 역할을 맡는다. 생산이 설비와 시설을 증설해야 할 때 재무부서는 이에 필요한 자금의 원천과 조달 방안을 마련한다.

---

[1] UN Global Compact - 유엔이 추진하고 있는 지속균형발전에 기업들의 동참을 장려하기 위해, 1999년 1월 코피 아난 전 유엔 사무총장이 세계경제포럼에서 기업들에게 기업의 사회적 책임 이행을 통해 세계화로 인해 발생한 여러 문제를 해결하는 데 적극 나서자는 취지로 발의한 후, 2000년에 발족된 유엔 산하 전문기구다. 2012년 2월 현재 130여 개국에 걸쳐 8700여 곳 이상의 기업 · 공공기관 · 시민단체 등이 가입해 있다. UN글로벌콤팩트는 기업활동에 있어서 친인권 · 친환경 · 노동 차별반대 · 반(反)부패 등의 10대 원칙 준수를 핵심으로 하고 있다.

- 인사부서 – 인사부서는 조직에 필요한 인적자원을 채용하고, 그들을 교육, 훈련하며, 적재 적소에 배치하는 기능을 수행한다. 생산부서는 필요한 인적자원의 형태와 인원에 관한 정보를 인사부서에 제공하며, 인사부서는 인적자원관리의 전문성을 바탕으로 적합한 인원을 충원하여 배치한다.
- 기술과 R&D – 기술과 연구개발 부문은 기술관리를 통하여 생산을 지원한다. 예를 들어 신제품 개발을 위한 기술의 도입과 자체개발을 위한 장단기적인 계획 수립, 제품 및 공정 기술의 개발 등 전문적인 활동을 통하여 고객이 만족할 수 있는 제품이 생산부문에서 만들어질 수 있도록 기술적인 지원을 한다.
- 물류 – 물적자원의 유통기능을 담당한다. 물류 기능은 후술하는 자재관리(materials management) 기능으로 통합되어 회사 내의 공급체인관리(supply chain management)가 효율적으로 이루어지도록 점차 전문화되고 있다.

시스템적 관점

생산활동이란 기업이 이용 가능한 자원, 즉 인간, 원자재, 기계설비, 에너지, 정보 등을 유용하게 활용하여 제품이나 서비스로 변환해 가는 과정을 말한다. 생산활동은 대표적으로 공장의 경영에서 볼 수 있지만 병원, 백화점, 식당 같은 서비스 조직의 운영 활동도 역시 생산활동이라고 말할 수 있다. 다만 서비스 조직의 산출물인 서비스는 무형재이기 때문에 재고로 저장이 안 되고, 생산과 동시에 소비되는 특징 등 유형재의 생산과는 구별되는 부분이 많다.

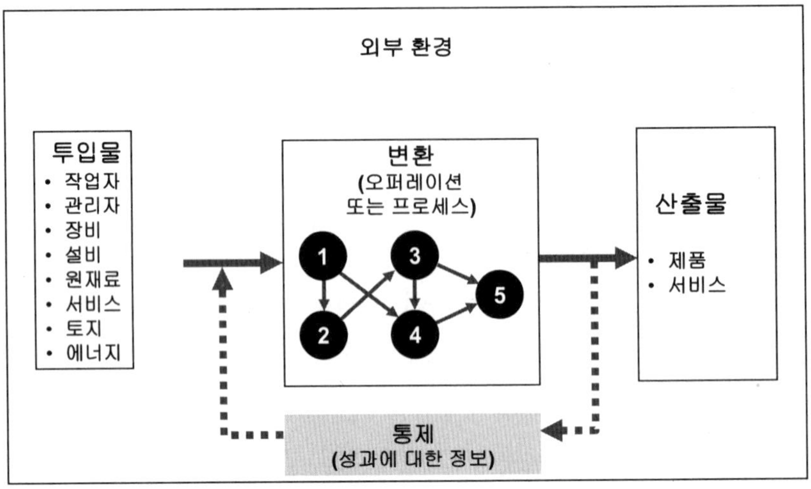

그림 1-1 생산의 기본적 기능

생산활동(production or operations)은 그림 1-1과 같이 "생산요소(투입물)를 유형·무형의 경제재(산출물)로 변환시킴으로써 효용을 창출하는 과정"으로 정의할 수 있다.

그림 1-1 에 제시된 생산시스템의 각 구성요소는 다음과 같다.

첫째, 투입(input)은 생산을 위해서 희생되는 자원을 말한다. 투입에는 인력, 원재료, 에너지, 정보 등 종류가 많은데, 지식사회로의 이행이 진행됨에 따라 특허, 노하우 등 지식(knowledge) 요소가 향후 자본이나 노동보다 더 중요한 생산요소가 될 것이다.

둘째, 산출(output)은 생산활동을 통해서 얻어지는 재화와 서비스를 뜻한다. 재화는 TV, 자동차와 같은 유형재를 뜻하고, 서비스는 운송수단의 제공과 같은 무형재를 뜻한다.

셋째, 변환(transformation)은 인력, 원재료, 기계, 에너지 등의 자원을 결합하여 원하는 제품이나 서비스로 전환시키는 과정(공정, 또는 프로세스)을 말한다.

넷째, 통제(control)는 생산활동이 계획대로 달성되는 것을 보장하기 위해서 요구되는 측정과 시정조치를 말한다. 이를 위해서 산출 성과에 대한 정보가 관리자에게 전달되는데, 이와 같은 정보나 지시의 흐름을 피드백이라 한다.

기업 존속의 조건: 이익

생산활동의 기본적인 목적은 투입가치에 비해서 산출가치가 커야 한다는 것이다. 그렇게 되어야만 생산기업은 이윤을 얻어 존속하고 또한 성장할 수 있다. 결과적으로 생산활동을 통해서 다음 식이 성립해야 한다.

$$\frac{\text{산출가치}}{\text{투입비용}} > 1$$

기업은 가능하면 최소한의 투입비용으로 최대한의 산출가치가 실현되도록 생산활동을 수행해야 합니다. 만약 산출가치가 대략 매출액으로 환산될 수 있다고 가정하면 위 관계에서 다음 식이 도출된다.

$$\text{이익(profit)} = \text{매출액(revenue)} - \text{비용(expense)}$$

매출액을 증대시키기 위해서는 고객 서비스를 향상해야 한다. 그리고 비용을 절감하기 위해서는 생산원가, 재고비용, 유통비용을 절감해야 한다. 따라서 기업 전체의 차원에서 이익을 높이기 위해서는 다음의 주요 목표에 초점을 맞추어야 한다.

생산관리의 주요 목표

생산관리자가 중점을 두는 목표는 크게 다음과 같은 영역이다.

① 최상의 고객 서비스(고객가치) 제공
이는 고객이 원하는 제품(다양한 구색과 품질)을 원하는 장소와 시간에 제공하는 일로부터 출발한다.

② 최저의 제품원가 실현
제조원가를 낮추어야만 고객에게 낮은 가격에 공급할 수 있고, 또한 요구되는 이익을 실현할 수 있다.

③ 최저의 재고 비용
지나친 재고는 이익을 창출하는 활동에 사용할 자금이 묶여지게 하여 현금흐름을 압박하고 이익을 손상하는 문제를 일으킨다.

④ 최저의 유통비용
수송비용, 유통재고, 창고 등에 발생하는 비용으로 주문처리의 빈도와 로트크기(lot size)에 크게 영향을 받는다.

생산시스템의 목표(경쟁우위 요소)

기업의 목적은 고객이 원하는 가치를 제고함으로써 달성된다. 이를 위해서 구체적으로 생산시스템이 추구해야 할 목표(경쟁우위요소)는 전통적으로 품질(quality), 원가(cost), 납기(delivery), 그리고 신축성(flexibility)로 구성된다. 따라서 경쟁력 향상을 위해서는 이 4가지 경쟁우위 요소(competitive advantages)의 개선이 필요하다.

- 품질(quality): 품질은 조직의 이미지와 신용도에 크게 영향을 미치는 요인이다. 품질은 궁극적으로 고객의 요구를 만족시키는 정도에 의해 평가되며, 이를 위해 설계, 생산 과정에서의 품질이 적합하게 유지되어야 한다.
- 원가(cost): 생산부문은 생산원가를 절감하여 제품 및 서비스를 경제적인 가격으로 공급할 수 있어야 한다. 원가 절감은 여러 측면에서 추구될 수 있으나 생산관리를 합리화하는 것이 그 근본이라 할 수 있다.

- 납기(delivery): 납기는 다시 신속성(delivery speed)과 확실성(delivery reliability)으로 구성된다. 즉 고객이 원하는 제품과 서비스를 신속하게, 또한 정해진 날짜에 맞게 공급할 수 있는 능력을 말한다.
- 신축성(flexibility): 신축성(혹은 유연성)은 외부 수요의 변화 또는 제품 및 서비스의 설계변경에 신속하고 쉽게 대응하는 능력을 말한다. 생산할 수 있는 품목이 다양하면서도 새로운 제품을 신속하게 생산할 수 있으며, 생산량을 쉽게 증감할 수 있으면 그 시스템은 신축성이 높다고 할 수 있다.

마케팅과 생산의 연계

이들 기준 간에는 상쇄관계(trade-off)가 있으므로 모든 것을 동시에 잘하기는 어렵다. 그러나 다른 성과기준의 손상을 가져 오면서 효율성만을 추구하는 것은 문제가 있다. 기본적으로 생산에 있어서 제기되는 대부분의 경우와 마찬가지로 상쇄관계가 있는 의사결정은 늘 전체 목표, 즉 고객의 관점에서 고려되고 선택되어야 한다.

경쟁우위 요소들은 경쟁에서 승리하는 데 핵심이 되는 기준에 관한 다음의 두 가지 마케팅 중심적 개념으로 구별해 볼 수 있다.

① 주문획득기준(order winning criteria, order winners)

경쟁우위요소 중 특히 고객으로 하여금 다른 경쟁사가 아닌 그 회사의 제품이나 서비스를 선택하게 만드는 요소를 주문획득기준(order winning criteria)이라 한다. 즉 회사의 전략적 강점 요인을 말한다.

② 자격기준(order qualifiers)

또한 고객만족 이전에 회사가 그 시장에서 경쟁하기 위해서 기본적으로 갖추어야 할 요건이 되는 요소를 자격기준(order qualifier)이라 한다. 예를 들어 기업이 원가우위 전략을 취하지는 않는다 하더라도 경쟁을 위해서는 가격이 어떤 범위 수준에는 맞아야 한다. 품질은 이미 여러 업계에서 자격기준이 되어 있다.

그리고 이들 요소 간의 우선순위, 즉 중요성은 늘 동일한 것이 아니라 경쟁상황이 변함에 따라 달라진다. 다시 말하면, 현재의 주문획득기준이 나중에는 자격기준이 될 수 있고 더 나아가 별 중요성이 없는 요소로 변할 수도 있다.

생산관리자의 역할

생산관리자는 생산기능을 관리하는 관리자로서의 역할과 아울러, 생산기능이 추구해야 할 전략적 역할에 대한 방향을 잡아야 한다. 생산관리자의 역할은 그림 1-2에 나타나 있는 바와 같이 크게 세 영역으로 구분할 수 있다.

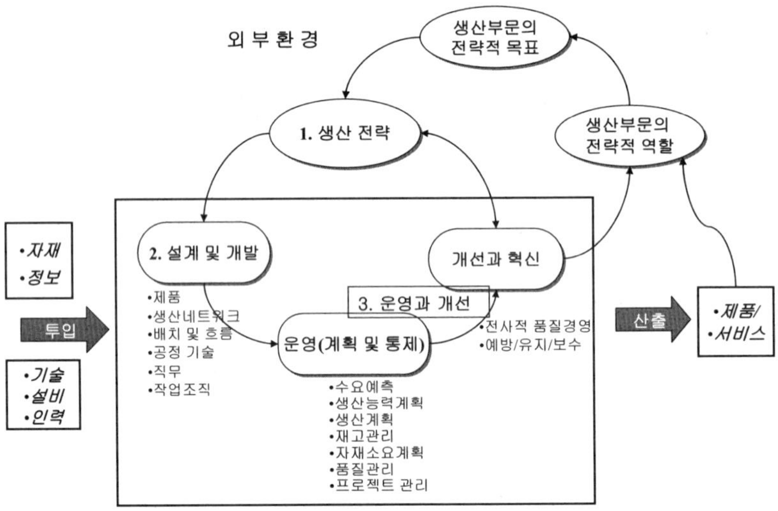

그림 1-2 생산관리자의 활동 영역

첫째, 생산 기능이 수행해야 할 전략적 방향을 구상하고 실행하는 일이다.

둘째, 변환과정을 설계하고 개발하는 일이다. 이 영역에서는 새로운 생산시스템을 시작하는 데 필요한 제품설계, 공정설계, 입지선정, 설비배치 등의 의사결정이 포함된다.

셋째, 가치 창조 및 가치제공 프로세스에 대한 운영(계획 및 실행)과 개선이 있다. 이 영역은 주어진 생산시스템의 일상적인 운영에 관련된 의사결정을 뜻한다. 수요예측, 총괄생산계획, 재고관리, 설비보전 등이 이에 속한다.

공급-생산-유통 시스템

공급-생산-유통시스템의 구조

자재의 흐름은 그림 1-3 과 같이 세 단계로 이루어진다.

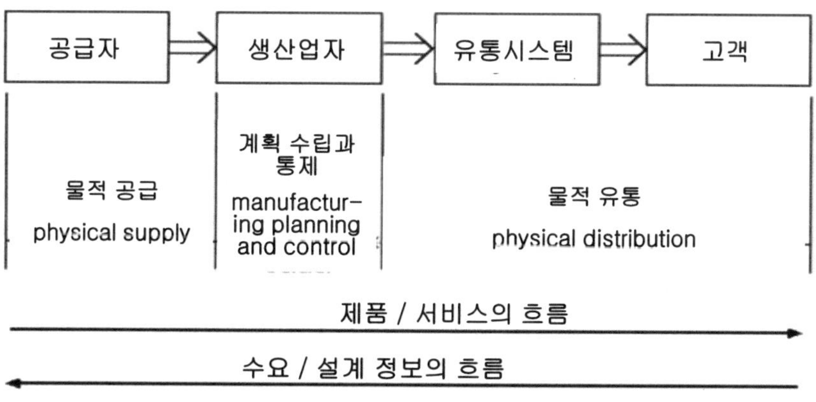

그림 1-3 공급체인 시스템

원자재는 물적유통시스템(distribution system)으로부터 제조기업(manufacturer)으로 유입되며, 제조과정을 거쳐 완성된 제품은 물적유통 시스템을 통해 고객(customer)에게 전달된다. 각 단계는 밀접하게 연결되어 있어서 한 단계에서 일어나는 일은 다른 단계에 영향을 준다는 점이 중요하다. 공급-생산-유통 시스템의 모습은 산업에 따라 혹은 기업에 따라 다양하고, 각 요소의 중요성도 서로 달라지지만 그 기본적인 구성 요소는 동일하다.

각 부문의 역할과 정보 흐름

그림 1-3 의 공급자, 생산업자, 유통시스템, 고객은 각기 여러 개의 업체가 연결되어 구성될 수도 있고 단일 기업일 수도 있다. 유통시스템은 공급자로부터 고객으로 직접 연결될 수도 있지만 제품이나 시장에 따라서는 도매, 소매, 창고 등 다수의 중간업자를 거쳐 인도되기도 한다. 제품 또는 서비스는 대개 공급자에서부터 고객의 방향으로 흐르는 데 비해서, 설계·디자인 및 자재에 대한 수요 정보는 고객으로부터 공급자 쪽으로 흐른다.

역사적으로 보자면, 처음에는 제조기업과 그 기업의 공급자(협력업체)와의 관계가 만들어졌다. 제조기업이 공급자에게 필요한 원재료나 부품을 주문하면 공급자는 제조업자에게 납품을 하게 되는데, 이 때 파트너십이 얼마나 강한지의 정도에 따라 제조기업의 행태가 달라진다. 예를 들어 납기가 제조기업의 요구 수준에 못 미치면 제조기업은 공급자와의 협력을 포기하고 자신의 재고를 그만큼 더 많이 보유하여야 하는데, 물론 여기에는 재고유지비가 발생한다. 그렇다고 재고를 너무 적게 보유하면 제조자의 시장변화 대응능력이 떨어지는 등의 문제가 따른다.

그 후, 파트너십은 유통업체와 제조기업과의 관계로 이어졌다. 유통업자와의 파트너십이 생기면 제조업체는 안정적인 판매경로가 생기고, 유통업체는 제품을 수요에 맞게 안정적으로 공급 받을 수 있기 때문에 양 측이 함께 이득이 된다.

파트너십의 일차적인 특징은 수요나 재고에 관한 정보를 공유한다는 것이다. 유통업자로부터 수요 정보가 제조업체에게 주어지면 제조업자는 이 내용을 바탕으로 생산계획을 수립하고, 이어서 필요한 자재를 확보하기 위해서 공급업자에게 자재의 소요에 관한 정보를 전달한다. 그러나 만약 유통망에서 수요에 관한 정보가 들어오지 않는다면, 제조업체에서는 오직 수요예측(forecasting)을 통해서 수요를 결정할 것이고, 수요예측의 오차를 보전하기 위해 더 많은 재고를 보유하여야 한다.

일반적으로 파트너 간 연결의 문제를 재고보유로써 해결하는 것보다는 파트너 간의 원활한 정보의 흐름으로 보완하는 방법이 더 효과적이다. 이 점이 바로 공급체인관리(supply chain management)가 필요하게 된 배경이 되었다.

각 부문 간의 갈등

전통적으로 공급, 생산, 유통 시스템은 각기 별개의 기능(functions)으로 구성되어 있었다. 기능적 조직의 특성 상 각 부문의 정책이나 관행은 시스템 내 타 부문에 대한 고려가 결여된 채로 자체의 부문 목표를 극대화하는 방향으로 정해지는 경우가 많다. 결국 시스템적으로 상호 연결되어 있는 공급, 생산, 유통의 세 부문 간에는 갈등이 생긴다. 예를 들어 유통시스템은 운송비를 최소화하기 위해 가능하면 일회 운송 시 많은 양을 선적하고자 하지만, 이는 재고를 증가시켜 재고비용을 높이는 결과를 가져온다.

기업 내에는 마케팅·영업(marketing and sales), 생산(production), 재무(finance), 인적자원(human resources), 기술·연구개발(engineering, R&D), 정보(information systems) 등의 주요 기능이 있다. 생산 부문 내에는 다시 제조, 생산기술, 자재, 품질 부서 등이 존재한다.

이들 부서 중에서 마케팅·영업, 생산, 재무 간에는 목표 수행 상 갈등을 겪게 된다. 예를 들어 마케팅·영업의 목표는 매출을 증대하는 것이다. 이를 위해서는 최상의 고객 서비스를 제공해야 한다. 여기에는 몇 가지 방법이 있다.

- 고객이 요구할 때 언제나 가용하도록 넉넉한 재고를 유지함
- 재고가 부족한 품목이 신속하게 공급되도록 생산 흐름에 자주 개입함
- 고객에 제품이 신속하게 인도되도록 고가의 유통시스템을 유지함

하지만 이 목표는 투자와 원가를 낮추려는 재무 부분의 목표와 상충된다. 재무 부문의 목표를 위해 다음과 같은 방법이 요구된다.

- 재고수준을 줄여서 재고 투자와 재고비용을 최소화함
- 공장과 창고의 수를 최소화함
- 긴 주정(production run)을 유지하여 한꺼번에 많은 양을 생산함
- 고객의 주문이 있을 때만 생산함

생산 부문의 목표는 생산원가를 가능한 한 낮추는 것이다. 이를 위해 다음과 같은 방법이 요구된다.

- 제품교체(changeover)를 최소화 하고, 상대적으로 소수의 제품을 오랜 주정에 걸쳐 생산함
- 생산이 중단되지 않도록 원재료 재고를 넉넉하게 유지함

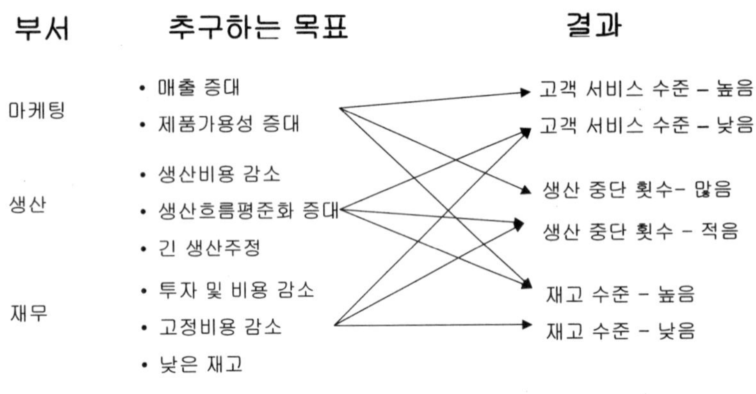

그림 1-4 부서 목표들 간의 충돌

이와 같이 마케팅·영업, 생산, 재무 간의 갈등은 고객 서비스, 유통망, 재

고수준의 면에서 그림 1-4 와 같은 방식으로 표출된다. 서로 상충되는 비용을 효과적으로 관리하고 고객 서비스 수준을 높이려면 생산, 영업, 재무 등 전통적인 부서의 관점을 뛰어 넘는 전사적 관점이 요구된다.

자재관리의 필요성

오늘날 린(lean) 또는 적시생산(Just-in-Time: JIT) 시스템 개념은 고객이 원하는 때에 원하는 만큼만 공급할 필요성을 강조하는데, 결과적으로 재고를 최소로 유지하게 된다. 이와 같이 전체 시스템의 목표에 의해 부문 목표를 적절하게 조정할 필요가 생기는데, 이런 통합된 물류 기능을 계획하고 통제하는 기능을 담당하는 부서로서 자재관리(materials management) 기능을 두기도 한다.

자재관리(materials management)는 전통적으로 따로 나누어져 있던 두 영역인 생산계획과 통제(manufacturing planning and control) 및 물적 공급과 유통(physical supply / distribution)을 통합하며, 물자의 흐름을 원재료 공급업체로부터 고객까지 일괄하여 관리하려는 관점을 제공한다. 따라서 자재관리는 제조기업의 각 활동을 개별 부서가 아니라 여러 부서를 횡적으로 흐르는 프로세스로 인식하여 부서 간의 상충하는 목표를 조정할 수 있도록 관리되어야 한다. 요컨대 자재관리는 고객으로부터의 수요와 생산에서 산출되는 공급 간에 균형을 유지하도록 함으로써, 원가를 줄이면서 고객에게 적정한 품질, 가격, 납기를 제공하도록 하는 가치창출 활동을 한다.

자재관리의 주된 영역은 ‘생산계획수립과 통제(manufacturing planning and control)’와 ‘물적 공급과 유통(physical supply / distribution)’의 두 가지다.

계획수립과 통제

생산계획수립과 통제(manufacturing planning and control)는 제조기업의

생산 프로세스를 통과하는 물자의 흐름을 계획하고 통제하는 일을 말한다.

생산계획수립(production planning)은 물자흐름의 우선순위를 정하고, 이를 위한 생산능력이 가용한지 명확히 하는 일로서, 예측(forecasting), 기준생산일정 수립(master planning), 자재소요량계획 수립(material requirements planning), 생산능력계획 수립(capacity planning)이 포함된다.

통제(control)는 계획수립에서 나온 결과를 행동으로 옮기는 실행기능으로서 생산활동관리(production activity control or shop floor control) 기능을 통해서 수행된다.

계획수립 과정의 일부분으로서 재고관리(inventory management)는 수요와 공급률 간의 차이를 메워주는 완충작용을 하는 부분이다. 계획수립 기능을 위한 주요 입력정보로는 1. 설계도면과 사양(engineering drawing and specifications)을 보고 작성되는 제품명세(the product description), 2. 부품표(the bill of materials), 3. 제품을 만드는 데 요구되는 작업 내용, 작업의 순서, 요구되는 도구와 부속품, 각 작업을 하는 데 요구되는 표준시간(standard time)이 들어 있는 공정 사양 정보(process specifications) 등이다.

물적 공급과 물적 유통

공급체인 중 물적 공급(physical supply) 부분은 공급업자로부터 시작하여 제조업자의 생산프로세스가 시작되는 데까지를 말한다. 그리고 물적 유통(physical distribution)은 생산이 끝나는 데서부터 고객까지를 말하는데, 우리가 흔히 물류(logistics)라고 말하는 기능이다.

물적 공급 및 유통에 관련된 세부 활동으로서는 수송(transportation), 유통재고(distribution inventory), 창고(warehousing), 포장(packaging), 자재취급(material handling), 주문접수(order entry) 등이 포함된다.

공정선택과 제조환경

공정 선택과 배치

제조기업은 주어진 환경에 적응하여 적절한 사업모델에 관한 의사결정을 수행함으로써 자신의 역할을 수행한다. 그 결과 제조 환경(manufacturing environment) 내지 적합한 공정의 선택(process choices)이 이루어진다.

한 기업에서 중요한 요인이 다른 기업에서는 별 문제가 안될 수도 있는데, 이는 생산시스템의 유형이 서로 다르기 때문이다. 생산시스템의 주요 유형(공정선택)은 제조공정(manufacturing processes)의 형태 및 수주형태에 의해서 구분된다.

제조공정에 따른 공정선택의 유형은 단속생산, 흐름생산, 그리고 프로젝트 생산의 세 가지 기본 형태를 중심으로 다양한 변종이 있다.

단속생산(intermittent manufacturing)

로트생산 또는 뱃치생산이라고도 한다. 중소 제조기업에서 흔히 볼 수 있는 생산 형태로서 제품은 일련의 작업대(workstation)를 통과해 지나간다. 다양한 품목의 제품을 로트(lot) 혹은 뱃치(batch) 별로 융통성 있게 작업할 수 있는 범용 장비(general-purpose equipment)가 주로 이용된다. 이런 공정은 생산 물량(volume)이 그리 크지 않아서 조립 라인과 같은 전용 설비를 쓰지 않아도 될 때 사용된다. 대표적인 예로서는 구두, 가구, 의료기기 제조업 등을 들 수 있다.

단속공정에 적합한 배치(layout)는 공정 별 배치(process layout)인데, 잡샵(job shop) 또는 기능별 배치(functional layout)라고도 한다. 공정 별 배치에서는 같은 종류의 기계와 그 기계를 써서 이루어지는 작업을 묶어 '절삭가공반', '밀링반' 같은 기능별 부서를 만든다.

공정 별 배치(process layout)

공정 별 배치는 유사한 스킬(skills) 또는 장치 별로 부서가 배치되어, 작업들은 단지 해당되는 부문만을 거쳐서 완성된다. 생산 제품이나 생산량을 변경하는 것이 비교적 용이하지만 재공품이 많이 쌓이고 리드타임이 길어질 수 있다. 보통 작업은 대기(queue) → 준비(setup) → 작업(run) → 지체(wait) → 이동(move)의 절차를 거쳐 완성된다.

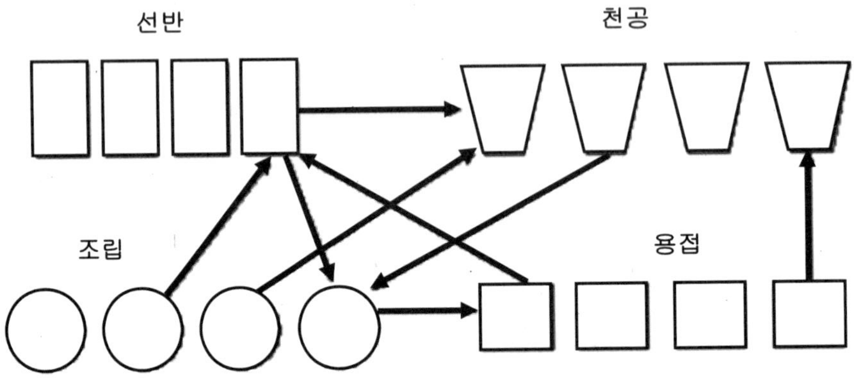

그림 1-5 공정별 배치(process layout)

흐름생산(flow manufacturing)

자동차 조립라인이 대표적인 예로서 정해진 생산률(rate)로 각개의 제품 또는 중간제품을 조립하다. 기계들은 대개 다목적이 아니라 전용(dedicated)이다. 이 공정을 구축하는 데는 많은 자금이 투입되어야 한다. 각 생산라인은 여러 단계의 작업(공정)으로 나누어져 있고 각 작업 단계는 하나의 작업장을 이루어 동일한 작업을 반복 수행하게 된다.

일정한 크기의 로트(lot)를 설정하여 작업 실행과 중단을 반복하는 생산 방식이다. 반복 라인생산의 생산속도를 결정하는 주체에 따라 작업자 위주의 반복생산(repetitive manufacturing)과 기계 위주의 라인생산(line manufacturing)으로 나누어진다.

연속 생산(continuous flow)은 중단 없이 계속 가동되는 시스템으로서 석

유화학, 시멘트, 약품과 같이 동일한 제품을 대량생산하는 산업에서 흔히 볼 수 있는 제조형태다. 연속 생산은 전용기계가 사용되며, 고정된 경로(fixed routing), 큰 생산물량, 생산률이 일정하게 고정되어 있다.

흐름생산은 단속생산에 비해 재공품(WIP) 재고가 낮고, 제조 리드타임이 짧으며, 생산 원가를 낮출 수 있는 장점이 있다.

제품별 배치(product layout)

흐름생산에는 제품별 배치(그림 1-6)가 이루어진다. 제품별 배치에서는 유사한 제품이 전용기계에 의해서 생산되며, 수요가 충분해서 자본집약적인 기계를 충분히 가동할 수 있어야 한다. 생산리드타임은 길지 않고 재공품도 많이 쌓이지 않는다. 대체로 대량생산이 이루어지므로 제품 단위 당 원가도 낮아진다.

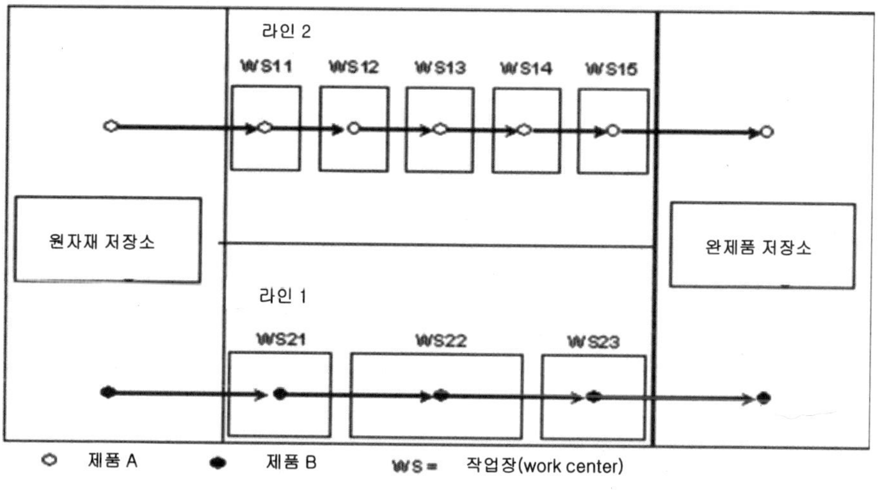

그림 1-6 제품별 배치(product layout)

프로젝트 생산(project manufacturing)

프로젝트 생산에서는 제품이 한 장소에서 생산된다. 선박, 건물, 항공기 등 매번 특별하게 설계된 대형 제품을 생산하는 데 프로젝트 생산이 이루어진다. 한 장소에 고정되어 있는 이유는 원재료와 조립품도 너무 커서 장소를 이동하기가 부적절하기 때문이다.

프로젝트 생산을 위한 배치에서는 대형 빌딩의 건축이나 선박 건조와 같이 제품이 매우 크고 복잡하여 제품은 한 장소에 고정되어 있고, 자재와 기계설비가 건설 장소로 이동하여 생산이 이루어진다. 생산물 이동을 최소화하는 대신 기계설비 이동으로 노동, 시간, 비용이 증가하는 문제를 잘 관리해야 한다.

리드타임과 수요형태에 따른 제조환경

제조환경

리드타임(lead time)은 주문을 접수한 시점부터 제품을 주문자에게 인도한 시점까지를 말한다. 고객은 최대한 단납기를 원하므로 일반적으로 인도 리드타임은 누적 리드타임보다 짧다. 또한 제품의 규격을 고객이 정하는지 회사가 정하는지를 기준으로 몇 가지 제조환경(manufacturing environment)[2]으로 분류할 수 있다.

제조환경은 크게 보면 주문생산(MTO: make-to-order)과 재고생산(MTS: make-to-stock)으로 구분된다.

주문생산은 고객이 제품의 사양을 결정하며, 따라서 제품의 옵션이 다양하고, 고객이 주문이 처리될 동안 기다릴 용의가 있고, 제품의 생산과 저장에 비용이 많이 드는 품목에 적용된다. 제품이 다양한 만큼 범용설비에 의해 생산이 이루어진다. 주문생산의 예로서는 고객의 사양에 따라 만들어야

---

2 '제조환경(manufacturing environment)' 용어는 '생산환경(production environment)' 또는 '제조 전략(manufacturing strategy)'과 혼용될 수 있음

하는 맞춤복, 기계류 등을 들 수 있다.

반면에 재고생산은 수요가 기간 별로 거의 일정하고, 제품 옵션이 분화되어 있지 않으며, 제품을 생산하는 데 걸리는 시간(production time)에 비해 시장수요에 대해 요구되는 납품 시간(delivery time)이 훨씬 짧고, 마지막으로 제품의 진열기간(shelf life)가 긴 제품에 적용된다. 즉 재고생산은 냉동식품, 기성복, 자전거 등과 같이 생산자가 사양을 결정하여 한정된 품목을 대량으로 생산하는 품목이다. 재고생산은 대개 전용설비에 의해 생산된다.

생산계획에 요구되는 정보는 계획시평 동안 기간 별 수요예측, 재고생산의 경우 기초재고(opening inventory, 또는 현재고 on-hand라고도 함) 및 바람직한 기말재고(ending inventory), 주문생산의 경우 기초 미납주문(past due customer order, 혹은 백로그 backlog라고도 함) 및 바람직한 기말 미납주문 등이다.

주문생산은 좀 더 세분하여 주문 후 미리 생산, 보관된 모듈을 조립하여 완제품을 생산하여 출하하는 주문 조립(ATO: assemble-to-order), 그리고 주문 후 비로소 설계에 들어가는 주문 설계(ETO: engineer-to-order)가 있다. 고객에 대한 인도 리드타임(delivery lead time)이 짧은 순서로 열거하면 다음과 같이 5 가지의 제조환경(manufacturing environment)으로 구분된다.

- 재고 생산(make-to-stock): 완제품을 생산한 후 재고로 유지하고 있다가 판매하는 형태
- 주문조립(assemble-to-order): 제조기업이 구성품(component) 재고를 보유하고 있다가 고객의 주문 후 조립함
- 주문 생산(make-to-order): 고객의 주문이 접수된 이후에 비로소 생산에 착수함
- 주문 설계(engineer-to-order): 고객의 요구 사양이 각기 독특한 설계 또는 중요한 고객화(customization)를 요하기 때문에 인도 리드타임은 설계 리드타임까지 포함함

- 대량고객화(mass customization): 제품은 저장된 부품으로부터 다양한 구성(configuration)으로 만들어지며, 그러면서도 신속, 대량으로 생산함

이들 제조환경 중 어느 것을 선택하는지는 다음과 같은 요인의 영향을 받는다.

- 고객의 리드타임에 대한 기대
- 고객으로부터의 제품설계 인풋
- 제품의 양과 다양성
- 제품의 수명주기

제조방식과 리드타임

제조환경에 따라 누적 리드타임 기간 중 고객에 대한 인도 리드타임이 차지하는 비중은 그림 1-7 과 같다.

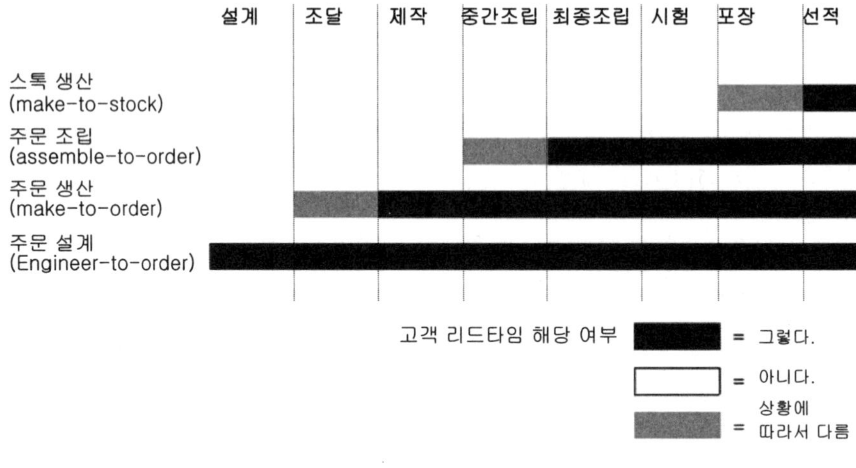

그림 1-7 제조방식과 리드타임

생산량과 다양성

제품 다양성(variety)과 생산량(volume)은 수주형태와 관련이 크며, 적합한 생산 공정의 형태와 관련이 많기 때문에 중요하게 결정되어야 한다.

제품생산량은 현재 표적으로 삼고 있는 시장에서 특정한 제품 또는 제품군 전체의 생산 수량을 말하는 것으로, 요구되는 생산량에 의해 개별수주형(job shop)으로 할 것인지, 흐름공정(flow shop)으로 할 것인지에 큰 영향을 미친다.

제품 다양성은 제품 또는 제품군에 해당하는 최종제품의 가짓수를 가리킨다. 고객의 주문에 따라 제품사양을 달리해 줄 수 있는지, 그리고 모듈화된 표준품으로부터 다양한 조립이 가능한지 여부에 따라 다양성이 달라지며, 이것도 역시 적합한 제조 환경의 형태에 영향을 미친다.

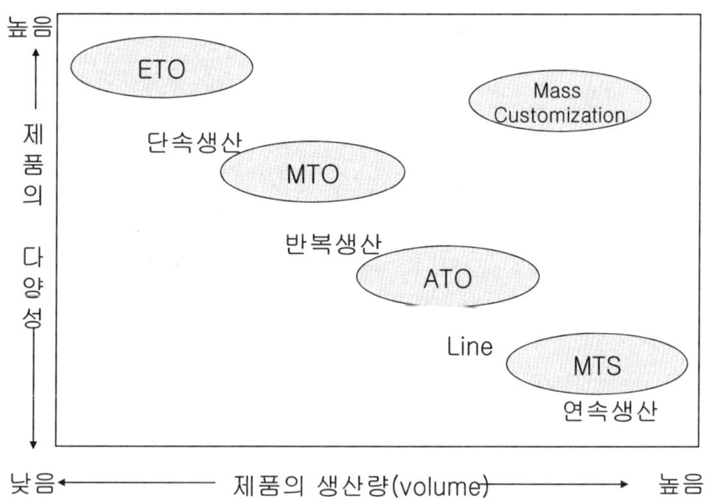

그림 1-8 생산량-다양성 매트릭스

기업이 생산방식을 선정할 때 그림 1-8 의 관계를 이용할 수 있다. 즉 일반적으로 생산량은 적지만 다양성이 높은 생산방식은 개별수주형(job shop)이며, 그 반대인 경우는 연속생산(continuous)의 형태를 선택해야 한다. 이런 원칙에 벗어 나는 생산방식을 선택한다면 비용·효과 면에서 불리하다. 그러나 적시생산체제(JIT)와 같이 생산량과 다양성을 동시에 추구하면서 성공적으로 경쟁력을 확보하는 기업도 있다.

수행도 평가

1. 경제에 있어서 생산기능이 중요한 이유는?
   A. 상품에 가치를 부가하고 경제적인 부를 창출하기 때문에
   B. 천연자원을 이용하고 낭비를 막기 때문에
   C. 경제적인 부를 창출하고 고용을 감소시키기 때문에
   D. 낭비를 줄이고 고용을 감소시키기 때문에

2. 전통적인 제조환경에서 다음 목표 중 서로 충돌하는 것은?
   A. 고객서비스의 증대와 재고투자의 증대
   B. 생산비용 감소와 재고투자 증대
   C. 생산비용 감소와 재고투자 감소
   D. 고객서비스 감소와 재고투자 감소

3. 다음 중 옳은 것은?
   A. 마케팅과 생산의 목표는 많은 재고로 성취될 수 있다.
   B. 마케팅과 재무의 목표는 많은 재고로 성취될 수 있다.
   C. 마케팅과 생산의 목표는 적은 재고로 성취될 수 있다.
   D. 마케팅과 재무의 목표는 적은 재고로 성취될 수 있다.

4. 가장 긴 인도 리드타임(delivery lead time)을 가지는 생산전략은 다음 중 어느 것인가?
   A. 주문생산 (make-to-order)
   B. 주문조립 (assemble-to-order)
   C. 재고생산 (make-to-stock)
   D. 연속 제조 (continuous manufacturing)

5. 자재관리의 주요 목적은 다음 중 어느 것인가?
   A. 충분하고 정당한 고용을 제공하기 위하여

B. 요구되는 고객 서비스 수준을 제공하기 위하여
C. 재고회전율을 높여서 원가회계를 지원하기 위하여
D. 경영 의사결정을 위한 비용 정보를 제공하기 위하여

6. 생산계획 및 통제의 주요 활동은 다음 중 어느 것인가?
A. 재고관리와 원가 정보
B. 판매지원과 원가 정보
C. 생산계획과 재고관리
D. 판매지원, 실행 및 통제

7. 물적공급 및 물적유통의 주된 활동은 다음 중 어느 것인가?
A. 수송
B. 재공재고
C. 생산활동통제
D. 자재소요량계획

8. 다음 서술 중 가장 정확하게 표현된 것은?
A. 마케팅 목표는 낮은 재고와 생산의 중단을 통해서 만족될 수 있다.
B. 재무의 목표는 높은 재고를 가진 제품의 생산이 중단되었을 때 만족될 수 있다.
C. 생산의 목표는 높은 수준의 고객서비스와 중단 없는 생산으로 만족될 수 있다.
D. 마케팅, 생산, 재무 간의 충돌은 고객서비스, 생산의 중단, 재고 수준의 측면을 중심으로 일어난다.

9. 제품별 레이아웃(연속 공정)에 관한 설명으로서 옳은 것은?
A. 작업장은 기계의 종류에 따라서 배치된다.
B. 작업흐름은 들쭉날쭉 (lumpy) 하다.
C. 서로 다른 다양한 제품들이 생산될 수 있다.
D. 재공품은 거의 쌓이지 않는다.

10. 공정 별 레이아웃(단속생산)에 관한 설명으로서 옳은 것은?
   A. 제품별 레이아웃에 비해서 자본 비용이 일반적으로 더 높다.
   B. 전용기계 (special-purpose machinery)가 사용된다.
   C. 각 작업장은 유연성을 가져야 한다.
   D. 재공품은 거의 쌓이지 않는다.

2 수요관리와 수요예측

1. 수요의 특성
2. 데이터 수집과 수요예측절차
3. 수요예측방법
4. 계절적 수요에 대한 예측
5. 수요예측의 추적

제 2 장 수요관리와 수요예측

학습목표

- ✧ 수요에 영향을 주는 요인이 무엇인지 이해한다.
- ✧ 기본적인 수요패턴을 인식한다.
- ✧ 수요예측의 기본 원리를 설명할 수 있다.
- ✧ 데이터 수집의 원리를 이해한다.
- ✧ 기본적인 수요예측 기법의 차이를 안다.
- ✧ 계절성(seasonality)의 개념을 이해한다
- ✧ 예측오류(forecast error)의 원천과 형태를 이해한다.

수요의 특성

예측이란?

예측(forecasting)은 생산계획의 수단으로서 장래의 시장수요나 동향을 합리적인 방법을 써서 미리 추정해보는 것이다. 수요예측(demand forecasting)은 장래의 수요를 만족시키기 위한 계획수립(planning)을 위해서, 그리고 고객수요에 적기에 대응하기 위해서 필요하다. 수요예측은 수요에 대비해 필요한 생산능력이나 자원을 확보하는 데에도 요구된다. 표준품을 생산하는 기업은 납기를 단축하기 위해서 적정한 가용 재고를 확보할 필요가 있으며, 주문생산을 하는 기업은 미리 작업자나 장비를 수요에 대비해 확보할 필요가 있다.

시장수요는 기본적으로 수요와 공급 간의 관계에서 비롯되지만 사회, 정치, 경제, 기술, 자연 환경의 변화와 관련이 깊다. 일반적으로 수요에 영향을 주는 요인에는 경제적 조건(경기), 경쟁요인, 시장의 경향, 자사의 광고, 촉진, 가격정책 및 제품변경 등이 있다. 그리고 수요의 원천으로는 소비자, 고객, 중간상 또는 유통업자 등 외부의 수요와 기업 내의 부문 간 수요가 있다.

한 가지 분명한 사실은 어떠한 예측도 완전하지 않다는 것이다. 여러 가지 요인으로 인하여 수요예측은 본질적으로 오류를 갖게 되어 있다. 이러한 불확실성에도 불구하고 예측은 사업계획이나 생산, 판매계획의 기초 자료로 이용되므로 계획을 세우기 위해서는 우선 예측이 이루어져야 한다.

수요예측은 과거의 실적을 바탕으로 계량적 방법을 써서 이루어질 수도 있지만, 의사결정자의 주관에 따른 비계량적 방법에 의해 이루어지기도 한다.

수요예측의 중요성

수요예측은 회사가 장차 겪게 될 불확실성을 감소시키기 위한 시도이다. 수요예측이 필요한 이유는 고객이 그 제품을 주문하고 나서 배달될 때까지의 인도 리드타임(delivery lead time)에 대한 기대치보다 그 제품을 만들어 내는 데 걸리는 생산 리드타임(production lead time)이 더 길기 때문이다. 이 경우, 수요예측에 의해서 부품, 또는 중간 조립품의 재고를 미리 확보해 놓지 않으면 고객의 주문을 만족시킬 수 없게 된다. 수요예측이 잘 되면 고객의 주문에 대한 리드타임이 개선되어 경쟁력을 강화하는 효과가 기대된다.

수요예측은 회사가 자신의 장래 활동에 대한 조정과 통제를 하도록 한다. 수요예측이 없다면 회사는 생산 활동에 있어서 매번 대응적으로 임하게 되어, 그 때 그 때 발생하는 시급한 오더에 최상의 우선순위를 두고 관리할 것이므로 일정이나 계획을 세우는 일은 무용지물이 될 것이다. 이 밖에 수요예측은 재고수준, 생산능력의 이용, 리드타임의 관리 등에 이용되며, 조직 내 어떤 변경에 대해서 서로 합의하고 커뮤니케이션 하는 데 유용한 출발점이 된다.

수요예측을 하는 목적과 의의는 다음과 같다.

- 장래의 수요를 만족시킬 수 있는 계획을 수립하도록 한다.

- 고객이 요구하는 적정 납기 내에 제품을 인도할 수 있도록 한다.
- 제품 및 서비스에 대한 장래의 기대 수요를 파악한다.
- 수요를 만족시키기 위해 요구되는 생산능력과 자원, 인력을 확보하는 계획을 수립하도록 한다.
- 표준제품을 생산하는 기업은 납기를 단축하기 위해서 수요예측에 따른 적정한 재고를 보유할 필요가 있다.
- 주문생산 기업인 경우에도 고객이 주문하기 전에 노동력과 장비 등을 예측에 의해 확보한다.

수요관리

고객의 수요가 발생하면 공급망(supply chain)이 작동하기 시작한다. 수요관리를 통해 마케팅과 판매활동을 통해 수요에 영향을 주고 또 수요를 결정해 나간다. 수요관리(demand management)는 예측(forecasting)을 통해 수요를 인식하고, 고객의 수요와 공장의 생산활동을 연결시켜 제조활동을 동기화하는 기능을 한다. 이 연결이 원활해야만 고객에 대한 서비스 수준을 향상하고 고객과의 장기적인 관계를 유지할 수 있다.

기업은 수요관리를 통하여 생산능력의 한계 내에서 고객으로부터의 잠재수요를 취합하고 조정한다. 수요에 대응하는 적절한 계획의 수립은 생산능력의 효과적인 활용으로 이어지고, 또한 고객에게 서비스 수준에 부응하는 납기를 제시할 수 있게 하며, 또한 유통활동을 효율적으로 이루어지게 한다.

수요관리는 마케팅 관리, 고객관계관리(CRM), 그리고 예측(forecasting)과 오더 서비스(order service)의 두 가지 기능으로 이루어지는 수요 계획으로 구성된다.

마케팅 관리

마케팅 관리는 마케팅 믹스(marketing mix) 또는 아래와 같은 '4P'를 수단으로 써서 고객 가치를 높이는 활동을 말한다.

- 제품(Product) - 고객의 주문을 획득할 만한 특성을 갖도록 제품이나 서비스를 개발하는 활동이다. 여기에는 설계, 품질, 원가, 신축성,

특성, 다양성, 규격, 브랜드, 반품정책, 서비스 정책, 보증 정책 등이 포함된다.

- 가격(Price) – 보통재 가격/프레미엄 가격, 시장침투 가격, 할인, 신용 조건, 할부 등 정책에 따른 가격책정을 말한다.
- 촉진(Promotion) – 판촉, 광고, 캠페인, 고객 관계 등의 수단이 포함된다.
- 유통(Place) – 판매 유통망, 인도 방식/속도/납기/신축성, 유통 재고정책 등이 고려된다.

마케팅 관리의 역할은 적합한 주문획득기준(order winning criteria, order winners)과 자격기준(order qualifiers)을 갖는 제품과 서비스에 대한 마케팅 계획을 개발해 내는 것이다. 결국 마케팅 관리란 고객의 기대(customer expectation)에 부응하는 제품과 서비스를 개발하는 활동이며, 그 출발점은 고객의 기대를 확인하는 활동인 '고객의 소리(voice of customer)'를 청취하는 일이다.

고객관계관리(CRM)

고객관계관리(CRM: Customer Relationship Management)는 현재의 고객과 잠재고객의 필요를 알고 이를 지원하기 위해 판매와 마케팅 의사결정에 도움이 되도록 정보를 수집하고 분석하는 활동으로서, 여기에는 계정 관리, 오더 엔트리(order entry), 지불 처리, 신용 정보 관리 등이 포함된다. 고객과의 상호작용은 고객의 설계를 지원하고 고객의 니드를 결정하는 일, 고객 데이터를 분석하여 고객의 제품구매에 도움을 주는 유용한 정보를 제공하는 일 등 다양한 방식으로 일어난다. 주문관리(order management)는 고객의 질문과 불만, 반품, 수리 요청을 포함한 고객 주문의 이력을 관리하는 활동을 통하여 CRM의 주요 활동을 수행한다.

수요계획수립(demand planning)

수요계획수립은 수요를 인식하는 기능으로서 수요예측(demand forecast)과 고객의 실 주문(actual customer order)의 두 가지 형태로 나타난다. 이 두 가지 데이터가 생산을 구동하여 무엇을 얼마나 생산해야 하는지를 결정하게 한다. 수요예측 절차를 이해하려면 다양한 형태의 주문 특성을 이해해야 한다.

오더 서비스

오더 서비스에는 수입검사, 입고, 고객에 대한 납품 약속, 유통 센터 및 공장 간 운영 업무 등이 포함된다.

수요의 특성

독립수요와 종속수요

수요에는 독립수요와 종속수요의 두 가지 형태가 있다. 수요는 수요예측(forecast)과 고객 주문(customer order)이라는 형태로 수요계획수립(demand planning)을 위한 기초자료가 된다.

- 독립수요(independent demand)는 다른 제품에 대한 수요와 관련되지 않는 제품의 수요다. 예를 들면 자동차 제조회사의 최종제품인 각각의 완성차는 독립수요품이다.
- 종속수요(dependent demand)는 다른 제품에 대한 수요에 의해 결정되는 구성품의 수요로서, 이는 계산될 수 있다. 자동차 산업의 예에서 타이어, 운전대 등 구성품은 수요예측을 할 필요가 없고, 제 5 장에 서술되는 자재소요량계획(MRP: material requirements planning)에 의해서 산출된다.

수요의 원천

일반적으로 수요(demand)의 원천은 다음과 같이 5대 분야로 대별된다.

- 수요예측(forecast) - 미래 수요에 대한 예측치로서 정량적 혹은 정성적 방법으로 산출된다.
- 고객의 주문(customer orders) - 예측이 아닌 실 주문을 말한다. 고객의 실 주문은 완제품이 대부분이지만 간혹 서비스 부품에 대한 주문도 포함된다.
- 물류 센터로부터의 보충 주문(replenishment orders) - 물류 , 유통센터에 접수된 고객의 주문을 납품한 후 이를 보충하기 위해 발생하는 물류센터로부터의 주문을 말한다.
- 공장 간 이동(interplant transfers) - 회사 내 다른 사업부/공장에서의 주문을 말한다.
- 기타 원천(other sources of demand) - 기타 마케팅 및 제품 시연을 위해 필요한 주문 등이 있을 수 있다.

수요의 패턴

수요 데이터를 시간 축에 따라 그려 보면 어떤 패턴이 발견될 수가 있다. 수요예측 담당자는 이들 패턴의 유무, 그리고 수요의 안정성에 대해 파악해야 한다.(그림 2-1 참조)

일반적으로 과거의 자료는 추세, 경기 순환, 계절변동 및 우연변동의 네 가지 기본 패턴을 포함한다.

① 추세(trend)

수요가 지속적으로 증가 또는 감소하는 패턴을 말한다.

② 경기 순환(economic cycles)

경제의 일반적 흐름에 따라 반복되는 패턴으로서 인플레이션, 디플레이션, 호황과 불황 등이 있다. 대개 경기순환은 일년보다 긴 주기로 나타난다.

③ 계절변동(seasonality)

일년 중 어떤 시기인지에 따라 수요가 등락하는 패턴을 말한다. 계절에 따른 기후, 휴가 등이 등락의 원인이다.

④ 우연 요인(random)

그 밖에 특정 기간 동안 무작위적으로 수요에 변화를 가져오는 많은 요인이 있다.

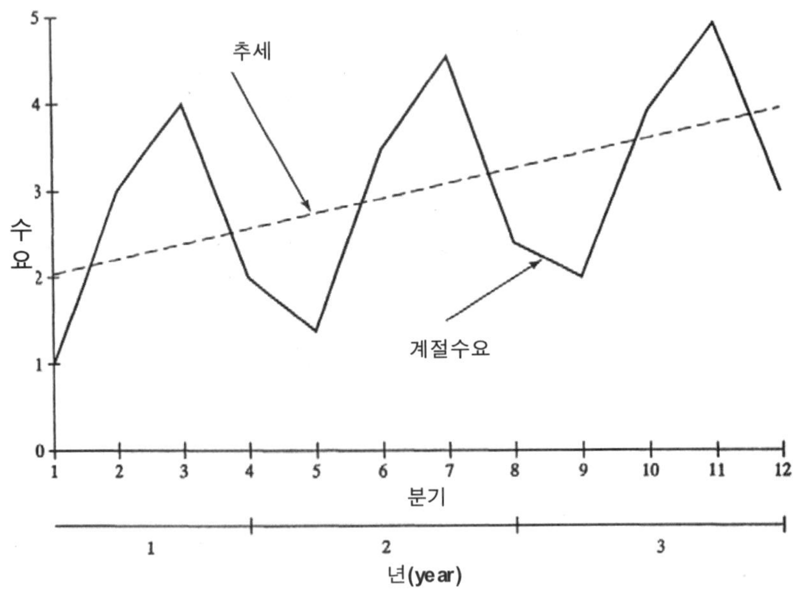

그림 2-1 기간 별 수요 추이

수요의 동태성

비록 기간 별 평균치가 같다고 해도 안정적인 수요 패턴을 보일 경우는 동적으로 변화하는 수요 패턴을 보이는 경우에 비해 보다 예측 가능하다. 예를 들어 안전재고(safety stock)를 설정해야 할 때 수요의 동태성이 커지면 더 많은 양의 안전재고를 필요로 한다.

데이터 수집과 수요예측 절차

수요예측의 원리

수요예측을 위해서는 데이터가 필요하다. 수요예측에 있어서 예측의 정확성이 주된 관심의 대상인데, 데이터를 어떻게 수집하고 다루는지에 따라 그 정확성이 달라질 수 있다. 예측의 정확성과 관련하여 일반적으로 적용되는 원리는 다음과 같다.

- 수요예측은 언제나 틀리게 되어 있다. 비록 평균적으로는 정확한 예측이라 하더라도 한정된 기간 내에서 보면 실제와 상당한 차이가 있을 수 있다.
- 따라서 모든 수요예측은 추정오차(an estimate of error)를 명기해야 한다. 추정오차는 양수와 음수로 표시된 범위 또는 퍼센트(%)로 표시할 수 있다.
- 예측은 개별 품목보다는 전체 집단(families or product groups)을 단위로 할 때 더 정확하다.
- 그리고 예측은 보다 가까운 장래에 대해서 더 정확하다.

데이터 수집과 준비

예측은 과거에 수집된 데이터를 바탕을 두어 이루어지기 때문에 데이터의 수집은 일관성 있게 이루어져야 한다. 수요예측을 위한 데이터 수집 시에는 다음과 같은 원칙이 지켜져야 한다.

- 데이터를 동일한 형식으로 기록할 것(record data in the same terms): 판매 또는 출하(sales or shipments)가 아닌 고객수요 정보(customer requests)를 기록해야 하고, 예측과 계획은 같은 기간의 데이터(주별, 월별, 분기별 등)를 사용해야 하며, 공장에서 사용되는 품목 단위와 상응해야 한다.

- 데이터와 관련된 여건(circumstances)도 기록할 것: 사건은 수요에 영향을 미치게 되므로 수요와 관련된 사건에 대해서도 기록해두어야 한다. 예를 들어 판매 촉진이 있은 후 처음에는 수요를 증가시켰다가 판촉이 끝나면 수요는 격감하는 수가 많다.
- 고객 그룹(customer group) 별로 수요를 따로 기록할 것: 고객 그룹 별로 구매패턴이 다를 수가 있다.

수요예측의 실행단계

수요예측 체계를 수립할 때 고려되어야 할 사항과 절차를 열거하면 다음과 같다.

1. 예측에 필요한 데이터의 결정: 과거의 실적데이터를 수집하기 위해서는 어떤 데이터를 지속적으로 수집할 것인가를 정해야 하고 그 일을 책임질 담당자를 지정해야 한다.
2. 수요예측의 정확도를 관리할 책임자 선정: 현행 수요예측의 정확도는 늘 관리되어야 하고, 필요하다면 더 나은 수요예측 방법을 개발해야 한다.
3. 다음 사항을 포함하여, 수요예측 체계의 파라메터를 결정해야 한다.
    - 수요예측 시평(time horizon)
    - 예측의 상세 수준

      예) 사업부 별, 제품집단 별, 모델 별, 또는 제품 별
    - 예측 주기와 기간
    - 예측의 재검토와 조정 방법
4. 수요예측 모델을 선정한다.
5. 데이터 수집 방법을 정한다.
6. 수요예측의 정확도가 어느 정도인지 모델의 적정성을 사전 검증한다.

7. 일정 기간 후, 수요예측과 실 수요의 기록, 관리를 통해 예측의 정확도를 보고한다.
8. 예측 오류의 원인을 분석한다.
9. 수요예측의 방식에 대해서 검토하고 필요한 조정을 한다.

피라미드 예측법

수요예측은 개별제품의 수준으로부터 제품집단의 수준, 더 나아가 회사 전체의 수준에 이르기까지 적절한 수준에 대해 이루어져야 한다. 이렇게 함으로써 수요예측치가 각 단계 별 계획수립의 총괄(aggregating) 수준에 일치되어 연동이 가능하게 된다.

일반적으로 수요예측의 정확도는 예측의 총괄수준이 클수록 높아진다. 즉 제품의 집단수준에서 예측하는 것이 개별제품 별로 예측하는 것보다 정확도가 높아진다. 그래서 대개는 제품의 총괄수준이 높은 단계에서 수요예측을 한 다음에 계획의 수준에 따라 수요예측치를 분해하는 방법이 이용되는데, 이를 피라미드 예측법(pyramid forecasting)이라 한다.

흔히 회사 내지 사업부 수준에서의 예측은 금액이 단위가 되며, 이어서 제품집단, 그리고 개별제품의 순으로 상세 수준이 달라진다. 피라미드 예측법은 조직 내 각 수준에서 이루어진 예측을 서로 조정·통합하고 일관되게 하는 수단을 제공한다.

피라미드 예측은 그림 2-2에 표시되어 있는 예와 같이 우선 개별제품에 대한 실적 집계로부터 시작한다. 개별제품의 실적치가 결정되면 이를 상향으로 총괄(roll up)함으로써 제품군별, 나아가 사업부 수준의 실적치가 구해진다. 이런 과정에서 각 단계 별 총계와 함께, 하위 단계의 개별 품목의 구성비율이 정해질 것이다. 예컨대 전체 사업부 판매량 중 A 제품그룹이 차지하는 비중은 40%이고, A 제품그룹 중에서 A1이 차지하는 비율은 12%라는 식이다. 이 구성비는 후에 예측치를 하향으로 분해(force down)할 때 사용된다.

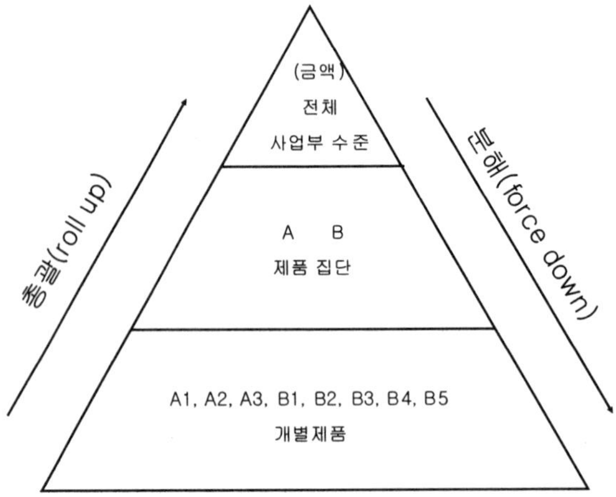

그림 2-2 피라미드 예측의 예

만약 사업부의 총괄된 예측치가 10억원이었는데 그 뒤에 입수된 시장 정보에 따라 전체 예측치를 20% 상향 조정하여 12억원으로 목표치를 수정하는 결정이 있었다면 A 제품집단의 수요예측은 12억 × 40% = 4억 8천만원이 되고, 그 중 A1 제품의 수요예측은 4.8억 × 12% = 0.576억원이 된다. 물론 A1이라는 개별제품 수준의 수요예측은 금액과 함께 수량으로도 환산되어야 한다.

수요예측의 방법

수요예측 방법은 주관적인지 객관적인지에 따라 정성적(qualitative) 예측법과 계량적(quantitative) 예측법으로 나눌 수 있다. 객관적 방법은 계량적인 예측방법으로 시계열(time series/ intrinsic) 분석, 인과형 예측법(causal/ extrinsic)이 대표적이다. 주관적 방법은 정성적 예측을 말하는데 여기에는 시장조사법(market research), 델파이법(Delphi method), 유추법

(historical analogy) 등 전문가의 판단(judgement)을 요하는 방법들이 있다.

정성적 예측법

정성적 예측법(qualitative techniques)은 장래의 기술예측이나 신규로 개발된 신제품에 대해서 영업사원이나 전문가의 주관적인 의견에 기초하여 예측하는 방법이다. 과거의 자료나 장래의 사태변화에 관한 자료가 빈약하기 때문에 전문가의 직관력이나 의견, 또는 유추에 의존하게 된다.

델파이법(Delphi methods)

델파이법은 인간의 직관력에 의해서 장래를 예측하는 직관적 예측방법의 하나로 원래 기술예측용으로 개발되었다. 이 기법의 특징은 전문가를 한 자리에 모으지 않고, 미래 사항에 대한 일련의 질문서를 보내어 각자 응답을 회신하게 하는 것이다. 모여진 자료는 문항 별로 평균값과 사분위 값 등으로 요약하여 각자에게 재차 보내는 피드백 과정이 반복된다. 전문가들을 한자리에 모으지 않는 이유는 한자리에 모일 경우 의견이 소수에 의해서 주도되거나 다른 사람의 의견에 의해서 영향을 받을 수 있기 때문이다.

의견조사에 의한 예측

의견조사는 시장조사(marker research) 등 다수의 의견을 수렴하는 방법이다. 시장조사는 전화나 면담에 의한 조사, 설문지 조사, 소비자 모임에서의 의견수렴, 시험판매 등의 방법이 있는데 보편적인 것은 면담조사와 설문지 조사가 일반적으로 사용된다. 시장조사는 주로 신제품에 대한 수요예측 등 단기예측에 사용된다.

유추에 의한 예측

새로운 사업이나 제품을 개발한 경우 과거의 경험이나 데이터가 없는 경우가 대부분이기 때문에 유추(analogy)에 의한 방법이 이용된다. 즉 개발된 제품과 유사한 특성을 갖는 기존 제품에 관한 경험 데이터에 비추어 예측하는 방법이다.

평활모형에 의한 계량적 예측법

평활모형(smoothing model)은 데이터의 비선형적인 패턴을 바탕으로 데이터의 변동을 고르게 만드는 계량적 예측법이다. 평활모델에 의한 계량적 예측법(quantitative techniques)은 회사가 축적한 실적 데이터(historical data)에 바탕을 두고 예측하는 방법이다. 계량적 분석은 축적된 실적 데이터로부터 수요 패턴을 분석하여 미래 수요를 예측하는 방법이다. 주로 이용되는 계량적 예측 방법에는 이동평균법과 지수평활법 등이 있다.

이동평균법

이동평균법(moving average)은 계절 상품의 순환적인 수요 변동과 같은 비선형 변동을 보여주기 위하여 데이터의 변동을 평활하는 데 사용되는 기법이다.

이동평균법은 최근 몇 기의 산술적 평균치를 써서 예측하는 방법이다. 이동평균법에는 정해진 기간의 실적치에 동일한 가중치를 부여하는 방법(단순이동평균법)과 최근의 실적치에 더 높은 가중치를 부여하는 방법이 있다. 단순이동평균법으로 예측치를 구하는 산식은 다음과 같다.

$$F_t = \frac{\sum A_{t-i}}{n}$$

F_t : t 기의 예측치, A_{t-i} : t-i 기의 실적치 n : 기간의 수

그림 2-3의 '실적치'는 어느 제조회사의 주 제품에 대한 판매량 실적이다. 이동평균법은 가장 가까운 과거의 일정 기간에 해당하는 시계열의 평균값을 바로 다음 기간의 예측치로 사용하는 방법이다.

예) 3개월 이동평균에 의한 수요예측

	실적치	익월수요예측	예측오차
1 월	100		
2 월	500		
3 월	1000		
4 월	1500	533	-967
5 월	2800	1000	-1800
6 월	5100	1767	-3333
7 월	6200	3133	-3067
8 월	5700	4700	-1000
9 월	3200	5667	2467
10 월	1200	5033	3833
11 월	500	3367	2867
12 월	100	1633	1533

그림 2-3 이동평균법에 의한 수요예측

그림 2-3의 예에서 '수요예측' 란은 3개월 이동평균에 의한 수요예측을 보이고 있다. 3월 말에 4월 예측치를 구한다고 할 때, 4월의 예측치는 1,2,3월의 실적치의 평균인 (100 + 500 + 1000) / 3 = 533 으로 산출되었다. 같은 방법으로 4월 말에 산출한 5월의 예측치는 2, 3, 4월의 실적치의 평균인 (500 + 1000 + 1500) / 3 = 1000 이다.

절대평균편차(MAD : mean absolute deviation)는 예측의 신뢰도를 측정하기 위해서 사용되는 척도로서, 예측오차의 절대값을 평균하여 산출한다. 그림 2-3의 예에서 MAD는 다음과 같이 계산된다.

$$MAD = \sum|e_t| / n = (966 + 1800 + 3333 + 3067 + 1000 + 2467 + 3833 + 2867 + 1533) / 9 = 2318$$

일반적으로 이동평균에 사용되는 과거 자료의 개수 n이 커질수록 MAD는 작아지는 것이 보통이다. 반대로 n값이 적을수록 실적 데이터에 가깝게 민감한 예측치를 보이므로 변동폭은 더 커진다. 그러나 시계열 자료에 어떤 추세가 반영되어 있다면 이 추세를 반영하는 데에는 어느 정도 큰, 적합한 n값을 사용해야 한다. n값의 적정 수준은 n값을 바꾸어가면서 MAD를 계산해 본 후 이들 중 오차가 가장 적게 나타나는 n값을 선택하는 과정을 거친다. 그러나 일반적으로는 변동이 큰 데이터일수록 평균에 사용될 자료의 기수가 커져야만 평활된 데이터가 추세를 반영할 수 있다. 그림 2-4 는 앞의 예시된 데이터를 꺾은선 그래프로 나타낸 것이다.

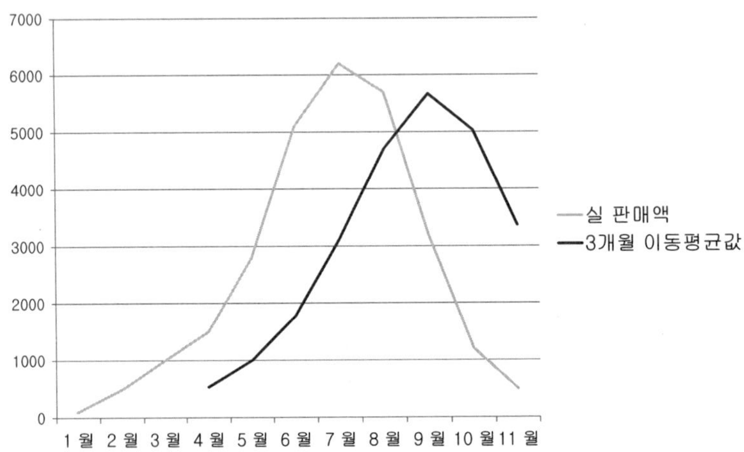

그림 2-4 이동평균 중심

앞의 예에서 예측에 사용된 데이터가 오래 전의 것이든 비교적 최근의 것이든 무관하게 단순 평균을 했다. 이런 방법을 단순이동평균법(simple moving average)이라 한다. 반대로 데이터의 순환적 변동을 고려하여 이동평균에 이용되는 자료에 가중치를 부여하는 방법을 가중이동평균법(weighted moving average)이라 한다. 예컨대 그림 2-3의 예에서 (-1)기의 가중치를 0.6으로 하고 (-2)기의 가중치를 0.4로 하여 3월의 예측치를 구하면 F_3 = 0.6 x 500 + 0.4 x 100 = 340 이 된다. 이 때 가중치의 합은 당연히 1 이 되어야 한다.

지수평활법

지수평활법(exponential smoothing)은 예측에서 가장 흔히 사용되는 계량적 모델 중의 하나이다. 이 기법은 예측 시 하나의 단위 기간만을 사용하는 가중평균 예측기법의 한 형태로 볼 수 있다.

대부분의 예측 데이터는 최근의 정보가 예측치에 더 큰 영향을 미친다고 가정할 수 있다. 지수평활법은 최근의 자료만을 가지고 예측을 할 수 있다는 점이 장점이다. 지수평활법의 예측모델은 다음과 같다.

당기 예측치 = α 전기실적치 + $(1 - \alpha)$전기예측치

$$F_t = \alpha . A_{t-1} + (1-\alpha)F_{t-1}$$

이 식은 다음과 같이 변환될 수 있다.

$$F_t = F_{t-1} + \alpha(A_{t-1} - F_{t-1})$$

F_t : 당기예측치 　　　　F_{t-1} : 전기예측치

A_{t-1} : 전기실적치 　　　　α : 평활계수 ($0 < \alpha < 1$)

이 식의 로직은, 최근 실수요(A_{t-1})와 최근 예측(F_{t-1})을 취한 후, 실수요에 가중평균율(weighting factor)인 평활계수(smoothing factor) α를 최근 실수요(A_{t-1})에 적용한 것이다.

지수평활법을 사용하기 위해서는 세 가지의 데이터가 필요하다. 즉 당기의 수요를 예측하려면 전기의 예측치와 실적치, 그리고 평활계수(smoothing coefficient)가 제공되어야 한다. 평활계수는 수요의 특성에 따라 주관적으로 부여하는데, 수요가 불안정하여 변동이 크면 1 에 가까운 계수를 사용하고 안정된 수요에 대해서는 0 에 가까운 계수를 사용한다.

그림 2-5의 예는 평활계수 α = 0.1인 경우와 α = 0.5인 경우의 지수평활법 적용 결과를 보이고 있다. 지수평활법을 적용하기 위해서는 전기의 실적치와 예측치를 필요로 하므로 이 예에서는 첫 기(1월)의 예측치를 실판매액과 같은 100(혹은 이동평균으로 구한 값을 사용)으로 가정하여 2월의 예측

치를 산정하였다. 이제 2월 말에 2월에 대한 실수요와 예측치를 바탕으로 3월의 예측치를 구할 수 있다.

$\alpha = 0.1$인 경우의 3월의 수요예측치는 다음과 같이 계산된다.

$F_3 = (500)(0.1) + (100)(0.9) = 140$

$\alpha = 0.5$인 경우의 3월의 수요예측치는 다음과 같이 계산된다.

$F_3 = (500)(0.5) + (100)(0.5) = 300$

	실 판매액	예측치 α = 0.1	예측치 α = 0.5
1 월	100		
2 월	500	100	100
3 월	1000	140	300
4 월	1500	226	650
5 월	2800	353	1075
6 월	5100	598	1938
7 월	6200	1048	3519
8 월	5700	1563	4859
9 월	3200	1977	5280
10 월	1200	2099	4240
11 월	500	2009	2720
12 월	...	1858	1610

그림 2-5 지수평활법에 의한 수요예측

평활계수 α값이 크면 최근의 실적치가 예측치에 더 큰 비중으로 반영되는 결과를 가져 오기 때문에 예측치가 실적치에 더 민감하게 반영된다.(그림 2-6 참조) 그림에서 알 수 있듯이 0 에 더 가까운 평활지수로 데이터를 평활시킴으로써 데이터의 변동폭이 더 적은 완만한 곡선의 예측치를 얻을 수 있다.

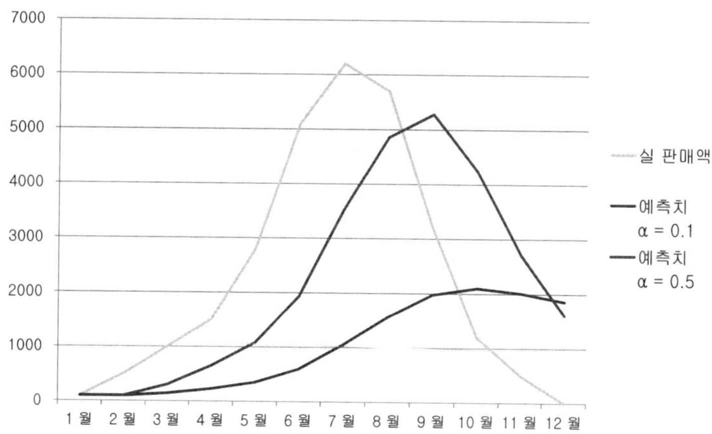

그림 2-6 평활지수에 따른 예측치의 차이

지수평활법은 계절적 변동이 없고 안정적인 수요 패턴을 보이는 제품에 잘 들어 맞는다. 또한 실적데이터가 단지 하나만 있어도 되기 때문에 오랫동안 데이터를 축적하지 않았어도 즉시 사용할 수 있다는 장점이 있다. 그러나 이동평균법과 마찬가지로 실제 수요변화에 민감하게 반응하지 못한다는 제약점이 있다.

인과형 예측

시계열분석의 예측모델에서는 과거의 데이터 실적치를 보고 미래의 수요를 예측하고자 하였다. 인과형 예측은 상관관계(correlation) 내지 인과관계(cause and effect)에 기반한 예측이다. 이는 어떤 수요치를 결정하기 위해서 외생 변수에 의존하는데, 변수 간의 인과관계에 의해서 예측하는 모델로서 대표적인 것이 회귀분석이다. 예컨대, 어떤 제품에 대해서 판매촉진비의 지출액이 그 판매량에 미치는 영향을 평가할 때 회귀분석을 이용한다.

단위(백만원)

판촉비(x)	매출액(y)
33	3210
26	2150
40	4300
21	2350
34	3500
50	5650
29	2800
43	4950
52	5100
38	3900

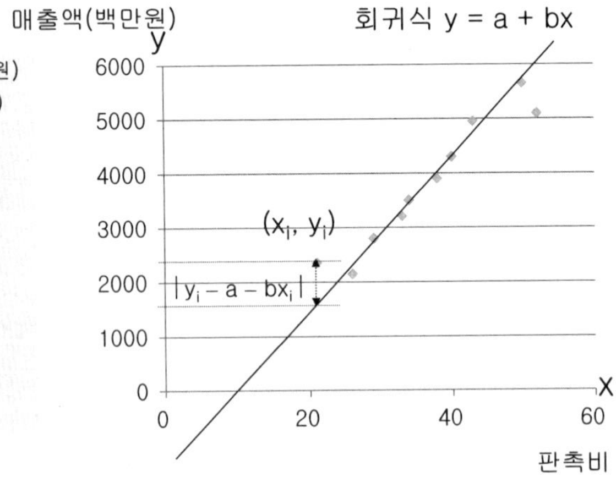

그림 2-7 판촉비와 매출액과의 관계

그림 2-7에서 회귀식은 각 점들에 가장 가깝게 위치할 수 있도록 직선 y=a + bx에서 a와 b값을 결정하면 된다. 회귀분석에서 a와 b를 구하는 데 사용되는 가장 대표적인 방법이 최소자승법이다. 최소자승법은 바로 이러한 거리의 제곱합을 최소화시키는 a, b값을 구하는 방법이다.

인과형 예측치를 구하는 데 흔히 쓰이는 외생 변수로는 다음 두 가지가 있다.

- 경제적 지표: 주택건설 물량, 건설계약 실적 등
- 인구통계 지표: 신생아 수, 연령 별 인구 분포, 출신과 교육수준 별 수입 등

인과형 예측은 개별제품보다는 대개 보다 장기간에 걸친 전체 제품집단에 대한 예측에 이용된다.

최소자승법에 의한 기울기와 절편을 산출하기 위해서는 미리 그림 2-8과 같이 ∑xi yi, (x의 평균값), (y의 평균값), ∑ xi2 등의 값을 엑셀을 이용해서 구해 두어야 한다.

	판촉비(x)	매출액(y)	xy	x·x
	33	321	10,593	1,089
	26	215	5,590	676
	40	430	17,200	1,600
	21	235	4,935	441
	34	350	11,900	1,156
	50	565	28,250	2,500
	29	280	8,120	841
	43	495	21,285	1,849
	52	510	26,520	2,704
	38	390	14,820	1,444
∑ =	366	3,791	149,213	14,300
평균 =	36.6	379.1	14921.3	1430.0

그림 2-8 판촉비와 매출액과의 관계

최소자승법에 의하면 직선의 기울기와 절편은 다음과 같이 계산된다.

$$b = \frac{\sum x_i y_i - n(x\text{의 평균값})(y\text{의 평균값})}{\sum x_i^2 - n(x\text{의 평균값})^2}$$

$$= \frac{149,213 - 10(36.6)(379.1)}{14,300 - 10(36.6)^2}$$

$$= 11.56$$

$$a = (y\text{의 평균값}) - b(x\text{의 평균값})$$

$$= 379.1 - 11.56(36.6) = -43.99$$

$$y = -43.99 + 11.56\,x$$

단순회귀분석은 종속변수가 단 하나의 독립변수와 관계가 있다고 보는 모델이다. 그리고 중회귀분석은 종속변수에 영향을 주는 요인이 여러 가지가 있다고 보고, 여러 개의 독립변수를 둔다.

회귀모델의 유용성은 추정치의 표준오차(standard error of estimate) S_e와 결정계수 γ^2에 의해서 평가된다. 추정치의 표준오차 S_e는 추정치의 변화폭을 나타내며, 결정계수 γ^2는 종속 변수와 독립 변수 간의 상관계수 γ를 제곱한 것으로, 회귀식의 설명력을 나타낸다.

계절적 수요에 대한 예측

선풍기나 에어컨과 같이 계절적인 영향을 받는 제품의 수요는 해가 갈수록 수요가 증가 또는 감소하는 추세 요인과 함께 계절적인 변동 요인이 수요에 반영된다. 이동평균법 또는 지수평활법으로 수요예측을 할 경우, 과거 실적이 보여주는 추세를 나타내는 데는 유용하지만 계절변동을 반영하지 못한다는 문제가 있다. 따라서 계절에 따라 수요가 아주 민감하게 변동하는 제품에 대해서는 계절지수(seasonal index)를 따로 구하여 보정하는 방법을 쓴다. 계절지수는 다음 식에 의해서 계산된다.

$$\text{계절지수} = \frac{\text{해당 분기의 실제 수요량}}{\text{분기 평균치}}$$

예를 들어 3/4 분기의 계절지수는 3/4분기의 실제 수요량을 가장 최근 년도의 연간 수요의 분기 평균(연간수요 / 4)으로 나눈 값이다.

예제1) 분기 별 예측치

어느 회사는 분기 별로 다음과 같은 계절지수(seasonal index)를 가지고 있다. 다음 해의 연간 수요예측량을 420단위라 할 때, 분기 별 판매에 대한 예측을 하라. 분기 별 계절지수(seasonal index)는 아래와 같다.
1분기 : 1.28, 2분기 : 1.02, 3분기 : 0.75, 4 분기 : 0.95

풀이)
분기 계절요인 제거된 수요 = 420 / 4 = 105 단위
분기 별 수요예측 = 계절지수 × 분기 별 계절요인 제거된 수요
1 분기 수요예측 = 1.28 × 105 = 134.4 단위,
2 분기 수요예측 = 1.02 × 105 = 107.1 단위,
3 분기 수요예측 = 1.02 × 105 = 107.1 단위,
4 분기 수요예측 = 0.95 × 105 = 99.7 단위

예제2) 계절요인을 제거한 수요(deseasonalized demand)

어느 회사는 자사 제품의 수요예측에 지수평활법을 쓰고 있다. 4월의 '계절요인을 제거한 수요예측치'는 1,000 단위였고, 실제 계절적 수요(actual seasonal demand)는 1,250 단위였다. 4월의 계절지수(seasonal index)는 1.2이고 5월의 계절지수는 0.7이다. 만약 α 값이 0.1 이라면 5월의 수요예측은 얼마인가?

풀이)

			'계절요인 제거된'		
	실수요	예측	실수요	예측	계절지수
4월	1,250		(1) 1,042	1,000	1.2
5월		(3) 703		(2) 1,004	0.7

(1)4월의 계절요인 제거된 실제 수요(deseasonalized actual demand for April) =1,250 / 1.2 = 1,042

(2)계절요인 제거된 5월의 수요예측(the deseasonalized May forecast) = α(최종 실적치) + (1 - α)(전월 예측치) = 0.1(1042) + 0.9(1000) = 1004

(3)계절요인 포함한 5월의 예측치(seasonalized May forecast) = (seasonal index)(계절요인이 제거된 예측) = 0.7(1004) =703

수요예측의 추적

예측추적의 개념

수요예측의 정확도를 측정하려면 실제 수요를 예측치와 비교해 보아야 한다. 수요예측의 추적(tracking the forecast)은 수요예측의 오류에 관하여 알게 하고, 이를 바탕으로 장래의 예측방법을 향상시키고자 하는 것이다.

확률적 변동(random variation)를 측정함으로써 오차(error)의 타당성을 판단할 수 있다. 예측 오차가 타당 하려면, 반드시 확률적 오차(random error)만에 의해 발생한 오차이어야 한다.

예측오차(forecast error)의 타당성을 검증해 보기 위해서는 다음과 같은 값을 분석해 보아야 한다.

- 오차의 누적합(cumulative sum of error)
- 편향(bias): 추세(trend)나 계절성(seasonality), 경제순환(economic cycle)을 파악하지 못했을 때 나타나는 오차로서 양수, 음수, 0으로 나올 수 있고, 0이 나와야 편향이 없는 것이다. 즉 좋은 예측은 bias 되지 않은 예측이다.
- 평균 절대편차(mean absolute deviation, MAD): 확률오차(random error)의 절대값의 평균
- 표준편차(standard deviation): 편차의 제곱에 대한 평균을 제곱근한 값

위 각각에 대한 의미는 다음 그림 2-9, 2-10의 계산 예에 나와 있다.

기간	F = 예측치	A = 실제 판매량	오차 = 실제 판매량 – 예측치	오차 절대값
1	1,000	1,200	200	200
2	1,000	1,000	0	0
3	1,000	800	– 200	200
4	1,000	900	– 100	100
5	1,000	1,400	400	400
6	1,000	1,200	200	200
7	1,000	1,100	100	100
8	1,000	700	– 300	300
9	1,000	1,000	0	0
10	1,000	900	– 100	100
	10,000	10,200	200	1,600

오차의 누적 합(cumulative sum of error) = $\Sigma (A_i - F_i) = 200$

편기 (bias) = $\dfrac{\Sigma (A_i - F_i)}{N} = \dfrac{200}{10} = 20$

평균절대편차(MAD – mean absolute deviation) =

$$\frac{\Sigma \mid A_i - F_i \mid}{N} = \frac{1600}{10} = 160$$

그림 2-9 오차의 누적합, 편기, 평균절대편차

기간	F = 예측치	A = 실제 판매량	오차 = 실제 판매량 – 예측치	오차 절대값
1	1,000	1,200	200	40,000
2	1,000	1,000	0	0
3	1,000	800	– 200	40,000
4	1,000	900	– 100	1,000
5	1,000	1,400	400	160,000
6	1,000	1,200	200	40,000
7	1,000	1,100	100	10,000
8	1,000	700	– 300	90,000
9	1,000	1,000	0	0
10	1,000	900	– 100	10,000
	10,000	10,200	200	400,000

$$\text{표준편차} = \sqrt{\frac{\Sigma (A_i - F_i)^2}{N-1}} = \sqrt{\frac{400,000}{9}} = 211$$

$$\text{또는} \quad \sqrt{\frac{\Sigma (A_i - F_i)^2}{N}} = \sqrt{\frac{400,000}{10}} = 200$$

참고 : N : 샘플 수가 많을 때 사용
N–1 : 표본 수가 적을 때(≤30) 사용

그림 2-10 표준편차(standard deviation)

추적 신호

추적신호(tracking signals)는 오차의 누적합(cumulative sum of error)을 평균 절대편차(mean absolute deviation: MAD)로 나눈 값이다. 그림 2-11에서 MAD는 두 기간 모두 160으로 동일하지만, 'W' 제품의 수요예측은 점점 편향이 커지고 있다. 이와 같이 추적신호(tracking signal)는 현재 예측기법의 타당성에 대해 검증하는 값을 제공한다. 일반적으로 추적신호 값이 +4 혹은 -4를 벗어났을 때에는 예측기법을 교체해야 한다.

(T와 W에 대한 예측 = 1000/기간)

기간	실제 판매량		편차		오차의 누적 합	
	T	W	T	W	T	W
1	1,200	1,200	200	200	200	200
2	1,000	1,000	0	0	200	200
3	800	1,200	−200	200	0	400
4	900	900	−100	−100	−100	300
5	1,400	1,400	400	400	300	700
6	1,200	1,200	200	200	500	900
7	1,100	1,100	100	100	600	1,000
8	700	1,300	−300	300	300	1,300
9	1,000	1,000	0	0	300	1,300
10	900	900	−100	−100	200	1,200
총계	10,200	11,200				
$\Sigma\|A_i - F_i\|$			1,600	1,600		

$$\text{평균절대편차(T \& W)} = \frac{1{,}600}{10} = 160$$

$$\text{추적신호} = \frac{\text{오차의 누적 합}}{\text{평균절대편차}} =$$

ITEM T

$$\frac{200}{160} = 1.25$$

ITEM W

$$\frac{1{,}200}{160} = 7.5$$

그림 2-11 추적신호(tracking signal)

수행도 평가

1. 다음 중 수요의 특성에 해당하는 것은?
   A. 평균절대편차(mean absolute variation)
   B. 계절적 차이(seasonal variation)
   C. 편차 평균(average variation)
   D. 표준편차(standard deviation)

2. 제품 A는 B와 C부품이 필요하고, 부품 B는 D와 E가 필요하다. 다음 중 수요 예측을 해야 할 품목은?
   A. A
   B. A, B, C
   C. D, E
   D. B, C, D, E

3. 수요예측의 일반적인 원리에 대한 설명으로서 가장 적합한 것은?
   A. 수요예측은 품목들의 그룹에 대한 것보다 개별 품목에 대한 예측이 더 정확하다.
   B. 장기간에 대한 수요예측이 더 정확하다.
   C. 각각의 수요예측은 오차 추정치(estimate of error)를 포함해야 한다.
   D. 수요예측은 언제나 정확하다.

4. 통계적 예측 방법(양적)의 중요한 가정은?
   A. 과거는 미래에 대한 유효한 지표이다.
   B. 수요 추세는 선형이 아니다.
   C. 계절 변동성(seasonal variation)은 적다.
   D. 확률변동(random variation)은 적다.

5. 다음 중 예전 몇 기간의 평균 수요를 이용하는 수요예측 방법은 어느 것인가?

A. 추세시간평균법　　　　B. 이동평균법
C. 수요 평활법　　　　D. 정성적 분석

6. 예측을 추적하는 것이 중요한 이유는 무엇인가?
   A. 예측량과 실제판매량의 비교를 위해서
   B. 수요예측 방법을 개선하기 위해서
   C. 실제 판매 자료를 활용하기 위하여
   D. 마케팅부서의 요구를 만족시키기 위하여

7. 다음 중 가장 정확한 서술은?
   A. 년, 주, 일 단위의 시간에 관계되어 변하는 수요변동을 추세(trend)라고 부른다.
   B. 계절 지수(seasonal index)는 계절에 따라 평균 수요로부터 얼마나 오르내리는지를 추정한 값이다.
   C. 계절성은 봄, 여름, 가을, 겨울 언제나 발생한다.
   D. 확률변동(random variation)은 기간마다 일정하다.

8. 예측 오차가 생기는 이유는?
   A. 평균수요에 비해 확률변동이 발생함
   B. 수요예측 추적의 오차
   C. 리드타임의 차이
   D. 판매와 수요의 차이

9. 다음 중 가장 정확한 서술은?
   A. 독립수요 품목은 수요예측이 되어야 한다.
   B. 내년에 대한 판매 예측은 금년 일년 간의 예측만큼 정확하지 않을 것이다.
   C. 제품군에 대한 수요예측은 각각 상품에 대한 수요예측으로부터 계산되어야 한다.
   D. 수요예측은 거의 항상 정확하다.

10. 다음 중 가장 정확한 서술은?
   A. 수요예측에는 과거의 판매 자료를 사용해야 한다.
   B. 생산부서는 총 판매량에 대해 금액 단위로 예측한 것을 써야 한다.
   C. 수요예측은 제품집단 내 각각의 품목에 대해서 이루어져야 한다.
   D. 수요 데이터와 연관된 환경에 관한 자료는 기록되어져야 한다.

3 주계획과정과 생산계획

1.기준계획의 수립

2.기준계획 수립 시 고려사항

3.판매 및 생산계획의 수립

제 3 장 주계획과정과 생산계획

학습 목표

- ✧ 생산계획과 통제시스템(manufacturing planning and control: MPC)의 체계와 그 중에서 기준계획(master planning of resources)이 차지하는 위치에 대해 이해한다.
- ✧ 기준계획 수립 시 요구되는 고려사항에 대해 이해한다.
- ✧ 생산계획의 세 가지 전략 - 수요 따라잡기, 평준화 생산, 혼합전략 - 에 대해 이해한다.
- ✧ 자원계획(resource planning)과 생산계획(production planning) 간의 관계를 이해한다.

기준계획의 수립

생산시스템의 운영에 있어서 생산계획과 통제(manufacturing planning and control)는 그 출발점이 되는 중요한 기능이다. 생산계획 기능은 단독으로 존재하는 것이 아니라 영업, 마케팅, 원자재의 조달 등 다른 기능과의 상호 관련 하에서 운영되어야 하며, 특히 생산능력 등 자원의 효율적인 활용이 가능하도록 수립되어야 한다. 이번 장에서는 우선 생산시스템 내의 전체 계획과정에 대해서 알아보고 이어서 각 생산계획의 수준 별로 세부적인 내용을 알아 볼 것이다.

어떤 회사는 소품종의 제품을 생산하는 반면, 다른 회사는 다양한 제품을 생산한다. 그리고 제품의 다양성에 더하여 제조기업은 공정, 기계, 장비, 작업자의 숙련, 원자재의 면에서 다양한 구성요소를 가지고 있다. 기업은 적시에 꼭 필요한 품질의 제품을 생산해 내기 위해서 이들 요소를 잘 조직화해야 한다. 생산활동은 복잡한 과정이므로 양호한 계획과 통제 시스템이 필요하다.

네 가지 질문

생산은 복잡한 과정이다. 어떤 기업은 단순한 소수의 제품을 생산하기도 하지만 매우 다양한 제품을 생산하는 기업도 있다. 기업에 따라 공정, 기계, 설비, 작업자의 기능(skills), 그리고 자재가 각기 다양하다. 기업이 경쟁력이 있으려면 기업은 올바른 제품을 적시에 최상의 품질로 생산해 낼 수 있도록 이들 요소를 조직화 해야 한다. 이를 위해서는 양호한 계획 시스템(planning system)을 구축해야 한다. 좋은 계획 시스템은 그림 3-1과 같이 다음과 같은 네 가지 질문에 대한 답을 제공한다.

그림 3-1 우선순위와 생산능력에 관한 질문들

① 무엇을 만들 것인가?(what are we going to make ?)
② 그것을 만들기 위해서 무엇이 필요한가?(what does it take to make it ?)
③ 우리가 이미 가지고 있는 것은 무엇인가?(what do we already have ?)

④ 무엇을 확보해야 하는가?(what must we get ?)

이들 질문은 크게 보면 우선순위(priority)와 생산능력(capacity)의 문제이다.

우선순위와 생산능력

우선순위(priority)는 어떤 제품이 언제 얼마나 필요한지에 관한 것이다. 우선순위를 결정하는 것은 시장(marketplace)이고 생산기능의 책임은 시장수요를 만족시킬 수 있는 계획을 만들어내는 것이다.

우선순위계획은 무엇을 언제까지 몇 개 생산할 것인가(time-phased due dates)에 관한 계획을 말한다. 우선순위 계획은 계획의 대상이 되는 제품수준(product level)에 따라 이루어진다. 즉 판매 및 생산계획(S&OP)은 제품집단(family) 수준, 기준생산일정은 최종제품(end-item) 수준, 자재소요량계획(MRP)는 구매 및 생산 구성품(component) 수준에 대해 이루어진다.

생산능력(capacity)은 제품과 서비스를 생산할 수 있는 능력이다. 생산능력은 회사가 보유하고 있는 자원인 기계(machinery), 작업자(labor), 혹은 재무적 자원(financial resources), 그리고 공급자로부터 오는 원자재(material)의 가용성(availability)에 의해 결정된다. 생산능력은 전형적으로 작업자와 기계가 주어진 기간, 예를 들어 일 주간에 수행할 수 있는 일의 양(quantity of work)으로 산정한다. 대개 생산능력은 몇 시간 분량의 작업량이 요구되는가를 나타내기 위해 소요되는 작업시간(hours)을 단위로 나타낸다. 따라서 생산능력계획은 기계 또는 작업자 등 자원의 생산능력이 언제 얼마나 요구되는지 제시하는 계획이다.

계획의 계층에 따라 계획시평(planning horizon)과 계획의 주기가 달라진다. 플랜트 건설이나 새로운 설비의 구입과 같은 장기 의사결정을 위해서는 수년에 걸친 계획시평이 필요하지만, 몇 주간의 생산에 관한 계획은 계획시평도 몇 주간에 걸쳐 일 별 또는 주 별로 수립된다.

생산계획과 통제의 구성

생산계획과 통제(MPC: manufacturing planning and control) 시스템은 다음 다섯 단계로 구성된다.

1. 전략적 사업계획(strategic business plan)
2. 판매 및 생산계획(production plan / sales & operation plan)
3. 기준생산일정(master production schedule)
4. 자재소요량계획(material requirement plan)
5. 구매 및 생산활동계획(purchasing and production activity control)

계획의 각 수준에 따라 그 목적(purpose), 계획 기간(planning horizon), 상세 수준(level of detail), 그리고 계획수립 주기(planning cycle)이 다르다. 일반적으로 사업계획에서 생산의 실행과 통제 쪽으로 갈수록 계획의 목적은 전반 계획으로부터 세부 계획으로 변하며, 대상 기간은 년(年) 수준에서 일(日) 수준으로 변한다. 그리고 상세 수준은 전반 카테고리(general categories) 수준에서 개별 부품(individual components) 및 작업장(work stations) 수준으로 변한다. 또한 계획수립 주기(planning cycle)도 계획 기간에 연동하여, 계획 기간이 장기에서 단기로 갈수록 더 자주 계획을 재 수립하게 된다.

계획수립과 통제의 각 단계 별로 다음 세 가지 질문이 제기된다.

① 우선순위(언제)는 어떠한가?(무엇을 언제 몇 단위나 생산해야 하는가?) - 우선순위계획

② 가용한 생산능력은 얼만큼인가? - 생산능력계획

③ 우선순위와 생산능력 간의 차이가 있다면 어떻게 해결될 것인가? - 통제

그림 3-2는 계획 수립의 계층구조를 보이고 있다. 사업계획, 생산계획, 기준생산일정의 세 수준의 계획을 자원에 대한 주계획과정(master planning of resources: MPR)이라 한다. 그리고 그림 3-2에서 위로부터 네 수준은 계획수립(planning) 기능이다. 생산활동통제(production activity control) 혹은 구매(purchasing)는 위의 계획을 집행하는 단계, 즉 계획(plans)이 실행(action)으로 넘어가는 통제(control) 기능에 해당한다.

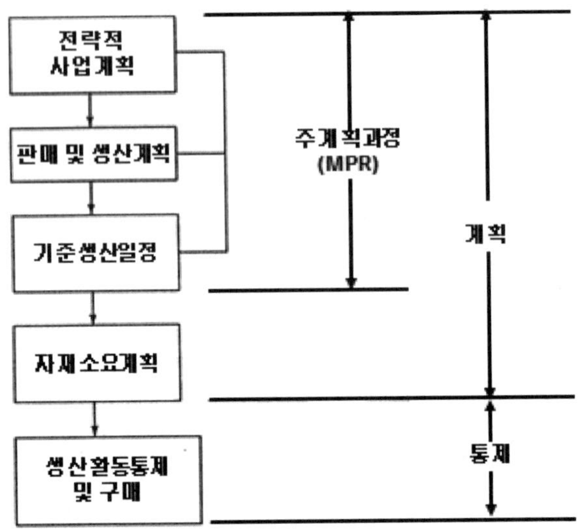

그림 3-2 생산계획과 통제 시스템

계획 수준 별 개요

그림 3-2 에서 볼 수 있듯이 기준계획을 포함한 생산계획과 통제의 과정은 다음과 같이 구성되어 있다.

1. 사업계획(business plan)

사업계획은 향후 2 년 내지 10 년에 걸쳐 달성하고자 하는 주요 목표를 사업, 제품 라인, 시장의 측면에서 기술한 것이다. 사업계획은 최고경영자의 책임 하에 운영되며, 마케팅, 재무, 생산 사이의 조정과 지침을 제공한다. 사업계획의 지침에 따라 마케팅은 시장을 분석하여 회사가 어떤 대응을 해야 하는지, 예컨대 어떤 시장을 표적으로 하며, 판매해야 할 제품군, 고객 서비스의 수준, 가격, 판촉 전략 등을 결정하게 된다. 사업계획 하에 재무는 가용한 자금의 원천과 사용, 현금흐름, 이익, 투자회수율, 예산 등을 결정할 책임이 있다. 생산은 시장의 수요를 만족시켜야 하는데, 이를 위해 공장, 기계, 장치, 노동력, 원자재 등을 최대한 효율적으로 운용하여야 한다.

사업계획이 수립되면 마케팅, 재무, 생산 부문은 사업계획에 의해 제시된 목표를 달성하기 위해 자체의 계획을 수립한다. 이때 각 부문은 서로 긴밀하게 커뮤니케이션을 하여 조정(coordination)하는 절차를 거쳐야 한다.

사업계획의 상세 수준은 그리 높지 않다. 대개 시장의 요구 내지 생산 소요량을 총괄 수준, 즉 개별 제품 수준이 아니라 주요 제품 그룹(product groups) 별 시장 전체의 수요로 수립된다. 사업계획에서는 매출과 시장점유율 등의 목표를 제품 그룹 별로 계획하는데, 간혹 수량보다는 금액 단위로 기술되기도 한다. 대개 사업계획은 매 6개월에서 매년 일회 재검토, 수정된다.

2. 판매 및 생산계획(sales and production plan: S&OP)

판매 및 생산계획은 사업계획에 의해 목표가 주어진 바에 따라 다음 사항을 결정하는 계획이다.

- 각 기간 별로 생산해야 할 제품 그룹 별 수량
- 바람직한 재고 수준
- 각 기간에 요구되는 설비, 노동력, 원자재 등의 자원
- 필요한 자원의 가용성

판매 및 생산계획은 제품 그룹 별로 설정하므로 상세 수준은 그리 높지 않다. 만약 회사의 제품이 다양한 노트패드 모델들, 노트북 컴퓨터 모델들, 그리고 스마트폰 모델들이라면 생산계획은 단지 노트패드, 노트북, 스마트폰이라는 세 가지 그룹 별로 설정될 것이다. 즉 생산 및 판매계획은 전체 계획기간에 걸쳐, 제품 그룹 별로 판매계획을 정하고, 그 판매계획을 맞추

기 위해서 요구되는 공급계획(생산 및 구매 계획)을 작성하는 활동이다.

생산계획 담당자는 가용한 자원(resources)의 한계 내에서 시장 수요(demand)를 만족시키기 위한 계획을 수립하고 갱신하게 된다. 이는 시장 수요를 만족시키기 위해 필요한 자원을 산출하고, 이것을 현재 가용한 자원과 비교함으로써 가능하게 된다. 이와 같이 생산계획을 통해 수요와 자원 간의 균형을 맞추게 된다. 필요자원과 가용자원을 비교하는 일은 생산계획뿐 아니라 모든 계획의 단계에서 일어나는데, 이를 생산능력의 관리(capacity management)라 한다.

제품 그룹 별로 제시된 생산계획은 일종의 공급률(supply rate)을 조정하는 역할을 하게 되는데, 그 결과 기간 별 재고목표나 주문잔고 목표 등 관리목표를 맞출 수 있게 된다. 여기서는 총괄적인 공급률을 정하는 것이 중요한 목적이므로, 이 단계에서의 계획수량은 개별 제품 별로 기술되지 않고 제품집단 별 총괄 수량이 기록된다.

판매 및 생산계획은 중기적인(medium-range) 계획으로서 계획시평(planning horizon)은 대개 6개월 내지 18개월 범위를 커버하며, 대개 월별 또는 분기 별로 갱신된다.

3. 기준생산일정(master production schedule: MPS)

기준생산일정은 각각의 최종제품 별로 수립되는 계획으로서 실제 생산활동을 관장하는 계획 기능이다. 기준생산일정의 상위 단계인 판매 및 생산계획에서는 제품집단을 대상으로 하는 일종의 총괄계획 수준으로 계획을 수립했었다. 이에 비하여 기준생산일정부터는 제품집단 수준에서 작성된 판매 및 생산계획을 분해하여, 그 제품집단에 속하는 개별 최종제품(individual end items) 별 생산 또는 수급계획을 수립하게 된다. 예를 들어 생산되는 노트패드의 모델이 다섯 가지라면 기준생산계획은 다섯 가지의 모델 각각에 대해서 수립된다.

기준생산일정을 위한 투입 정보는 생산계획, 개별 최종제품 별 수요예측, 판매 주문(sales order), 현재의 재고, 그리고 기본 보유하고 있는 생산능력 정보다.

기준생산일정의 수립은 가장 적절한 안이 나올 때까지 수정하는 반복적

시뮬레이션의 과정을 거친다. 예비적인 기준생산일정이 나오면 주요 자원에 대해서 가용성을 검토하는 개략적 생산능력계획을 거쳐 필요한 수정을 가한다. 계획기간은 구매와 제조 리드타임에 따라 달라지는데 대개 3 내지 18개월을 커버하며, 매주 혹은 월별로 갱신된다.

최종조립계획(final assembly schedule)은 기준생산일정의 한 부분으로서 고객의 요구에 맞추어 제품이 완성되어야 할 일정을 만드는 계획이다.

4. 자재소요량계획(material requirements planning)

자재소요량계획(MRP)은 기준생산일정(MPS)에 따라 제품을 생산하고자 할 때, 그 제품 생산에 소요되는 중간제품의 생산과 소요되는 부품의 구매량을 결정하기 위한 계획이다. MRP는 품목 별로 필요한 수량이 얼마인지, 언제 그 품목을 생산하려고 하는지, 그리고 언제 그 품목을 사용해야 하는지를 보여준다. MRP계획의 결과를 이용하여 구매(purchasing)와 생산활동관리(production activity control)는 구매활동 또는 생산활동 등 요구되는 실행업무를 진행한다. MRP는 각 최종 제품을 만들기 위해 부품(components)과 중간제품(parts)이 언제, 얼마나 필요한지를 알려주기 때문에 그 상세 수준은 높다. 계획시평(planning horizon)은 최소 구매와 제조에 필요한 리드타임만큼은 되어야 하므로 기준생산일정과 마찬가지로 3 내지 18개월 정도는 되어야 한다.

5. 구매 및 생산활동 통제(purchasing and production activity control)

구매 및 생산활동 통제는 전체 생산계획과 통제 시스템 중에서 그 이전 단계의 계획기능에 대비하여 실행(implementation) 및 통제(control) 기능을 담당한다.

구매(purchasing)는 원자재를 공장에 입고 시키는 흐름을 책임지고, 생산활동 통제(PAC)는 공장 내에서 작업의 흐름을 책임진다. 이 기능의 계획시평은 하루에서 일 개월 이내로서 매우 짧고, 개별 부품, 작업장, 작업오더 등을 챙길 수 있을 정도의 높은 상세수준을 갖는다. 계획은 매일 재검토되어 수정된다.

6. 생산능력 관리(capacity management)

이상의 모든 일정 계획들은 매 단계마다 수립된 계획이 가용한 생산능력(available capacity)에 비추어 문제가 없는지 검증되어야 한다. 생산능력 계획은 우선순위계획(priority plan)에 맞추어 생산하는 데 요구되는 생산능력을 결정하고 생산능력이 부족할 경우 그 해결 방안을 찾기 위한 절차를 말한다. 소요되는 생산능력을 결정하고, 그 결과를 가용한 생산능력과 비교하고, 생산능력을 증감 조정하는 일(혹은 계획 자체를 변경하는 일)은 모든 수준의 우선순위계획에서 일어나야 한다. 수 년에 이르는 장기의 기간 중에는 기계와 장비, 공장을 증설하거나 폐기되는 결정이 이루어질 수 있다. 그러나 생산계획에서부터 생산활동 통제에 해당하는 계획 기간(time span) 이내에서는 시프트(shift)의 변화, 잔업(overtime), 외주(subcontracting) 등의 변화가 주로 다루어진다.

각각의 계획 기능들은 각기 다른 상세도(level of detail)와 계획시평(planning horizon)을 가지고 있다. (그림 3-3 참조)

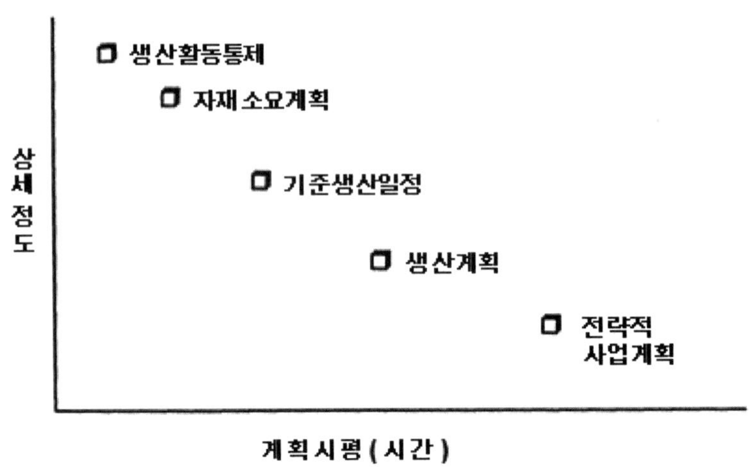

그림 3-3 계획유형 별 상세정도와 계획시평

기준계획 수립 시 고려사항

기준계획과정의 본질은 생산자원을 계획기간에 걸쳐 시간적으로 배분하는 것이다. 이는 수요량과 생산수량을 기간 별로 서로 비교·조정하여 생산활동의 안정과 자원의 효과적인 활용을 가능하게 하는 생산계획을 수립하려는 것이다. 자원에 대한 기준계획과정의 주요 고려사항은 다음과 같다.

공급과 수요의 균형

만약 수요가 공급보다 많다면 품절이 발생할 것이고, 그 반대로 공급이 수요를 초과하면 재고가 발생할 것이다. 이 두 가지 모두 계획 상의 문제를 야기한다. 수요에는 수요예측과 실제 고객의 주문이라는, 시간적으로 선, 후가 있는 두 요소로 구성되어 있다. 실수요가 발생하면 수요예측은 실제수요로 점차 실현되면서 비로소 예측과 실수요를 비교해볼 수 있게 되는데, 그 비교 결과를 예측 정확도로서 관리하게 된다.

공급은 생산 또는 구매를 함으로써 발생하는데, 주문이 사내의 제조 현장에 발급되면 제조지시라 하고, 외부의 공급업체에 발급되면 구매주문이라 한다.

수요와 공급의 균형을 이루는 일은 쉬운 일이 아니다. 고객은 자주 주문을 변경하고, 생산과 구매도 예기치 않은 문제를 야기하는 등의 이유로 수요예측은 늘 오류를 포함하게 되어 있기 때문이다.

생산 수량(volume)과 제품 믹스(mix)

특정 제품집단 내에서 조금씩 사양을 달리하는 제품 형태들을 얼마나 다양하게 공급하느냐의 문제를 제품믹스(product mix)라고 한다. 고객에 대한 서비스 측면에서는 가능한 한 제품믹스가 다양한 것이 좋을 것이다. 그러나 공정의 신축성이 떨어지는 경우, 생산계획의 대상이 되는 제품믹스를 너무 다양하게 하면 생산활동 상 문제를 야기하게 된다. 신축성이 낮은 공정 내에서 생산 제품을 변경하려면 금형, 공구 등을 교체하는 준비시간이 크게 소요되기 때문이다. 따라서 제품 믹스를 다양하게 하려면 공정의 신축성을 향상하기 위한 방안으로서 준비시간을 크게 단축시키거나 셀(cell) 생산 형태의 공정으로 개선해야 한다.

생산 수량은 기간 별로 얼마나 많은 수요가 발생할 것인지, 즉 수요율(demand rate)에 따라 결정된다. 금형교체 등에 소요되는 준비시간이 단축되어 있지 않은 공정, 즉 신축성이 떨어지는 공정에서 제품 믹스를 다양하게 하면 전체 생산 수량은 적어질 것이다. 그러나 기준계획의 목적은 고객서비스 및 품절이나 재고의 발생에 의한 비용을 포함하여 전체비용을 최소화하는 것이므로 계획 과정에는 늘 재고의 최소화와 생산의 평준화 사이에 균형의 문제가 따르게 된다.

계획기간

계획기간(planning horizon)은 계획 수립 시, 미래 어떤 시점까지 그 계획이 커버해야 하는가를 일컫는 말이다. 계획의 성격에 따라 적절한 계획기간이 설정되어야 한다. 예컨대 전략적 사업계획은 5년 정도, 그리고 생산 및 판매계획은 2년 정도의 계획기간을 갖는다. 그리고 회계 상의 예산계획 등은 대개 회계연도를 커버하도록 1년 단위로 되어 있다.

그런데 기준생산일정의 계획기간은 그림 3-4와 같이 그 제품군의 최대 누적리드타임, 즉 원자재의 조달부터 제조 및 출하에 걸리는 리드타임을 모두 합한 기간을 커버할 만한 기간은 되어야 한다. 이는 기준생산일정이 전산화된 제조계획과 통제 시스템을 구동하는 기준 데이터의 역할을 해야 하기 때문이다. 만약 계획기간이 누적리드타임보다 짧게 설정되면 계획의 일정은 표준으로 설정된 리드타임을 반영하지 못하게 될 것이다. 기준생산일정의 계획기간은 제품의 누적리드타임에 더하여 주요 작업장이나 핵심공급자의 생산능력을 변경하는 데 필요한 시간 등 예외적인 지체를 고려할 필요가 있다.

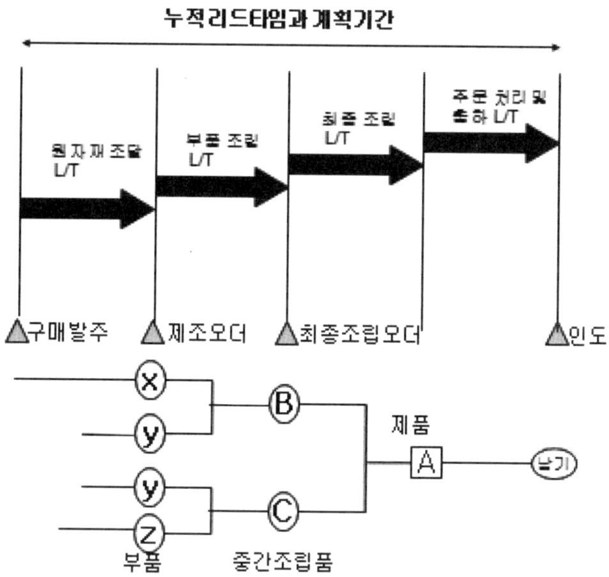

그림 3-4 누적리드타임과 계획기간

제조 전략의 유형

제조 전략(manufacturing strategy)은 고객의 수요에 대하여 대응하는 방법을 말하는 것으로 그림 3-5와 같이 몇 가지 대안이 존재한다. 어떤 방안을 채택하느냐의 선택은 취급하는 제품의 특성과 관계가 크다.

예측생산(MTS : make-to-stock)

예측생산은 시장의 수요를 예측하여 미리 생산하여 재고를 유지하고 있다가 고객의 실수요에 따라 완성된 재고로부터 출하하는 형태로, 표준품에 대한 대량생산에 적합하다. 여기서는 고객에 대한 서비스 수준을 유지하기 위해서 완제품 재고를 얼마나 가질 것인가의 문제가 중요하다. 예측생산에서의 공정은 대량 생산을 가능하게 하는 흐름공정이 요구된다.

주문조립(ATO : assemble-to-order)

이 형태는 주요 반제품이나 모듈만을 미리 만들어 두었다가, 고객의 주문이 접수된 후에는 이들 주요 구성품으로부터 최종제품을 조립하는 방식이다. 미리 주요 구성품을 만들어 두어야 하는 이유는 주문 후 고객이 요구하는 납기가 이 제품의 생산 리드타임보다 짧기 때문이다. 흔히 자동차 제조업체에서 이 생산방식이 이용되는데, 고객의 수요를 예측하여 주요 중간 조립품의 재고를 유지하였다가, 실제 주문이 접수되면 최종조립하는 방식으로 진행된다. 이 방식에는 대개 뱃치(batch) 생산시스템이 적합하다.

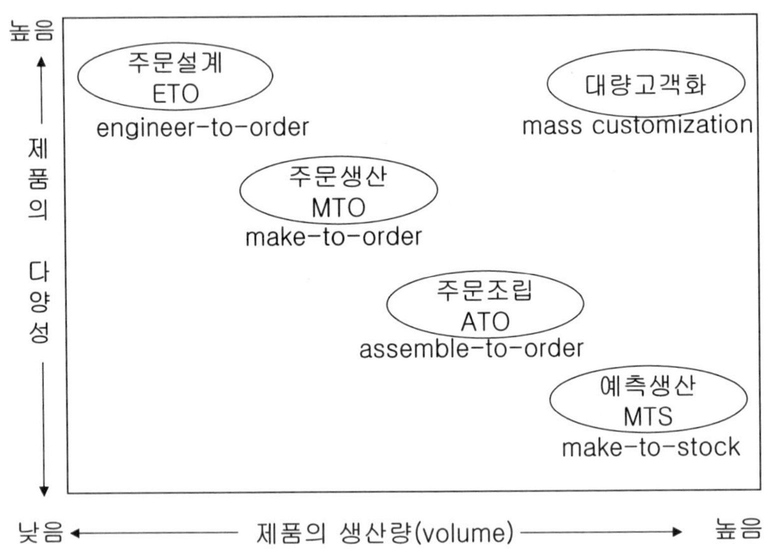

그림 3-5 제품공급전략

주문생산(MTO : make-to-order)

고객으로부터 확정주문이 접수된 후에 비로소 자재조달 및 생산이 이루어지는 형태다. 이 형태는 가능한 제품구성(configuration)이 너무 다양하여 어떤 사양의 제품이 실제수요로 주문이 될지 알 수 없는 경우에 사용된다. 이런 제품의 경우, 고객은 생산 프로세스에 소요되는 시간만큼 기다리는 것을 용인하게 된다. 생산 상의 관리 목표는 고객의 주문잔고를 얼마나 유지할 것인가가 중요하다. 이 방식에서는 주문생산공정(job-shop)이나 뱃치 생산시스템이 적합하다.

주문설계(ETO : engineer-to-order)

고객의 주문이 접수된 후 설계에 들어가는 형태다. 이 방식은 제품이 고객의 주문마다 특이한 부품이 이용되기도 하고 부품표나 작업순서가 다를 때 이용된다. 따라서 이 방식에서는 설계단계에서부터 공급자와 긴밀한 협업이 이루어지는 것이 좋다. 주문설계 방식의 공급전략에서는 전형적으로 프로젝트 공정 또는 개별수주형 공정이 이용된다.

대량고객화(mass customization)

대량고객화는 대용량 제품이면서도 고객이 다양한 사양을 지정하여 주문할 수 있도록 한다. 이런 생산시스템은 강력한 경쟁우위를 노릴 수 있는데, 다양한 주문 사양에 대응하면서도 제조원가가 치솟지 않아야 의미가 있다. 델(Dell)과 같은 개인용 PC업체들은 고객이 프로세서, 메모리 사이즈, 저장용량, 주변기기 등의 선택사양을 어떻게 지정하더라도 대량 조립의 생산성을 유지하는 조립라인을 구축하고 있다.

제품수명주기

현재 고려되고 있는 제품의 수명주기가 어느 위치에 있는지 고려하는 것은 수요예측의 정확도를 높이고, 적절한 공급전략을 선택하는 데 중요하다. 일반적으로 제품의 수명주기는 그림 3-6와 같이 네 단계의 과정을 거친다.

그림3-6에 나타나 있듯이, 도입기에는 아직 제품이 표준화 되어 있지 않기 때문에 고객의 요구에 맞추어 가기 위한 설계변경이 자주 일어난다. 성장기에 들어가면 제품 또는 서비스에 대한 수요가 증가하고, 이에 따라 이 시장에 참여하려는 경쟁자가 많이 나타난다. 이 단계가 되면 타 경쟁자보다 품질이 안정되고, 주문에 대해서 가득성(availability)이 높은 기업이 경쟁우위를 차지할 수 있다.

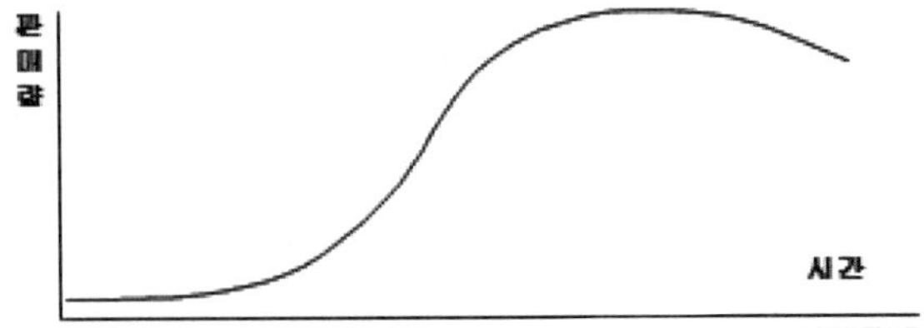

	도입기	성장기	성숙기	쇠퇴기
생산·판매량	•하	•빠른 성장	•상	•감소
고객	•혁신층	•초기 수용층	•중간 다수층	•최후 수용층
경쟁자	•약간	•점차 증대	•점차 감소	•감소
제품설계의 다양성	•높은 고객 맞춤 빈번한 설계변경	•표준화 증대	•주종 제품형태 출현	•보통재화, 표준화
주요 경쟁우선순위	•제품특성 성능, 신기함	•품질 •가용성	•가격 적시 공급	•가격
주요 자격요건(Qualifiers)	•품질 다양성	•가격 다양성	•다양성 품질	•적시 공급
주된 운영목표	•유연성 품질	•스피드 납기, 품질	•원가 납기 준수	•원가

그림 3-6 제품 수명주기 단계에 따른 관리의 차별화

성숙기에 이르면 제품 수요는 점차 감소하는 경향을 보인다. 그러나 제품은 안정되어 있고, 별 추가 투자 없이도 높은 생산과 판매가 이루어지므로 이 시기에 회사는 제품으로부터 가장 높은 투자회수율을 달성하게 된다. 쇠퇴기에 이르면 교체부품 수요만 발생하고 본 제품에 대한 수요는 점차 일어나지 않게 된다. 이 단계에 이르기 전에 고객의 새로운 니드에 맞추어 신제품을 출시하지 못하면 회사의 시장 지위는 위태롭게 된다.

간혹 동일한 제품에 대해서 서로 다른 제조전략을 사용할 수도 있다. 일반적으로는 제품수명주기의 도입기에는 시제품(prototype)을 써서 ETO 방식으로 대응하다가 성장기를 맞아 MTO로 이행한다. 또한 성숙기 동안에 MTS 방식으로 대응하다가 쇠퇴기에 물량이 줄면 다시 MTO 방식으로 움직여서 제품의 수명주기를 연장하기 위한 제품의 조정이 시도되기도 한다.

제품 믹스와 제조 전략

그림 3-7은 생산 공정의 각 단계에 있어서 품목 종류의 많고 적음, 즉 제품믹스의 차이를 보이고 있다.

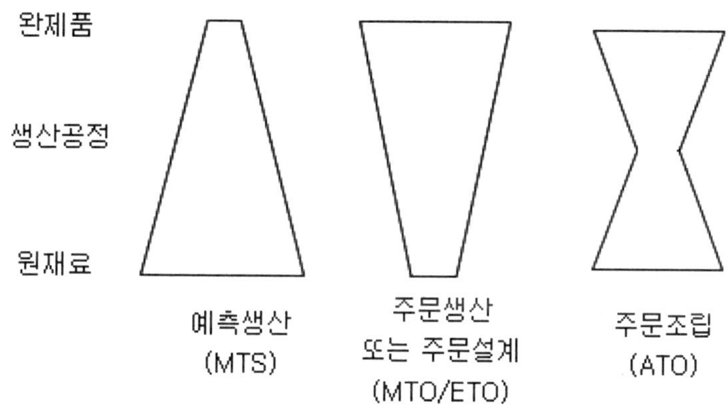

그림 3-7 공정단계에 따른 제품 믹스의 변화와 제품공급전략

예시된 바와 같이 각 제품믹스의 형태에 따라 적합한 공급전략이 달라진다. 먼저 완제품의 종류는 소수인데 비해서 원재료 내지 부품의 종류가 매우 많은 형태의 제품에 대해서는 예측생산 방식의 공급전략이 적합하다. 주문생산 또는 주문설계는 반대로 상대적으로 적은 종류의 부품으로부터 매우 많은 종류의 완제품을 생산할 수 있는 제품에 적합하다. 한편, 주문조립은 앞의 두 유형의 혼합형이다. 이 형태에서는 중간 조립품의 수준에서 예측생산이 되어 재고로 저장되어 있다가 고객의 확정 주문이 있고 나서 중간 조립품 재고로부터 출고하여 생산이 완료되는 방식이다.

이와 같이 전체 공정 상에서 제품의 구성이 어떤 형태를 갖는지에 따라 계획 수립 시 대상품목의 수준이 달라진다.

판매 및 생산계획의 수립

정의

앞에서 이미 생산계획의 목적, 계획시평, 상세수준에 대해서 간략하게 알아 보았다. 이번 절에서는 생산계획을 수립하는 데 포함되는 몇 가지 세부사항에 대해 살펴 보기로 한다.

판매 및 생산계획[3]은 "신제품 및 기존제품에 대한 고객지향적 마케팅 계획과 공급체인의 관리를 통합하는 수단을 제공함으로써 경쟁우위를 지속적으로 달성하도록 하는 프로세스"로 정의된다. 시장 계획과 가용 자원을 바탕으로 생산계획은 미래 일정 시점에서의 생산활동의 수준이나 한계를 설정한다. 생산계획은 회사의 사업 목표를 달성하기 위한 공장의 시장 대응역량과 생산능력, 그리고 재무계획을 통합하여 생산계획을 수립한다. 판매 및 생산계획은 계획시평 전반에 걸친 생산 수준 및 재고 수준을 결정한다. 결과적으로 생산계획의 주된 목적은 사업계획을 달성하기 위해 요구되는 생산률(production rates)를 정하는 것이다. 전반 사업 목표에는 재고수준(inventory levels), 미납 주문(backlog), 시장 수요, 고객 서비스, 공장 운영의 원가 절감 등이 포함된다.

판매 및 생산계획은 중기 계획에 속하며, 자원을 계획하고, 연간 사업계획 프로세스를 지원하기에 충분한 정도의 계획기간을 가져야 한다. 전형적으로 생산계획은 6 - 18개월의 계획 기간을 가지며, 매 주 내지 월 별로 계획이 재검토되고 제품집단 별 총량 수준에서 수립된다. 제대로 수행된다면 판매 및 생산계획 프로세스는 사업부를 위한 전략적 계획과 그 수행을 연결하고, 지속적으로 그 성과를 검토하고 관리하는 도구가 된다.

제품집단의 결정

회사가 생산하는 제품이 한 가지 뿐이거나 유사한 제품들만을 생산하는

---

[3] '판매 및 생산계획(sales and operations plan)'은 미 생산재고관리협회(APICS)의 용어로서 총괄생산계획(aggregate planning)을 뜻한다. 또한 우리나라의 생산관리 실무에서는 '(이동) 물동계획'이라는 용어를 사용하는 기업이 많다.

경우라면 그 제품의 생산량을 단위로 생산계획을 수립하면 된다. 하지만 대부분의 회사는 서로 상이한 다양한 제품들을 생산하는 경우가 많다. 이럴 경우 생산 프로세스의 유사성에 바탕을 두고 생산계획의 대상이 되는 제품집단을 정해야 한다.

제품집단으로 환산된 수요가 결정되면 이 수요를 만족시키기 위한 생산능력이 산출되어야 한다. 생산계획의 계획시평을 감안할 때 이 기간 동안에 변경할 수 있는 생산능력은 한계가 있다. 예를 들어 공장의 증설이나 장비를 추가하는 결정은 이 기간 중에는 매우 어렵거나 불가능하다. 하지만 몇 가지 생산능력은 변경할 수 있으며, 이들 생산능력의 필요량을 산출하여 조치하는 것은 생산관리의 책임이다.

변경 가능한 생산능력에는 다음과 같은 것이 있다.

- 작업자의 고용과 일시해고(layoff), 잔업 및 단기 고용, 시프트(shift)의 추가와 감소
- 여유 기간 중에 재고를 늘였다가 높은 수요가 있는 시기에 사용, 판매함
- 외주 생산을 하거나 장비를 임대함

각 대안은 장점과 단점이 있다. 생산관리에서는 사업계획의 목표에 맞추어 최소의 비용을 유발하는 대안을 찾아야 하는 책임이 있다.

판매 및 생산계획에서는 제품집단과 제품집단 수준의 종괄적 수당에 초점을 맞추어 수립되는데, 이는 이어서 수립되는 개별 제품에 기준생산일정의 전반적인 기준과 범위를 정해준다.

판매 및 생산계획은 대개 월 주기의 이동계획(rolling plan) 방식으로 계획이 수립되며, 수량과 함께 생산 및 판매 금액을 기록한다.

관련 비용

제품의 수요가 변동 없이 일정하다면 예측이나 계획의 중요성은 그리 크지 않을 것이다. 그러나 수요는 기업 간 경쟁, 신제품의 출현, 라이프사이클

의 변화, 계절적 수요의 변동 등 여러 가지 요인으로 인하여 변동하게 된다. 수요 변동에 적절히 대처하기 위해서 생산 및 판매계획이 수립되는데, 변화하는 수요를 충족함에 있어서 다음과 같은 방안들을 중심으로 비용을 최소화하기 위한 선택안이 강구된다.

- 재고비용 - 재고유지비용, 준비 비용(setup) 또는 조달비용(costs of acquisition)
- 품절비용(costs of stock-out)과 지급주문비용(back-order)
- 감모손(costs of shrinkages) - 손상, 도난, 진부화(spoilage, pilferage, obsolescence)
- 생산율 변경 비용 - 채용 또는 해고비용, 추가적인 보관 설비, 설비 시동 또는 중지 비용
- 생산능력 비용 - 잔업(overtime) 및 작업단축(undertime), 파트타임 및 임시직 고용 비용, 외주비용, 제휴 계약 비용, 간접인원의 변경에 관한 비용, 자원의 초과 또는 미달 비용

예제)

다음은 A사의 생산계획이다.

	1월	2월	3월	4월	5월	6월
수요예측	200	200	400	300	300	400
기간별 재고 300	400	500	400	300	200	0
생산계획	300	300	300	200	200	200

단, 관련비용은 다음과 같다.
생산능력 변경비용 : 생산능력 변경 시 $1,200 소요
재고유지비용(carrying cost) : 재고금액의 24% / 년 (2% / 월),
단 제품 단가(unit cost) = $100

관련비용 자료가 위와 같이 제시되어 있을 때 생산계획 기간 중 발생된 총비용은 얼마인가?

풀이)

주어진 자료에서 관련비용은 재고유지비용과 생산능력 변경비용이다.

총비용 = 재고유지비용 + 생산능력 변경비용

재고유지비용 = (400+ 500+ 400+ 300+ 200) × $100 × .02

= $3,600

생산능력 변경비용 = $1,200 이므로

6개월간의 총비용은 $4,800으로 계산된다.

판매 및 생산계획 전략

생산계획을 수립하기 위해 사용되는 전략으로는 수요 따라잡기 전략(demand matching or chase strategy), 생산 평준화 전략(production leveling strategy), 혼합 전략(combination/hybrid strategy), 외주 전략(subcontracting strategy) 등이 있다.

1. 수요 따라잡기 전략(chase strategy)

수요 따라잡기 전략은 그림 3-8과 같이 수요 변동에 따라 고용수준을 변동시키거나 생산수준을 변동시키는 전략이다. 수요 따라잡기 전략은 수요변동에 따라 고용수준을 변동시키거나 산출률을 조정하는 방식으로 대응한다.

수요 따라잡기 전략의 장점은 안정적인 재고를 유지할 수 있다는 점이고, 반면에 단점으로는 채용, 훈련, 잔업, 추가적인 시프트(shifts) 비용, 일시해고(layoffs) 비용 및 해고에 따른 종업원의 사기저하, 필요한 노동력 또는 기능을 확보하지 못할 가능성, 최대한의 생산능력을 확보하고 있어야 한다는 점 등을 들 수 있다.

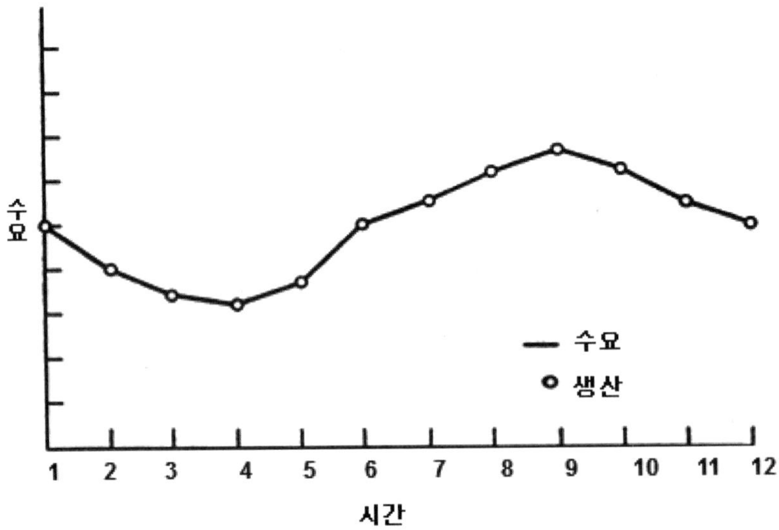

그림 3-8 수요따라잡기 전략

예제)

다음은 A 사의 생산계획에 관한 문제이다. 예상되는 기초재고는 100 개이고 1 기말에 80 개의 재고가 되도록 계획한 후 이 재고를 매 기간 동일하게 유지하는 식으로 수요 따라잡기 전략을 써서 생산계획을 수립하고자 한다. 생산계획의 대상 제품군 xyz 에 대한 기간 별 수요예측은 다음과 같다.

기간	1	2	3	4	5	총계
예측	110	120	130	120	120	600

생산수준을 변경하는 비용은 기간당, 제품군 1 단위 당 $20이고, 재고유지비용은 기간 당 제품군 단위 당 $5이다. 계획 기간 동안의 총비용은 얼마인가?

풀이)

기간 1 의 요구 생산량 = 110 – (100 – 80) = 90 단위
기간 2 부터의 요구생산량은 수요예측과 동일
생산레벨 변경에 소요되는 비용 = (100 – 90)($20) = $200
재고유지비용 = (80)(5기간)($5) = $2,000
총 계획비용 = $2,200

2. 평준화 전략(level strategy)

평준화 전략은 그림 3-9와 같이 재고 수준을 변경하는 방법을 통하여 생산수준을 평준화하는 전략이다. 생산 평준화 전략은 재고수준을 변동시킴으로써 산출률(throughput)의 변화를 최소화한다.

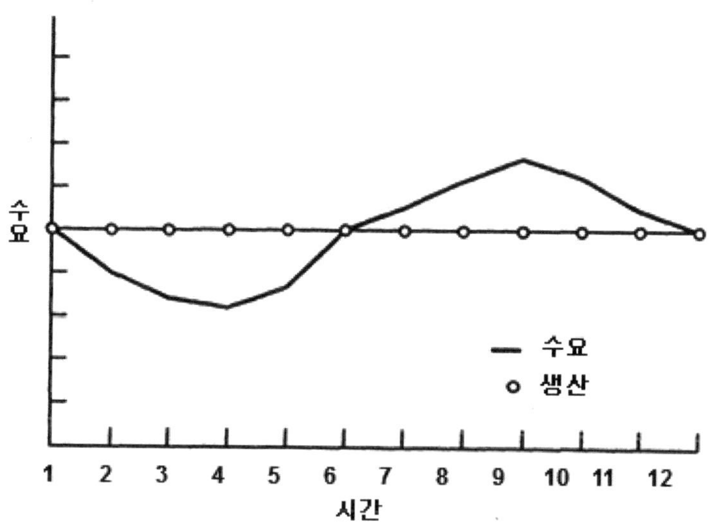

그림 3-9 생산평준화 전략

생산 평준화 전략의 장점은 작업자 수를 일정하게 유지할 수 있어 작업자의 고용과 해고에 관한 비용이 발생하지 않는다는 점이다. 반면에 재고가

쌓일 염려가 있으므로 정확한 수요예측이 요구된다.

예제)

다음은 A사의 생산계획에 관한 문제이다. 예상되는 기초재고는 100개이고 계획기간 말에는 80개의 재고가 되도록 계획하고 있다. 작업일자는 각 기간마다 같으며 미납주문(backorder)은 없다고 한다. 생산계획의 대상 제품군 xyz에 대한 기간 별 수요예측은 다음과 같다.

기간	1	2	3	4	5	총계
예측	110	120	130	120	120	600

1) 각 기간마다의 생산수량은 얼마인가?

총 요구생산량 = 600 + 80 – 100 = 580

기간 별 생산량 = 580 / 5 = 116

2) 각 기간마다의 기말재고를 계산하시오.

기말재고 = 기초재고 + 생산 – 수요

제 1 기의 기말재고 = 100 + 116 – 110 = 106

제 2 기의 기말재고 = 106 + 116 – 120 = 102

제 3 기의 기말재고 = 102 + 116 – 130 = 88

제 4 기의 기말재고 = 88 + 116 – 120 = 84

제 5 기의 기말재고 = 84 + 116 – 120 = 80

3) 기말재고 기준으로 재고 유지비용이 기간 별, xyz 한 단위 당 $5 라면 총 재고비용은 얼마인가?

(106 + 102 + 88 + 84 + 80)($5) = $2,300

4) 계획의 총 비용은 얼마가 되는가?

품절이 없고, 생산 수준의 변화가 없으므로 총비용은 주로 재고유지비용이 차지할 것이다. 따라서 답은 $2,300 이 된다.

3. 혼합전략

수요변동에 대처하기 위하여 고용수준(산출률)이나 재고수준 한 가지만을 관리가능 변수로 하여 위 수요 따라잡기 전략 또는 평준화 전략 중 하나를 추구하는 것을 순수전략(pure strategy)이라 한다. 그러나 판매 및 생산계획 수립 시 실제로는 수요변동에 따라 다양한 관리가능변수를 써서 적절한 선에서 조정해 나가게 되는데 이를 혼합전략(combination/hybrid strategy)이라 한다.

혼합전략은 그림 3-10 과 같이 주기적으로 생산능력을 완전 가동하는 시기도 있지만 다른 주기에는 가동률을 낮춘다. 이런 식으로 혼합전략은 가용한 생산능력을 이용하면서 동시에 재고가 지나치게 높아지지 않도록 조절하고자 평준화 전략과 수요 따라잡기 전략을 혼합해서 사용하는 전략이다.

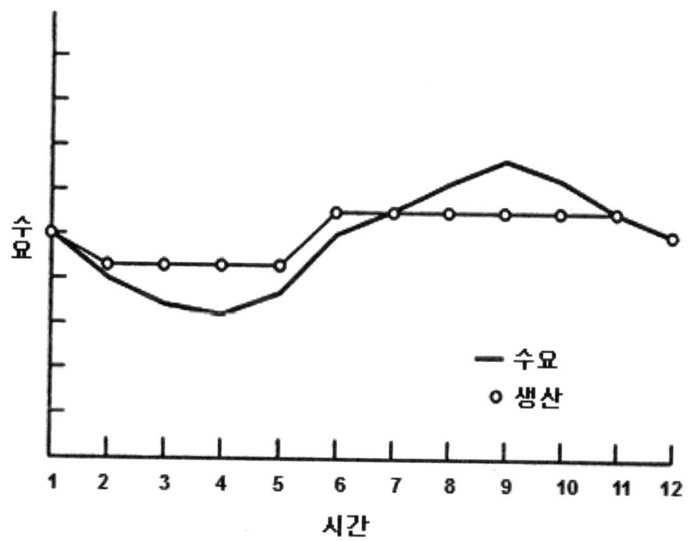

그림 3-10 혼합 전략

기본적으로 수요가 적을 때는 생산을 줄였다가 수요가 많아지면 최대 생산능력으로 생산한다는 개념의 전략으로 볼 수 있다.

4. 외주전략

외주(subcontracting)는 수요의 최소 수준에다가 맞추어 생산하고, 추가적인 수요는 외주에 의해서 확보하는 전략이다. 즉 타사의 생산능력을 확보하여 수요의 변동에 대응하는 것이다. 이와 유사하게 내부적으로 생산능력을 확보하는 방법으로는 시프트(shift) 수를 추가하거나 작업자들로 하여금 잔업(overtime)을 하도록 하는 방법이 있다.

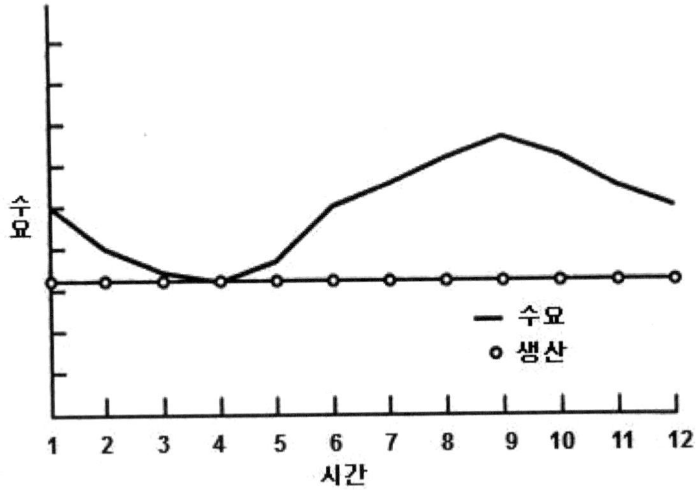

그림 3-11 외주 전략

회사의 제품이 계절성이 강하다면 기본적으로 수요 따라잡기 전략을 쓰는 것을 고려해 볼 수 있을 것이다. 그러나 이 전략은 유휴장비, 고용, 훈련, 일시해고 등의 관련비용이 심각한 수준으로 발생할 수 있고, 기술축적도 이루어지지 않을 수 있다. 평준화 생산도 수요예측의 오류가 발생할 경우 심각한 재고문제를 가져 올 수 있다. 외주전략은 평소에는 수요의 최소수준으로 일정하게 생산하다가 수요가 증가하는 계절에는 외주생산을 통해서 증가된 수요를 충족시키게 된다(그림 3-11). 이 전략을 쓰면 작업자의 작업 부하가 평준화되면서 생산능력을 확보하기 위한 투자를 줄일 수 있는 장점이 있다. 그러나 장기적으로 보면 구매, 이동, 검수 등 외주비용이 높아질 수 있다.

판매 및 생산계획 예시

예제 1. 산출률의 계산

판매 및 생산계획의 목적은 회사의 생산능력(자원) 한도 내에서 적정한 재고수준을 유지하고, 또한 고객의 수요에 대처할 수 있는 적정한 산출률(rate of output)을 제시하고자 하는 것이다. 또한 회사의 주요 직능분야인 판매, 마케팅, 제조, 재무 등 각 부서의 합의 결과로서의 역할을 한다.

판매 및 생산계획 수립 시 의사결정의 주된 조정간은, 시장생산인 경우는 재고수준이며, 주문생산인 경우는 고객의 주문잔고(backlog)가 된다. 회사의 입장에서 볼 때, 고객으로부터의 수요는 단기적으로는 외적 요소이므로 주어진 정보로 보고, 여기에 회사의 주요 자원에 대한 제약이나 재고정책(주문생산 시 주문잔고 정책)을 반영하여 월별 산출률을 정한다.

A 제품그룹에 대한 판매 및 생산계획

단위: 1,000 ea

월(month)		1월	2월	3월	4월	5월	6월	7월	8월	9월	10월	11월	12월	계
수요예측(SP)		16	18	16	19	21	25	24	24	25	29	48	48	313
생산계획(PP)		20	20	20	25	25	25	31	31	31	35	35	35	333
재고계획(IP)	0	4	6	10	16	20	20	27	34	40	46	33	20	

제약조건 및 정책

1) 생산능력 제약 상, 월 생산량은 38,000단위를 초과할 수 없다.
2) 산출률(월 생산량)은 같은 분기 내에서는 일정해야 한다.
3) 분기 별 산출률의 증가는 전기 대비 25% 이상을 초과할 수 없다.
4) 기초재고는 없으며(0), 매 분기 말 기준 재고목표는 다음과 같다.

1/4 분기 말 : 10,000 단위 2/4 분기 말 : 20,000 단위

3/4 분기 말 : 40,000 단위 4/4 분기 말 : 20,000 단위

그림 3-12 판매 및 생산계획 예제

판매 및 생산계획이 회사의 정책을 반영하는 모습을 우선 이해하기 위해서, 생산계획을 수립하는 간단한 예를 보자. 그림 3-12에서 일정 기간의 생

산계획 수량은 다음과 같이 계산된다.

생산계획(PP) = 수요예측(SP) + 재고계획(IP) 증가분

이 식에 의해서 1/4 분기의 생산계획 PP_1 을 구하면,

$PP_1 = (16 + 18 + 16) + (10 - 0) = 60$

따라서 1/4 분기의 월별 산출률(생산계획)은 20 단위가 된다.

위의 예에서 만약 생산방식이 스톡생산(make-to-stock)이 아니라 주문생산(make-to-order)이라면 일정기간의 생산계획 수량은 다음과 같이 계산될 것이다.

생산계획(PP) = 수요예측(SP) - 미납주문(backlog) 증가분

예제 2. 세 가지 전략의 평가

생산 및 판매계획의 세 가지 전략에 의한 월별 생산량과 재고가 표 3-1 에 나와 있다. 그리고 각각의 전략에 따른 평가에 적용되는 조건은 아래와 같다.

기본 조건

- 기간 별 생산능력 20개를 생산하는 경우(per-period capacity of 20 units)의 단위 당 기본 원가(base costs)는 $10이다.
- 기간 별 단위 당 재고유지비용(inventory carrying costs)은 $3 이다.
- 신규 고용 또는 해고가 일어날 경우의 생산률 변경비용(rate-change costs)은 고용 또는 해고 당 $5 이다.
- 생산능력 변경 시 $50 의 비용이 든다.
- 재고유지비, 품절, 미납주문(backorder)에 대한 비용은 재고비용(inventory cost) 항목으로 기록된다.
- 한 단위 생산에 1 명의 종업원이 필요하다.
- 시작 및 가동정지(start-up and shut-down) 비용은 건 당 $50 이다.

	기간													
	0	1	2	3	4	5	6	7	8	9	10	11	12	총수량
매출		5	5	5	15	25	35	35	35	35	25	15	5	240
평준화전략														
생산		20	20	20	20	20	20	20	20	20	20	20	20	240
재고	30	45	60	75	80	75	60	45	30	15	10	15	30	540
생산능력 △		-	-	-	-	-	-	-	-	-	-	-	-	0
수요 따라잡기 전략														
생산		5	5	5	15	25	35	35	35	35	25	15	5	240
재고	30	30	30	30	30	30	30	30	30	30	30	30	30	360
생산능력 △		-	-	-	1	1	1	-	-	-	1	1	1	6
혼합전략														
생산		0	0	0	0	40	40	40	40	40	40	0	0	240
재고	30	25	20	15	0	15	20	25	30	35	50	35	30	300
생산능력 △		-	-	-	-	1	-	-	-	-	-	1	-	2

표 3-1 세 가지 전략에 따른 생산계획과 재고

세 가지 전략에 대한 비용은 그림 3-13과 같이 산출된다. 이 결과에 의하면 혼합전략의 총비용이 가장 적게 나오는 것을 알 수 있다.

	평준화 전략		수요따라잡기 전략		혼합 전략	
	개수	총액	개수	총액	개수	총액
기본 비용 생산능력 = 20 개/기간 ($10/개)	240	2400	240	2400	240	2400
재고유지비용 ($3/개/기간)	540	1620	360	1080	300	900
생산률 변화	0	0	30/30	300	40/40	400
고용/해고 ($5/건)	0	0	0	0	0	0
생산능력 변화 ($50/능력△)			6	300	2	100
총 비용	$4,020		$4,080		$3,800	

그림 3-13 판매 및 생산계획 예제

판매 및 생산계획의 인풋

판매 및 생산계획을 수립하기 위해서 기본적으로 요구되는 자료가 있다. 판매 및 생산계획 수립 시 각 부문 별로 다음과 같은 입력자료가 준비되어야 한다.

- 기간 별 예상 수요(마케팅): 시장으로부터의 가용한 최신 정보를 동원하여 수립한 수요예측이다.
- 시장 정보(마케팅): 전반적인 경향, 경제 상황, 전문가 분석, 경쟁분석, 정부 규제 등 시장으로부터의 주요 정보로서 판매계획에 영향을 미칠 만한 주요 내용
- 실제 접수된 주문(판매): 고객으로부터 주문이 접수된 최신 현황
- 경영 목표(경영자): 사업의 성공을 위해서 중요한 분야에 대해서 정해놓은 성과 목표

- 생산능력(생산, 구매): 계획기간에 걸쳐 예상되는 생산능력 상의 중요한 제약
- 요구되는 재무 자원(재무): 계획기간 중 판매 및 생산계획을 달성하기 위해서 요구되는 재무자원의 예측
- 신제품 정보(제품개발): 계획기간 중 예상되는 신제품 출시계획
- 신 공정 정보(공정기술): 계획기간 중 예정되어 있는 공정 상의 변화 (주 - 괄호 안은 자료의 출처)

판매 및 생산계획 수립 절차

판매 및 생산계획을 수립하는 절차는 관련되는 여러 부서 간 합의의 과정이다. 기업마다 제품이나 생산시스템의 특성에 따라 각기 다른 절차를 따르는 것이 사실이지만, 전형적으로 판매 및 생산계획을 수립하는 절차는 다음과 같다.

1 단계. 수요예측

계획 기간 중 생산하려는 제품 또는 서비스의 수요량을 총괄적[4]으로 예측한다. 수요예측은 시계열분석방법(이동평균법, 지수평활법 등)이 주로 이용된다.

2 단계. 수요계획 단계

1 단계에서 나온 결과를 영업 및 마케팅 부서에서 검토·분석한 후, 계획기간에 걸쳐 예측치를 새로 수정한다. 예측에는 현재 생산 중인 제품뿐 아니라 제품수명주기 상의 변화에 따라 새로 편입되는 제품까지 포함해야 한다.

[4] 총괄적(aggregate)으로 계획한다는 말은 특정 제품이 아닌 제품집단이나 제품 패밀리 등 총괄 수준에서 계획한다는 것을 말함

3 단계. 유통계획 단계

운영 부문의 책임자들에 의해서 2 단계로부터 나온 결과가 검토된다. 검토 결과, 기존 생산계획 중에서 무엇이 달라져야 하는지 확인한다. 수요예측, 재고수준, 또는 고객 주문잔고 등의 변화는 운영계획 수준의 변경을 유발할 것이다. 여기서 수정된 결과는 뒤에 자원의 가용성을 검토한 후, 계획확정 회의에 송부된다.

4 단계. 계획확정 회의

계획확정 회의에서는 이상 논의된 결과를 종합하여 판매 및 생산계획을 확정하는 회의로서, 이 회의의 목적은 다음과 같다.

- 공급과 수요의 균형이 적절한지 검토하고 필요한 의사결정을 한다.
- 문제점이나 의견 차이를 해소하여 판매 및 생산 부문 경영자로 하여금 통일된 하나의 안을 갖도록 한다.
- 이견이 해소되지 못한 부분을 확인하고, 그 상황 및 관련 데이터를 정리하여 부문 임원에게 보고한다.
- 주어진 문제에 대해서 대안을 선택할 때의 영향을 예상한 시나리오를 개발한다.

이 회의의 주요 참석자는 수요계획, 제품개발, 재무, 생산 및 운영, 전산 부문 등의 대표자가 포함된다. 회의에서는 각각의 제품집단에 대해서 수요와 공급의 균형을 검토하고, 필요한 변경이 요구되면 초안으로 수립된 계획을 조정한다. 또한 계획을 달성하기에 주요 자원이 과연 가용한지를 판단하고, 문제가 있다면 수요의 우선순위를 수정할 수도 있다. 또한 기존 계획 대비 실적을 검토하여 그 결과 재고나 주문잔고에 어떤 영향이 있었는지에 대해서 검토가 이루어진다.

이 회의의 산출물로서 다음과 같은 내용이 결정된다.

- 수정된 재무계획

- 각 제품집단 별 행동 권고 안
- 신제품 출시 계획
- 자원계획 수정안
- 의견일치에 도달하지 못한 부분 및 그 대안 시나리오와 영향분석 보고
- 수요-공급 전략의 수정 권고 안
- 판매-생산계획의 임원 회의에 대한 안건

5 단계. 판매·생산 계획 임원회의

월별 판매 및 생산계획은 최종적으로 임원회의에서 결정이 된다. 임원회의의 목적은 다음과 같다.

- 각 제품집단에 대해서 예비 회의에서 결정된 권고 안을 승인하거나 필요하다면 다른 대안을 결정한다.
- 주요 변경이 예상되는 부분에 대해서 생산 또는 조달의 변경 안을 승인한다.
- 수량과 금액 측면에서, 판매 및 생산계획을 사업계획과 비교하여 어떤 차이가 발견되고 수정되어야 하는지 검토한다.
- 예비회의에서 합의점에 도달하지 못한 부분에 대해서 추가된 정보를 바탕으로 의사결정을 한다.
- 성과가 계획에 대비하여 떨어지는 분야에 대해서 성과척도를 검토하고 그 대책을 구상한다.

위 임원회의의 산출물에는 회의록, 결정사항, 납기와 책임자가 명기된 활동계획, 승인된 경영 계획, 그리고 제품집단 별 완성된 판매 및 생산계획 등의 묶음이다. 판매 및 생산계획을 성공적으로 운영하는 기업은 이상의 절차를 월 단위로 착실히 진행하며, 이를 위하여 회의 전에 의사결정이 필요한 주요 사안에 대해서 미리 준비하는 관행을 정착시키고 있다. 전체적인 과정은 반복적인 수정의 과정이며, 또한 주요 문제점이 있을 경우 이를 노출시켜 피드백하는 폐쇄경로적(closed loop)인 성격을 갖는다. 예비계획은 먼저 수요, 공급 간의 균형이 유지되는지 검토되고, 이어서 자원 상의 문제는 없

는지 검토된다. 이 과정은 자원 상의 주된 문제가 없어질 때까지 반복, 수정되어 최종안이 도출된다. 이 최종안은 모든 관련자에 의해서 검토되고 승인된 후, 전체 관련 부서에 배포된다.

판매 및 생산계획의 산출물은 다음과 같다.

- 제품집단 별 생산계획 (내작)
- 제품집단에 대한 구매계획 (외주품)
- 재고계획(스톡생산의 경우) 또는 주문잔고 계획(주문생산의 경우)

승인된 판매 및 생산계획은 기준생산일정 담당자가 기준생산일정의 특정 품목별 기준생산일정을 수립하도록 하는 기준을 제공한다. 기준생산일정과 판매 및 생산계획의 주된 차이는 판매 및 생산계획이 제품집단별로 수립되는 데 비하여, 기준생산일정에서는 그 제품집단에 속하는 특정제품 별로 분해되어 수립된다는 점이다.

판매 및 생산계획의 이점

판매 및 생산계획의 공식적인 절차는 앞에 설명되어 있지만, 이 절차가 자주 무시되는 경우가 많다. 계획을 수립했다가도 실제 수요는 늘 차이가 나기 마련이다. 그러면 경영진은 즉시 실제 수요에 맞추어 제조일정을 즉흥적으로 바꾸도록 지시한다. 그러나 이런 식의 생산관리는 '불 끄기 식'이 되어 혼란을 야기한다. 생산을 조용하고 안정적으로 수행하는 것이 아니라 온통 긴급회의가 자주 열리고, 생산 진행계 또는 독촉계(expeditor) 라고 하는 간접인원의 수도 급증한다. 이런 가운데 품질 수준은 과연 지켜질 수 있을지 의문이다. 판매 및 생산계획은 전반적인 고려사항을 포함한 의사결정을 미리 하여 계획을 수립하고, 생산활동을 계획에 따라 수행하도록 한다. 물론 판매 및 생산계획은 실제 고객의 수요를 정확하게 반영하지는 못하겠지만 생산의 평준화, 재고수준, 고객수요 등 전체적인 관점에서 적정한 표준을 정하도록 할 것이다.

판매 및 생산계획을 제대로 수행하는 기업은 다음과 같은 이점이 있다.

- ERP를 사용하는 기업의 경우, 판매 및 생산계획을 제대로 운영함으로써 ERP의 가능성을 충분히 얻을 수 있다.
- 생산 및 판매계획이 재무적 목표치에 부합하는지, 또는 사업계획과 부합하는지 평가할 수 있게 한다.
- 동적으로 변화하는 생산관리업무를 규칙적으로 관리하게 하며, 변화를 미리 관리할 수 있게 하는 도구가 된다.
- 재고, 생산, 주문잔고의 목표를 세우고, 그 목표가 실현되었는지 성과를 측정하도록 한다.
- 이런 성과측정 과정을 통하여 운영성과를 개선하도록 한다.
- 판매 및 생산 분야의 이슈를 토의하는 구조화된 포럼(forum)의 장을 제공하여, 팀웍과 협업의 스킬(skills)을 축적하게 한다.

이상의 이점을 충실히 얻기 위해서는 모든 관련 부서가 참여하여 일하는 방법을 배워야 한다. 특히 부서간 횡적, 또는 종적 커뮤니케이션이 충분히 이루어지도록 하여, 현실적으로 보다 타당한 계획이 수립되도록 해야 한다.

정책과 질차

현실적인 계획이 이루어지도록 하기 위해서 기업에서는 판매 및 생산계획을 위한 정책과 절차(policy and procedure)를 규정한다. 다음은 판매 및 생산계획에 정책 항목으로 고려되어야 할 내용들이다.

- 제품집단을 지정하는 방법
- 제품집단에 대한 계획을 세울 때 사용되는 계수 척도
- 계획기간
- 각 데이터 요소에 대한 책임자

- 계획절차와 검토 주기
- 회의 참석 대상
- 회의 참석 시 준비해야 할 정보
- 회의 결과에 대한 회람책임과 절차
- 자원의 검증
- 승인 권한

제품집단

판매 및 생산계획의 계획 대상은 제품집단 단위다. 이렇게 제품 그룹 단위로 판매 및 생산계획을 수립하는 이유는 경영진이 의사결정을 하는 데 개별 제품보다는 총괄적인 단위가 더 적합하기 때문이다. 제품집단을 정할 때 고려해야 할 사항은 다음과 같다.

- 시장에 제품 또는 서비스를 제시하는 바를 대표해야 한다.
- 판매와 생산활동 상 서로 유사성이 있는 것끼리 묶여야 한다.
- 판매량을 산출할 때 그 제품집단이 의미 있어야 한다.
- 이상적으로는 사업단위 내에 6가지 내지 12가지 이내의 제품집단이면 적합하다.

제품집단은 하나의 판매부서가 관리하기에 충분하도록 공급 프로세스 상 유사한 제품들로 구성한다. 예컨대 컴퓨터는 형태 별로 구별하여 데스크톱 PC, 노트북으로 구분하고, 만약 더 구분할 필요가 있다면 그 사양, 가격대 등으로 제품 그룹을 정하면 된다. 제품을 그룹화하기 위한 기준은 제품형태, 특성, 크기, 브랜드, 세분 시장, 고객 등 다양하다.

신제품의 경우, 공급 프로세스가 정비되고 생산장비의 구조, 그리고 계획절차 등이 정착될 때까지 별도의 제품집단으로 구분하는 것이 보통이다.

자원소요량계획(resource requirements planning)

일단 예비 생산계획이 수립되면 이를 회사의 주요 자원(critical resource)과 비교해 보아야 한다. 이 단계를 자원소요량계획이라 한다. 즉 생산계획을 만족시킬 수 있는 주요자원이 가용한지, 만약 가용하지 않다면 그 차이를 어떻게 해결할 것인지를 생각해야 한다.

자원소요량계획은 중요 자원에 대해서 이루어지므로 우선 어떤 자원이 그 대상인지 지정해야 한다. 상황에 따라 주요 장비, 노동력, 가용성에 있어 불확실성이 크고 리드타임이 장기인 자재나 부품, 재무적 자원 등이 이에 해당한다.

자원소요량계획에는 자원명세(bill of resources) 데이터가 이용된다. 이 데이터는 제품 그룹 별 또는 제품 별로 어떤 중요자원이 얼마나 소요되는지를 보이는 자료다. 자원명세는 생산능력계획(capacity requirement planning)에서 사용되는 제품 별 부하량 파일(product load profile)이 모든 공정에 걸리는 부하를 표준시간으로 제시하는 것에 비하면 간소한 데이터이다.

그림 3-14는 탁자와 의자를 생산하는 가구 제조업체의 자원명세다.

제품	목재 (meters)	노동력 (standard hours)
테이블	20	1.31
의자	10	0.85

그림 3-14 자원명세(bill of resources)

만약 회사가 일정 기간 동안 탁자 **500** 개, 의자 **300** 개를 생산하고자 생산계획을 수립했다면, 이를 위해 필요로 하는 목재와 노동량을 구할 수 있다.

예를 들어 필요로 하는 주요 자원의 양은 다음과 같이 계산된다.

제품	소요 목재의 양	소요 노동력의 양
탁자:	500 x 20 = 10,000 미터	500 x 1.31 = 655 시간
의자:	300 x 10 = 3,000 미터	300 x 0.85 = 255 시간
총 소요량:	13,000 미터	910 시간

회사는 목재와 노동력의 가용량과 위에서 계산된 소요량을 비교해 보아야 한다. 예를 들어 위 생산계획과 동일한 기간 동안에 회사가 보유한 총 노동력의 표준시간이 800 시간이라면 약 12%에 해당하는 110 시간의 노동력이 부족함을 알 수 있다. 따라서 부족한 양의 노동력을 보충하거나 혹은 생산계획을 조정하는 조치를 취해야 한다. 위 예와 같은 경우라면 약간의 잔업(overtime)을 계획함으로써 부족한 작업시간을 보충할 수 있을 것이다.

수행도 평가

1. 다음 생산계획 전략 중 재고를 증가시킬 수 있는 반면, 초과 생산능력에 의한 비용이 없는 것은?

A. 수요 따라잡기(chasing) 전략
B. 생산 평준화(level production) 전략
C. 순환실사(cycle counting) 전략
D. 수요일치(demand matching) 전략

2. 생산계획 수립 시 제품집단(product groups)은 무엇에 기초해서 설정되어야 하는가?

A. 시장 세분화　　B. 제조공정의 유사성
C. 자재의 가용성　　D. 공정기계의 가용성

3. 기초 재고가 100 개, 기간 중 판매량은 500 개, 기말 재고는 200 개가 되도록 하려면 몇 개를 생산해야 하는가?

A. 300 개　　B. 400 개　　C. 500 개　　D. 600 개

4. 일반적으로 스톡생산(make-to-stock) 방식을 사용하는 경우는 다음 중 어떤 상황인가?

A. 수요예측이 불가능할 때
B. 많은 제품 옵션(option)이 존재할 때
C. 요구되는 인도 리드타임이 제품을 생산하는 데 필요한 시간보다 짧을 때
D. 고객이 우수한 설계를 원할 때

5. 주문생산(make-to-order)을 하는 어느 제조 기업은 미납주문(backlog) 수준을 4 개월 물량에서 2 개월 물량으로 줄이고자 한다. 만약 연간 수요가 120 단위라면 금년의 생산계획은 몇 단위가 되는가?

A. 100 B. 120 C. 140 D. 160

6. 판매 및 생산계획의 수립에 참여하는 부서는?

I. 마케팅(marketing)

II. 생산(manufacturing)

III. 재무(finance)

A. I only B. II only

C. I and II only D. I, II, and III

7. 백로그(backlog)는 무엇을 말하는가?

A. 납기가 지난 주문(overdue orders)

B. 접수가 되었지만 아직 승인되지 않은 오더(received orders not yet acknowledged)

C. 접수되었지만 아직 출하되지 않은 오더(received orders not yet shipped)

D. 접수된 오더 중 고객이 요구하는 납기보다 늦게 납품하기로 약속된 오더(received orders with a promise date later than the date requested by the customer)

8. 다음 중 생산계획(production plan)과 자원계획(resource plan) 간의 관계를 가장 적합하게 서술한 것은?

A. 생산계획은 자원계획에 의해서 제한된다.

B. 생산계획은 자원계획과 독립적으로 작동한다.

C. 자원계획은 생산계획을 도출한다.

D. 자원계획은 평준화 생산계획이 없다면 성공적일 수 없다.

9. 주문생산(make-to-order) 환경에서는 다음 중 어떤 재고를 보유하는가?

A. 원재료(raw materials)
B. 반조립품(subassemblies)
C. 생산된 부품(manufactured parts)
D. 완제품(finished goods)

10.자원계획은 전형적으로 다음과 같은 대상에 대해서 설정된다. 이 중 적합하지 않은 것은?

A. 파운드(pounds)
B. 품목번호(item numbers)
C. 작업시간(labor hours)
D. 기계시간(machine hours)

4 기준생산일정

제 4 장 기준생산일정

학습 목표

- ✧ 기준생산일정(master scheduling)의 목적을 이해하고, 이것이 생산계획(production plan)과 어떤 관련이 있는지 설명할 수 있다.
- ✧ 기준생산일정과 개략적 생산능력계획의 관계에 대해서 이해한다.
- ✧ 기준생산일정이 판매 및 인도 약속에 어떤 관계가 있는지 설명할 수 있다.

기준생산일정 개요

정의

생산계획이 수립된 후 계획과 통제 과정은 기준생산일정(MPS)을 수립하는 단계로 넘어간다. 이 계획은 생산과 판매 부서 사이의 커뮤니케이션의 기준이 되는 매우 중요한 계획기능이다.

기준생산일정(MPS : master production schedule)은 회사가 생산할 특정 제품에 대한 '예정된 제조 일정계획'으로서 특정 제품 별 수량과 날짜로 표현된다. 앞서 판매 및 생산계획(S&OP)에서는 제품집단을 대상으로 하여 계획이 수립되는데 반하여, 기준생산일정은 S&OP를 분해하여 실제 제조가 이루어지는 최종제품(end item) 수준에서 계획이 수립되어, 제품 별 납기와 수량을 지정하는 우선순위 계획을 만든다. 따라서 같은 기간 동안의 생산계획 총량과 MPS 총량은 같다.

이 우선순위계획을 수행하는 데 필요한 생산능력과 필요자원을 알 수 있도록 하는 기능을 개략적 능력계획(rough-cut capacity plan: RCCP)이라 한다.

승인된 기준생산일정은 구성품의 납기와 수량을 지정하는 MRP를 구동하는 상위 계획의 역할을 하여, 후속하는 제조활동 및 자재의 조달 활동의 기준이 된다. 그 결과는 실제로 집행이 되어 재고 또는 매출을 거쳐 재무적 자원으로 변환되는 결과를 빚는다. 따라서 기준생산일정의 수립은 다시 한 번 수요예측, 판매 및 생산계획, 그 밖의 주문잔고, 자재의 가용성, 생산능력의 가용성, 그리고 관리 정책이나 목표 등 종합적인 고려를 거쳐 완성되어야 한다.

APICS[5] 사전에서는 '기준생산일정의 수립절차'를 다음과 같이 정의하고 있다. "기준생산일정 수립절차란 기준생산일정을 검토하고 조정하는 절차로서, 재고수준과 고객서비스 수준의 관점에서 목표가 달성되고, 적절한 능력계획과 자재소요량계획이 일어나도록 하는 계획기능이다." 이 정의를 요약하자면, "기준일정 수립(master scheduling) 과정은 실현가능하고 합당한 기준생산일정(master production schedule – MPS)을 수립하는 과정"이라고 할 수 있다. 기준일정(master schedule)은 수요예측, 고객주문(customer order), 기간 별 재고(projected available balance), 약속가용량(available-to-promise: ATP), 그리고 기준생산일정(MPS) 행으로 이루어져 있다. 단, 기준일정을 약식으로 표시할 때에는 고객주문과 ATP 행은 생략될 수도 있다.

기준일정(master schedule)은 주문 약속(order promise)을 확정하고, 판매와 생간 간의 합의된 계획(agreed-upon plan)의 역할을 하는 점에서 판매와 생산 간의 긴요한 연결고리가 된다.

기준일정 수립(master scheduling)의 목표는 다음과 같다.

- 요구되는 고객서비스 수준을 유지한다.
- 자원(자재, 노동력, 장비)의 최적 이용을 도모한다.
- 재고수준을 적정하게 유지한다.

기준생산일정의 수립과정은 그림 4-1에 표시된 바와 같이 다음 순서로 이루어진다.

1. 최종제품 별로 예비적 기준생산일정(preliminary master schedule)을

---

[5] APICS : American Production and Inventory Control Society – 미 생산재고관리협회

수립한다.

2. 가용자원과 비교하기 위해 개략적 능력계획(RCCP)를 수행한다.
3. 차이점을 해결한 후 MPS를 공표한다.

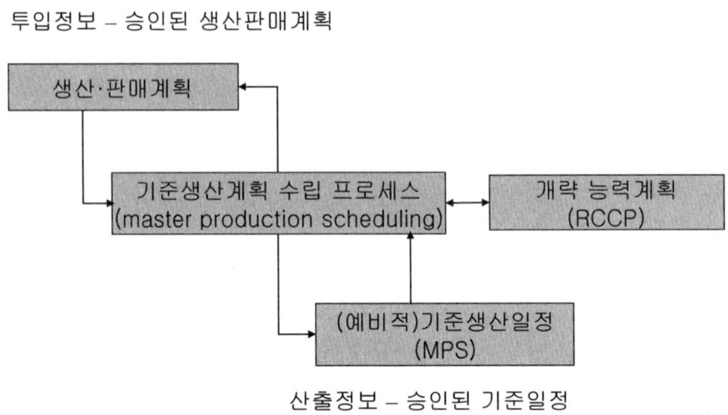

그림 4-1 기준생산일정 수립 모델

실현가능하고 합당한 계획이 되기 위해서, 그림 4-1의 모델에서 볼 수 있듯이 기준생산일정은 판매 및 생산계획에서 정해진 제품집단에 대한 총 수량 및 금액의 기준에 부합하면서, 주요 생산능력의 가용성을 검증하는 과정을 거친다.

기준생산일정을 수립하기 위해 필요한 정보는 다음과 같다.

- 생산계획(the production plan)
- 최종제품(end items)의 수요예측(the forecast)
- 고객으로부터의 실 주문(actual orders from customers)과 기타 독립수요(additional independent demand)
- 재고수준(inventory levels)
- 생산능력의 제약(capacity constraints)

기준생산일정 수립과정을 통하여 다음과 같은 정보가 산출된다.

- 특정 제품의 구성, 일정, 수량이 확정되어 있는 일정으로서 여타 계획의 기준이 되는 일정(기준생산일정, MPS)을 산출한다.
- 예측생산 제품의 경우(MTS)는 예상 재고수준(projected available)을, 주문생산 제품인 경우(MTO, ATO, ETO 등)는 예상 주문잔고(projected backlog)를 기간 별로 산출하게 하는 기준이 된다.
- 추가로 요구되는 자재, 노동력 등 작업장 별로 요구되는 생산능력을 산출하게 하는 기준이 된다.
- 고객이나 유통망에 납품 및 인도약속을 하는 약속가용량 정보(available-to-promise : ATP)를 제공한다.

기준생산일정 예시

예제) 예비적 MPS 의 작성

기간별 예상재고(projected available balance: PAB)는 새로운 MPS 을 수립해야 하는지를 알려주는 역할을 한다. 예제에서 계획기간 6 주 동안 PAB 잔고가 요구되는 수량을 만족한다면 MPS 입고(MPS receipt)를 추가로 생성할 필요는 없게 된다.

그림 4-2 의 예는 스톡생산(MTS) 품목으로서, 제품은 100 개 단위의 로트(lot)로 생산되며, 기초재고는 80 단위이다. 매 기 별 수요예측량은 60 단위이다.

보유재고(on hand) = 80개

로트 크기(lot size) = 100개

주(week)		1	2	3	4	5	6
예측(forecast)		60	60	60	60	60	60
기간별 가용량 (projected available : PAB)	80	20	60	0	40	80	20
기준생산일정(MPS)			100		100	100	

그림 4-2 예비적 MPS 작성

풀이)

기간별 가용량(projected available balance: PAB)은 다음과 같이 계산된다.

기말 가용량 = 기초 가용량 + 예정된 MPS 입고 - 수요 예측량

만약 계산 결과, 기말 가용량이 영(0)보다 적다면(혹은 재고정책 상 정해진 수량보다 적다면) 로트크기를 감안하여 MPS가 설정된다.

1주차 기말 PAB = 기초재고(80) + 0 - 60 = 20

2 주차 기말 PAB = 20 + 신규 MPS 입고 - 60 = -40

PAB가 음수이므로 아무런 조치가 없다면 2주 말에는 품절(stock out)이 발생할 것이다. 따라서 이 시점에 생산계획을 추가해야 하는데 로트크기가

100 단위이므로 100 단위만큼 생산하라는 MPS 를 설정한다. 따라서 2 주차의 신규 MPS 입고량은 100 단위가 된다.

MPS 설정에 의해, 2 주차 기말 PAB = 20 + 100 − 60 = 60 이 된다.

이하, 동일한 방법으로 MPS 계획기간에 걸쳐 PAB 와 MPS 가 계산된다.

기준생산일정과 타 계획기능과의 관계

그림 4-3은 기준생산일정이 그 상위 및 하위의 계획기능과 어떤 관계를 가지는지를 보이고 있다.

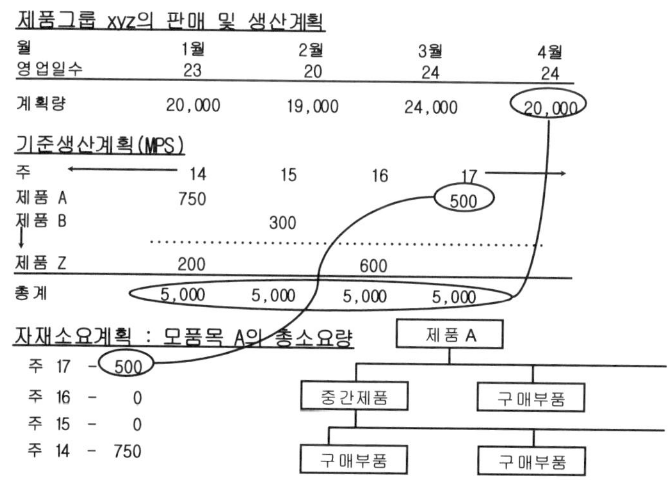

그림 4-3 판매 및 생산계획, 기준생산일정, 자재소요계획의 관계

상위의 계획인 판매 및 생산계획은 제품집단 'xyz'을 대상으로 하여 계획이 수립되며, 계획 단위기간은 전형적으로 월별이다. 기준생산일정은 제품집단 'xyz'내에 포함되는 제품들(A, B, .., Z)을 대상으로 예정된 생산일정을 제시하는데, 계획 단위기간은 대개 주(week)이다. 그림 4-3에 의하면 제품

그룹 'xyz'에 대한 4월의 생산계획은 20,000 단위인데, 이 수량은 같은 기간에 해당하는 개별 제품들의 기준생산일정 수량의 합과 동일하다.

그리고 자재소요량계획(MRP)은 기준생산일정의 결과를 가지고 부품표에 의하여 전개함으로써 중간제품과 구매부품이 얼마나 소요되는지 계산한다. 이때 수량뿐 아니라, 품목 별로 설정된 리드타임에 의해서 그 중간제품이나 부품이 언제 필요하게 되는지의 일정까지 계산하게 된다.

예제) 생산계획과 MPS의 관계

어느 형광등 회사는 H 모델과 I 모델의 두 가지 유형의 제품을 생산한다. 생산계획은 월별로 작성되는데, 이번 달의 생산은 1,000단위이고, 기초재고는 500 단위(모델 H 200 단위, 모델 I 300 단위), 기말재고는 300 단위로 예정되어 있다.

생산 계획(PP)

평준화된 생산계획

주		1	2	3	4	합계
예측		300	350	300	250	
가용 재고	500	450	350	300	300	
생산계획(PP)		250	250	250	250	1000

풀이)
모델 별
MPS의 예

기준생산일정 (모델 H)

주		1	2	3	4	합계
예측		200	300	100	100	700
가용 재고	200	250	200	100	100	
기준생산일정(MPS)		250	250		100	

기준생산일정 (모델 I)

주		1	2	3	4	Total
예측		100	50	200	150	500
가용 재고	300	200	150	200	200	
생산계획				250	150	

그림 4-4 생산계획과 MPS의 관계

풀이)에는 각 개별 품목, 모델 H와 I에 대한 MPS의 산출결과를 보이고 있다. MPS 는 주 별로 작성되며 이번 달은 4 주가 있다. 따라서 MPS는 주 별 250 단위로 평준화 해야 한다. 수요예측에 따라 주 별로 평준화한 생산계획과 기간별 예상재고가 그림 4-4의 위 부분과 같이 주어져 있다.

기준생산일정의 추가적인 고려사항

주문의 인도 약속 - 약속가용량

MPS를 통해 고객으로부터 접수된 주문의 인도약속 계획을 할 수 있다. 약속가용량(available to promise : ATP)은 현재의 재고 또는 미래의 계획된 공급량(MPS수량) 중에서 이미 고객수요에 의해서 약속된 수량(확정된 주문)을 제외한 수량, 즉 추가로 고객에 납품약속을 할 수 있는 수량이다. 재고와 MPS 물량은 시간이 지나면서 실제 주문으로 대체(소진)된다. 주문이 재고나 생산계획량을 소진하는 과정을 '주문 소진(order consumption)'이라 한다.

약속가용량은 주문생산 내지 주문조립의 환경에서 아직 주문 소진이 되지 않고 가용한 상태로 남아 있는 재고를 보여주는 정보로서, 고객의 주문 접수 시 납품할 수 있는 일정과 수량을 약속할 수 있게 하는 유용한 도구다.

ATP는 MPS 수량이 있는 기간에 설정되는데, 그 산출방법은 다음과 같다.

ATP = MPS - 다음 기 MPS가 있기 전까지의 고객주문량의 합
단 1기의 경우 MPS는 기초재고 수량으로 대신한다.

예제) 약속가용량(ATP)

다음과 같이 MPS가 수립되었을 때 제 2 기의 약속가용량(ATP)은 얼마인가?

로트크기 = 400, 현재고= 40, 안전재고 = 0, DTF=1, PTF=5

	1	2	3	4	5	6	7
수요예측	50	50	50	50	50	50	50
고객주문	30	10					
PAB							
ATP							
MPS		40		40			

그림 4-5 약속가용량(ATP) 구하기

풀이)

ATP_1 = 현재고 40 – $고객주문_1$ 30 = 10

ATP_2 = MPS_1 – $고객주문_2$ = 40 – 10 = 30

따라서 2기까지의 약속가용량 총계는 10 + 30 = 40단위이다. 만약에 고객으로부터 신규주문 50단위가 가능한지에 대해 문의가 오면 1기에 10단위, 2기에 30단위, 그리고 나머지 10단위는 4기에 공급할 것을 약속할 수 있다.

시간벽(time fences)

시간벽은 계획활동을 위해서 인위적으로 기간을 나누기 위한 경계를 말한다. 대개 어떤 프로젝트를 수행할 경우, 전체기간을 몇 개의 단계로 구분하는데, 시간벽은 이러한 프로젝트 단계와 유사한 개념이다. 즉, 기준생산일정의 계획기간을 몇 개의 구역으로 구분하기 위한 것이 시간벽이다. 기준생산계획은 일단 발급된 후에는 자재소요량계획과 작업현장 관리, 구매의 기준이 되므로 MPS 상의 어떤 변화라도 생산활동에 큰 변화를 야기한다. 따라서 MPS의 변화 폭이 너무 크고 비현실적으로 이루어진다면 아무도 MPS를 신뢰하지 못하게 되므로, MPS 변경에는 현재로부터의 시점에 따라 구간을 정해서 관리하는 것이다.

기준생산일정의 수립 시, 대개 두 가지 시간벽이 적용되는데, 하나는 수요시간벽(demand time fence : DTF)이고, 다른 하나는 계획시간벽(planning time fence : PTF)이다.

시간벽은 고객주문에 대한 대응, 수요예측과 기준생산일정 간의 관계에 의해서 설정된다. 그 개념이 그림 4-6에 나타나 있다. 그림 4-6의 곡선 위쪽은 예측된 주문량이며 그 아래쪽은 예측이 실제 고객의 주문으로 변환된 부분을 의미한다. 현 시점에 가까울수록 전체 수요예측 중 실제 주문으로 변환된 비율이 커짐을 알 수 있다.

수요시간벽 이전의 기간은 대부분의 수요가 이미 결정되어 있는 기간으로서, 기본적으로 MPS의 변경은 허용되지 않고(frozen zone), 부득이 MPS의 변경이 요구될 경우는 상위 임원급(senior manager)에 의해서 승인되어야 하는 기간이다. 계획시간벽 이후는 아직 예측 상태이기 때문에 계획을 임의로 변경해도 무방한 기간(liquid zone)으로서 컴퓨터 시스템에 의해서 자동으로 MPS가 수정된다.

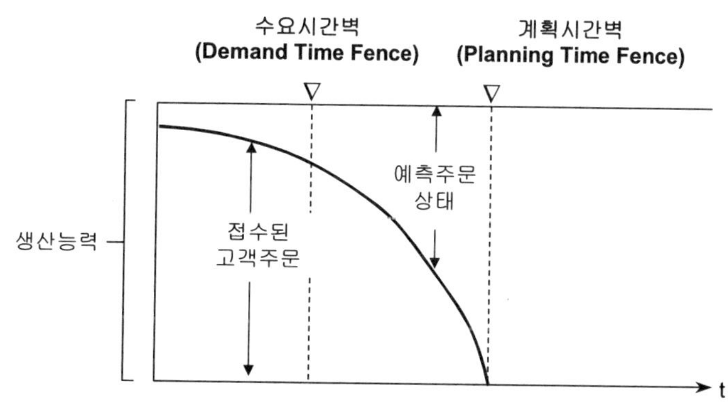

구분	MPS 고정구간 (frozen)	담당자 판단에 따라 MPS 변경 (slush)	MPS의 임의변경 가능 구간 (liquid)
수요형태	대부분 실제 주문	실제 주문 및 수요예측	대부분 수요예측

그림 4-6 수요시간벽과 계획시간벽

DTF와 PTF 사이의 시간대(slush zone)는 확정된 실제 주문과 예측이 혼재되는 기간이므로 MPS 변경 시 기준생산계획 담당자가 해당 부서의 의견을 종합 판단하여 MPS를 변경할 수 있는 기간이다.

이와 같이 수요시간벽과 계획시간벽은 생산의 계획과 관리에 있어서 정해진 표준에 따라 운영되도록 하여 효율성을 증진시키는 역할을 한다. 기준생산일정은 생산현장을 움직이는 엔진으로서, MPS가 흔들리면 이것을 기준으로 하는 자재소요량계획에 의한 생산 및 구매계획에도 커다란 영향을 준다. 이런 이유로 MPS의 변경은 정해진 규정에 따라 공식적으로 이루어져야 하며, 그렇지 않을 경우 전체 시스템의 신뢰성이 크게 손상되므로 유의해야 한다.

MPS 수립 시, 시간벽은 '수요를 결정하는 기준'을 구분하는 데에도 쓰인다. 수요시간벽 이전 기간에 대해서는 수요를 구성하는 것은 수요예측은 고려하지 않고 오직 실제 고객으로부터의 주문만을 고려한다. 그러나 이 시점 이후의 기간에 대해서 수요 수량은 수요예측과 실제 주문의 결합에 의해서 산출하는 것으로 보는데, 실무적으로는 같은 주에 속한 수요예측량과 실수요량 중에서 큰 수량을 수요로 한다. 그리고 계획시간벽 이후의 수요는 설사 실제 수요가 있더라도 이를 무시하고 수요예측 물량만을 수요로서 고려한다.

시간벽을 기준으로 하여 오더의 성격을 나누기도 한다. 계획시간벽 이전부터 수요시간벽 이후의 기간의 주문은 고정계획오더(firm planned order)라 하는데, 이는 계획담당자가 발주계획을 확정하였으나 아직 제조부문에 제조지시를 발급하지는 않은 주문을 말한다. 그리고 수요시간벽 이전의 기간에 대해서는 제조의 최종조립 리드타임에 해당하는 기간으로서 실제 오더가 발급된 상태다. 계획시간벽 이후의 주문은 단지 시스템에 의해서 계획된 주문으로서 다음 기의 재계획 시 자유스럽게 변경될 수 있는 상태이기 때문에 이를 계획오더(planned order)라 한다. 결과적으로 오더의 상태는 불확정성이 큰 것부터 열거하여 계획오더, 고정계획오더, 오더의 세 가지가 있다.

계획시평(planning horizon)

계획시평은 계획이 수립되는 영역(time span)을 말하는데, 계획의 목적이 수행되기 위해 필요한 시간의 길이를 커버해야 한다. 즉 누적리드 타임 중 최장인 기간(the longest cumulative lead time)보다는 길어야 한다.

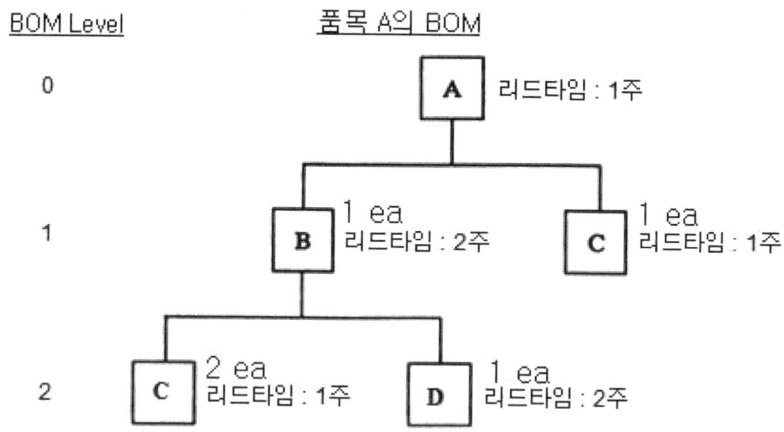

그림 4-7 제품구조(product structure)와 크리티컬 리드타임(critical LT)

그림 4-7에서 누적 리드타임은 A-B-D 품목의 경로에 걸쳐 있는 리드타임의 합인 5주가 된다. 만약 MPS의 계획시평이 5주보다도 짧다면 D 자재는 적시에 주문할 수 없게 된다.

계획시평이 길수록 관리를 위한 가시성(visibility)이 좋아진다. 예컨대 생산능력에 대한 문제를 예상하기 위해서는 장기에 걸친 가시성이 요구된다. 기업은 긴 계획시평을 놓고 보다 경제적인 구매계획을 하거나 생산능력에 관한 문제를 고려하고 경제적 로트사이즈(lot size)를 고려하여야 한다.

최종조립일정(FAS)을 위한 기간에는 최소한 고객주문을 조립하는 시간만큼의 계획시평이 필요하다. 부품을 생산하는 데 걸리는 리드타임은 MPS의 계획시평에 포함되고 FAS의 계획시평에는 포함되지 않는다.

MPS 대상품목의 수준

MPS는 생산을 가장 효율적으로 대표할만한 품목을 그 대상으로 삼아야 한다. 만약 너무 많은 품목이 MPS의 대상으로 포함된다면 수요예측과 관리가 어려워질 것이다. 그래서 그림 4-8과 같이 생산방식(manufacturing environment)에 따라 적정한 수준의 품목을 MPS 대상 품목으로 정하고, 그 후의 조립일정은 최종조립일정(final assembly schedule : FAS)을 이용하여 풀어 간다.

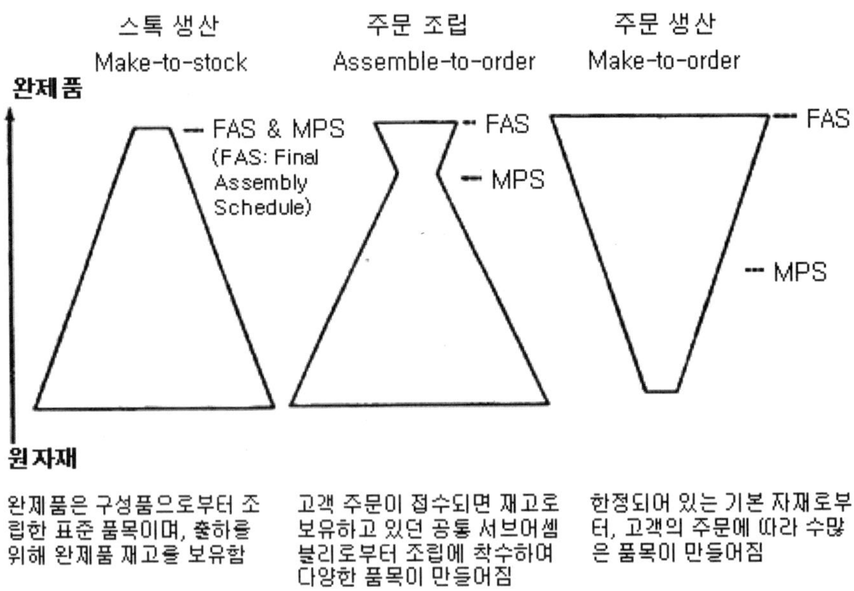

그림 4-8 생산형태에 따른 기준생산일정 및 최종조립일정 대상품목

일반적으로 생산방식에 따라 MPS의 대상이 되는 수준(product level)은 다음과 같다.

- 스톡생산(make-to-stock) : MPS는 완제품의 생산일정이다.
- 주문생산(make-to-order) : MPS는 실제 고객주문에 대한 일정이다.

- 주문조립(assemble-to-order) : MPS는 기본 구성품 내지 반제품의 생산일정이다.

최종조립일정

그림 4-9에 나와 있는 최종조립일정(final assembly schedule : FAS)은 고객주문에 맞추어 조립하는 일정이다. FAS는 고객의 주문 시 선택사양(option)이 너무 많아서 최종제품에 대한 각각의 예측과 MPS수립이 어려울 때 사용된다. FAS는 고객의 주문이 접수될 때에만 수립되며, MPS로부터 최종조립을 거쳐 고객에게 출하하는 시점까지의 일정을 관리한다.

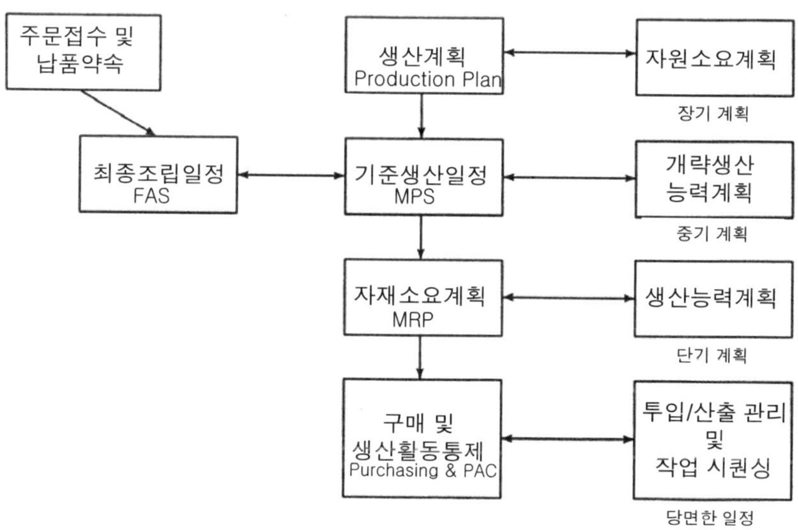

그림 4-9 기준생산일정, 최종조립일정의 위치

다단계 기준생산일정

기준생산일정의 대상 품목은 독립수요품목이다. 독립수요품목이란 고객으로부터 주문이 들어오는 품목이다. 대개의 경우 독립수요품목은 최종제품이 된다. 그런데 중간제품도 독립수요품목이 되는 경우가 있을 수 있다. 중간제품이나 부품이 매우 비싸고, 구하기 어려우며, 생산이 어려운 경우에 이러한 품목도 기준생산일정의 대상으로 관리할 필요가 생긴다.

다단계 기준생산일정은 생산활동을 논리적으로 구분하는 유용한 도구이다. 예를 들어, 컴퓨터를 생산하는 회사의 경우 1단계 생산에서는 메인 보드, 메모리 보드, 하드디스크 등을 만들고, 2단계 생산에서 최종조립(final assembly)을 하여 완제품을 생산하는 것으로 구분할 수 있다. 이렇게 2단계의 생산이 요구되는 이유는 고객이 기대하는 리드타임이 컴퓨터를 생산하는 데 요구되는 누적리드타임보다 짧기 때문이다.

그림 4-9는 계획용 부품표(planning bill of material)을 이용하여 기준생산일정을 2 단계로 나누어 수립하는 예를 보이고 있다.

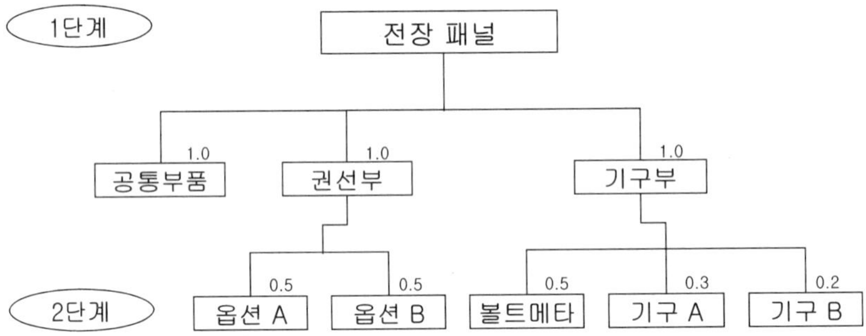

그림 4-10 2 단계 기준생산일정

그림 4-10의 계획용 부품표를 이용해서 1 단계 기준생산일정은 전장패널에 대해서 수립된다. 전장패널은 공통부품, 권선부, 기구부로 구성되어 있다. 권선부에는 옵션A와 옵션B의 두 가지 선택안이 있는데, 과거의 구성 실적

에 의하면 두 옵션이 사용되는 비율이 각각 50퍼센트씩으로 나타났다. 기구부에는 볼트메터가 50퍼센트의 비율로 구성되었고, 기구A는 30%, 기구B는 20%의 비율로 사용된 실적을 보인다.

그림 4-11에는 최종제품인 전장패널에 대해서 1 단계 기준생산일정이 수립된 후, 2단계 기준생산일정 중 볼트메터에 대한 계획수립의 예를 보이고 있다. 계획용 부품표에 의해서 볼트메터의 수요는 전장패널의 기준생산일정 수량의 50%임을 알 수 있다. 볼트메터의 수요예측은 상위 레벨 품목인 전장패널의 기준생산일정과 실제 고객수요의 차이로부터 도출된다. 예를 들어 4주차의 수요예측은 (20-14) × .5 = 3 으로 계산된다.

제품그룹 : 전장패널

리드타임 : 0 / 현재고 : 10 | 로트 사이즈 : 20 / 안전재고 : 0 | 수요시간벽 : 3 / 계획시간벽 : 6

WEEK	1	2	3	4	5	6
수요예측	10	10	10	10	10	10
고객주문		20		14		
PAB 10	10	10	10	16	6	16
ATP	10	0		6		20
MPS		20		20		20

품목 : 볼트메터

리드타임 : 0 / 현재고 : 2 | 로트 사이즈 : 10 / 안전재고 : 0 | 수요시간벽 : 3 / 계획시간벽 : 6

WEEK	1	2	3	4	5	6
수요예측		0		3		10
고객주문		12		5		
PAB 2	2	0	0	5	5	5
ATP	0	0		5		10
MPS		10		10		10

그림 4-11 2단계 기준생산일정의 예

개략 능력계획

예비적인 기준생산일정이 수립되고 나서 그 타당성의 검증을 위해 개략

능력계획(rough-cut capacity planning)이 수행된다. 대개 이 과정은 몇 차례 반복되면서 실현성 있는 기준생산일정이 완성된다. 개략 능력계획은 그림 4-12와 같이 기준생산일정의 주별 생산수량을 변환하여 주요 애로공정에 대해서 부과되는 부하(load)를 산출한다. 그리고 그 부하와 그 공정의 생산능력을 비교함으로 생산능력 상 문제가 없는지 검증하게 된다.

기준생산일정 (MPS)

제품	32	33	34	Total(개)
		주(week)		
A	10	10	12	32
B	20	20		40
C		30	30	60

애로공정 Proc-1에 대한 제품 별 부하

제품	부하
A	.12 시간/개
B	.20 시간/개
C	.10 시간/개

애로공정 Proc-1에 대한 Load Profile

제품	32	33	34	Total(hours)
		주(week)		
A	1.20	1.20	1.44	3.84
B	4.00	4.00		8.00
C		3.00	3.00	6.00
	5.20	8.20	4.44	17.84

그림 4-12 개략 능력계획

개략 능력계획은 자원소요량계획과 유사한 기능으로 자원소요량계획에서 제품 집단 별로 자원소요명세(bill of resources)를 관리해야 하는데 비해 개략 능력계획에서는 제품 별로 자원소요명세를 유지해야 한다. 이 데이터는 제품 별로 주요 공정(bottleneck operations), 희소 작업자(labor), 중요 자재(critical material - 리드타임이 길고, 희소한 자재) 등 주요 자원을 얼마나 소요하게 되는가를 보이는 내역이다. 예컨대 이 데이터를 이용하여 주별로 주요 애로공정에 걸리는 부하를 표준시간 단위로 나타내고, 이를 역시 표준시간 단위로 주어진 그 공정의 생산능력과 비교해보고 기준생산일정의 타당성을 확인하게 된다.

만약 생산능력이 요구되는 수준보다 크다면 그 MPS는 작동 가능할 것이지만, 그렇지 않다면 생산능력을 키울 수 있는 방안을 모색해 보아야 한다. 혹은 MPS를 개정하는 방법도 선택될 수 있을 것이다.

생산능력을 조절하는 방법에는 잔업(overtime), 추가적인 작업자 고용(extra workers), 다른 작업장을 통해 작업되도록 경로를 변경(routing through other work centers), 외주(subcontracting)하는 등의 대안이 있다.

MPS를 개정하는 것은 생산일정을 재 수립하는 것이므로 고객으로부터의 주문 일정을 맞추는 데 문제를 야기할지도 모른다. 그러나 고객 서비스 상 수용 가능하고, 변경에 따른 비용이 심각하지 않을 경우 MPS 자체를 개정하는 대안을 선택할 수 있다.

수행도 평가

1. MPS를 수립하는 데 필요한 정보는 다음 중 어떤 것으로부터 나오는가?

A. 능력소요계획　B. 개별 제품에 대한 수요예측

C. 생산활동통제　D. 자재소요량계획

2. 다음 중 MPS의 특성을 설명하는 것은?

A. 수요예측을 용이하게 한다.

B. 제품군에 대해서 수립한다.

C. 생산부서와 마케팅/영업 부서와의 합의에 의해서 만들어지는 계획이다.

D. 주문약속(order promising)을 위해서는 사용될 수 없다.

3. 다음 중 MPS의 목적으로서 맞는 서술은?

A. 장비 활용도의 극대화

B. 영업부서를 행복하게 하는 일

C. 요망되는 고객서비스 수준을 유지

D. 재고투자 비용의 최소화

4. 다음 중 MPS에 관해 가장 정확한 설명은?

A. 재무와 제조부서의 합의에 의해 만들어야 하는 계획이다.

B. 만약 이것이 제대로 만들어지지 않는다면 지연된 일정(past-due schedules)과 신뢰할 수 없는 납품약속을 유발할 수 있다.

C. 향후 일정한 기간에 요구되는 제품군의 제조에 관한 계획이다.

D. 생산계획에 대한 입력으로 제공된다.

5. 고객의 주문에 배정되지 않은(not committed to customer orders) 재고나 생산의 부분을 무엇이라 부르는가?

A. 자유재고(free stock)

B. 약속가용량(available-to-promise)
C. 초과생산(excessive production)
D. 낭비(waste)

6. MPS시스템에서 시간벽(time fence)에 대한 설명으로서 맞는 것은?
A. 계획시평(planning horizon)에서 먼 장래에 대한 변경은 별 비용을 유발하지 않는다.
B. 고정된 구간(frozen zone) 내에서는 생산능력과 자재는 새로운 주문에 쉽게 배정될 수 있다.
C. 계획시평의 가까운 장래에 대한 변경은 먼 장래에 대한 변경보다 비용이 덜 먹힌다.
D. 고정된 구간(frozen zone)에 대한 변경을 하려면 MPS 담당자는 상부의 승인을 받아야 한다.

7. 최종조립계획(FAS)에 대한 설명으로 맞는 것은?
A. 일반적으로 스톡생산(make-to-stock)과 주문생산(make-to-order) 환경에 사용된다.
B. 생산계획에 의해서 제한된다.
C. 최종제품(end items)에 대한 고객의 주문에 기초하여 수립된다.
D. 부품표의 최저 수준(the lowest level)에 사용될 때 가장 효과가 있다.

8. 고정계획오더(firm planned order)란 무엇인가?
A. 고정된 소요량과 수량/날짜의 계획 일정(a firm requirement and a planned scheduling quantity/date)
B. 계획된 소요량과 수량/날짜의 고정된 일정(a planned requirement and a firm scheduling quantity/date)
C. 컴퓨터가 자동으로 산출한 일정(a computer scheduled order)
D. 발급된 오더(a released order)

9. PAB(projected available balance)란 무엇을 말하는가?

A. 재고 중 할당되지 않은 부분(the uncommitted portion of inventory)

B. 누적 또는 기간 별 데이터 양쪽을 말함(either cumulative or per-period data)

C. 미래 시점에 걸쳐 계산된 재고 수량(an inventory balance projected into the future)

D. 생산 리드타임(production lead time)

10. 기준생산일정(MPS)은 자재소요량계획(MRP) 및 생산계획(PP)과 어떤 관계가 있는가? 맞는 서술을 모두 선택하시오.

Ⅰ. MPS는 PP를 산출한다.

Ⅱ. MPS는 PP를 분해하여(disaggregates) 개별 제품의 계획으로 만든다.

Ⅲ. MPS는 MRP의 출발점이다.

A. Ⅰ, Ⅱ B. Ⅰ, Ⅱ, Ⅲ C. Ⅱ D. Ⅱ, Ⅲ

5 자재소요량계획

1.독립수요와 종속수요
2.MRP의 기능
3.MRP의 태동과 발전
4.MRP시스템의 구조와 전개
5.부품표
6.MRP시스템의 전개절차
7.MRP의 운영

제 5 장 자재소요량계획

학습 목표

- ✧ 수요의 두 유형(독립수요와 종속수요)에 대해서 이해한다.
- ✧ 자재소요량계획(material requirements planning : MRP)의 용도를 이해한다.
- ✧ MRP 절차, MRP 의 입력 및 출력자료를 설명할 수 있다.
- ✧ 자재명세표(bills of material)의 다양한 형식을 인식한다.
- ✧ 리드타임 차감(offsetting),부품전개(exploding)에 대해서 이해한다.
- ✧ MRP 계획담당자가 MRP 자료를 이용하여 어떻게 주문을 계획하고 통제하는지 이해한다.

독립수요와 종속수요

수요에는 독립수요와 종속수요의 두 가지의 상이한 유형이 있다. 독립수요(independent demand)는 품목의 수요가 기업의 외부인 시장에서 발생하는 수요로서 기업활동과 독립해서 발생하는 수요다. 가령 시장에 판매되는 형태의 완제품에 대한 수요는 독립수요이다. 종속수요(dependent demand)는 다른 품목의 수요에 따라 발생하는 수요를 말한다. 예를 들어 자동차라는 제품의 수요(독립수요)가 결정되면 이 제품을 구성하는 중간제품, 원자재, 부분조립품 등은 완제품 수요에 대해서 종속수요의 관계에 있다. 하나의 품목이지만 서비스품, 교체품으로 사용되는 품목은 독립수요와 종속수요의 두 가지 수요를 동시에 가질 수 있다. 예를 들어 진공청소기의 조립에 들어가는 호스는 종속수요품이지만 고객이 장기간 진공청소기를 사용하는 중에 호스가 파손되어 구입을 희망할 때를 대비하여 대체 호스에 대한 재고를 유지해야 하는데, 이때의 수요는 독립수요가 된다.

독립수요에 대해서는 시장의 수요를 바탕으로 하는 것이므로 수요예측이 필요하다. 또한 수요예측의 오류를 보전할 목적으로 어느 정도의 안전재고를 필요로 한다. 반면에 종속수요는 상위품목의 수요에 의해서 수요가 발생하므로, 만약 상위품목의 수요가 결정되었다면 예측이 아니라 '계산'에 의해서 수요를 산출할 수 있게 되며, 안전재고도 필요하지 않다. 그림 5-1 은 독립수요와 종속수요의 수요 패턴과 그 특징을 대비하여 보이고 있다.

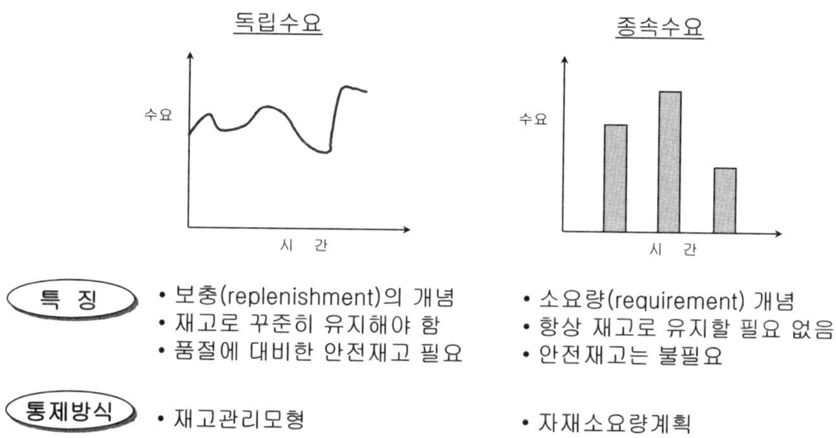

그림 5-1 독립수요와 종속수요

종속수요 품목의 소요량에 대한 계산은 자재소요량계획(MRP)에 의해 수행된다. 독립수요 품목에 대해서는 재고관리에서 예측에 의해 안전재고를 유지하며, 재고가 정해진 기준보다 적을 때는 보충(replenishment)된다.

종속수요품의 소요량 계산

시장 여건에 따라 수요가 결정되는 독립수요품목인 최종제품에 대한 생산 및 판매계획이 수립되면 그 최종제품을 구성하는 종속수요품목, 즉 부품이나 중간제품이 준비되어야 한다. 이들 종속수요품목에 대한 수요를 계획하는 절차를 자재소요량계획(MRP : material requirement planning)이라고 한다.

만약 구성품이나 부품에 대해서 자재소요량 계산 대신 독립수요품목의 재고관리 방식의 하나인 경제적 발주량을 쓰게 되면 어떻게 될 것인가? 독립수요품목의 재고관리 방식의 기본 발상은 발주점(언제 발주하는가)과 로트크기(얼마나 발주하는가), 그리고 안전재고(서비스율은 어떻게 유지할 것인가)를 파라메터로 하여 전체 비용이 최소가 되는 재고를 유지하자는 것이다. 부품 수준에 이 방법을 쓸 수 없는 이유는 제품 조립 시 전체 부품 중 어느 하나라도 품절이 되면 생산이 안 되기 때문이다. 만약 10가지 부품으로 만들어지는 조립품의 경우, 부품 당 서비스율이 95%라면, 이들 부품 모두가 적기에 조달되는 확률, 즉 서비스율은 $0.95^{10} = 59.9\%$로 떨어진다. 이와 같이 구성자재에 대해서는 '예측'의 방법을 쓸 필요가 없이 정확하게 '계산'하는 방법을 써야 한다. 이것이 바로 자재소요량계획이 개발된 배경이다.

MRP의 기능

종속수요품목에 대해서 MRP 방식의 소요량계산을 하면 자재의 정확한 필요수량 뿐 아니라 언제 필요하게 되는지에 관한 우선순위까지 알게 된다.

소요량과 우선순위 결정

MRP의 목적은 기준생산일정을 만족시키기 위해 필요한 부품이 무엇인가를 결정하고, 리드타임을 이용하여 구성 부품이 언제 필요한지 결정하는 것이다. MRP는 구체적으로 다음과 같은 기능을 수행한다.

- 무엇을 주문해야 하는가?
- 얼마나 주문해야 하는가?
- 언제 주문해야 하며, 언제까지 완료되어야 하는가?

우선순위의 갱신

제조기업에서 생산활동에 사용되는 수 많은 부품의 수요와 공급은 매일 달라진다. 이는 고객의 주문이 수시로 변하고, 간혹 구매 발주된 부품의 입고가 지연되기도 하는 등 많은 변화가 일어나기 때문이다. 이렇게 끊임 없이 변화하는 상황 속에서 MRP는 현재의 생산 및 판매계획에 맞추어 자재소요에 대한 우선순위를 재 정비할 수 있어야 한다. 이에 따라 MRP는 지연(de-expediting) 또는 독촉(expediting), 작업 오더나 구매 주문의 변경(수량, 납기 등), 주문의 추가 및 기존 주문의 삭제 등의 변경 조치를 취할 수 있게 한다.

MRP의 태동과 발전

MRP시스템은 1960년대에 IBM의 어릭키(J. A. Orlicky)에 의해서 개발되었고, 그 후 제조자원계획(MRP II: manufacturing resource planning)과 전사적 자원관리(ERP: enterprise resource planning)로 발전되었는데, MRP를 사용하는 기업은 전세계적으로 수만 업체에 이른다. 그림 5-2는 MRP의 진화 과정을 보이고 있다.

MRP는 초기 필요 자재의 적기 생산 및 조달을 목적으로 한 재고관리 시스템 성격으로 출발하여 발전을 시작하였다. 이 때의 MRP시스템은 생산능력의 가용성에 상관 없이 단순히 생산계획을 달성하기 위해서 필요한 구성품의 생산, 구매 수량과 필요시기를 제시하는 기능을 수행했다. 이 딩시의 MRP는 생산능력과 연동하여 비교하는 기능이 없었기 때문에 간혹 생산능력에 부합하지 않는 터무니 없는 계획을 만들어 내기도 했지만 이를 사전에 조정하는 능력이 없었다. 결과적으로 현장에서는 MRP에 대해서 신뢰감을 갖지 못하게 되고, MRP에 의해서 제조지시를 발급한 후 실질적인 관리는 생산진행 담당자(expeditor)의 독촉에 의존하는 비공식적 운영이 대부분이었다.

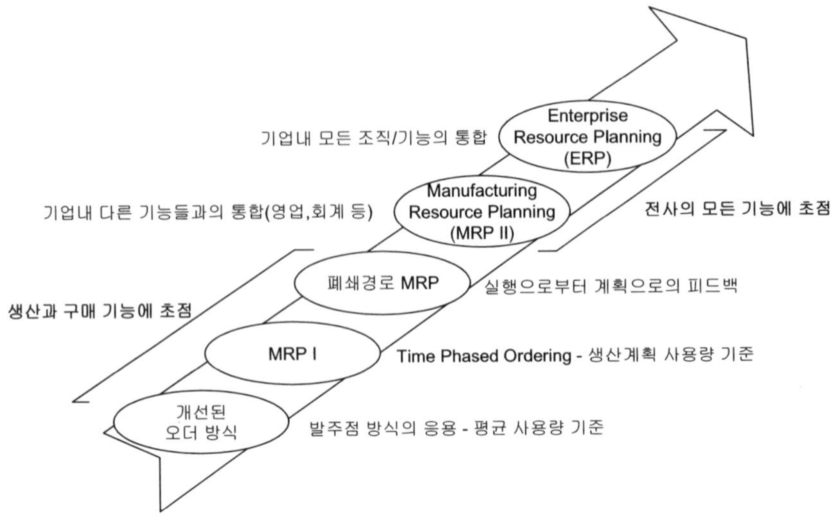

그림 5-2 MRP의 진화 과정

그 다음 단계로 발전된 형태는 폐쇄경로 MRP(closed loop MRP)의 단계로서 MRP에서 발주 계획을 내기 전에 생산능력의 가용성을 검증하여 필요한 피드백(feedback)을 하는 기능이 강조된다. 따라서 그 이전의 MRP에 비해서 현실성 있는 계획을 만들어 낼 수 있게 되어 계획의 실현성이 향상된 시스템이 되었다.

3단계의 발전은 제조자원계획시스템(manufacturing resource planning)으로 확장된 형태가 되었다. 이 시스템에는 자재소요량계획을 핵으로 하여 원가계산, 생산능력, 인력, 시설관리 등 생산자원 전반에 대한 계획과 관리 기능을 통합한 정보시스템이다. 그래서 이 단계의 시스템은 MRP II라 하여 자재소요량계획시스템(MRP I)과 구별하여 부르기도 한다.

만약 기업이 단순한 제품을 생산한다면 수작업으로 자재소요량을 계획하는 것이 가능하다. 그러나 대부분의 기업에서는 수요와 공급, 생산능력의 변화 속에서 수천 가지의 부품의 소요량과 주문 시점을 결정해야 한다. 이를 위해서는 컴퓨터 시스템을 사용하여 MRP 계산을 수행해야만 한다.

MRP시스템의 구조와 전개

전체 시스템에서의 위치

그림 5-3은 생산계획과 통제 시스템 내에서 MRP의 위치를 보이고 있다.

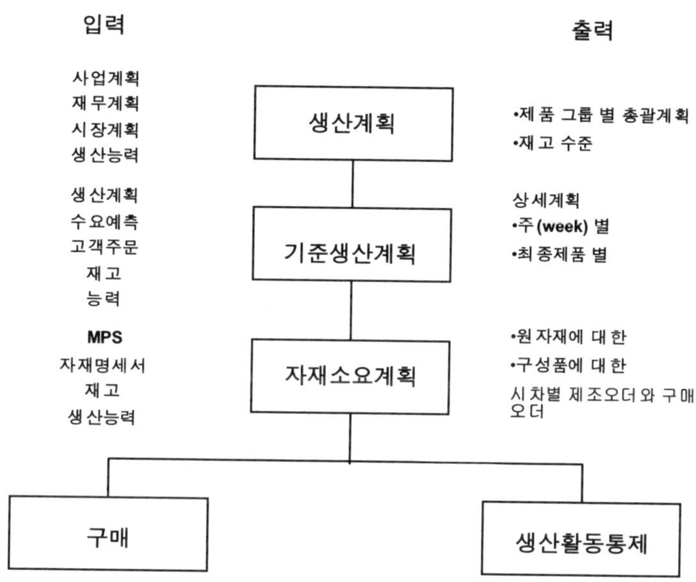

그림 5-3 생산계획과 통제 시스템

MRP는 기준생산일정(MPS)가 확정된 후, MPS를 위해 요구되는 구성품(components)의 소요량을 계산하는 것이다. 즉 MRP를 구동시키는 원천은 MPS다. 나아가 MRP의 결과는 생산활동통제(production activity control : PAC)와 구매(purchasing)의 입력 정보가 되어 이들을 구동하는 역할을 한다.

MRP의 입력자료

자재소요량 계산 프로그램은 전체 MRP 시스템의 핵심기능으로서 몇 가지의 인풋 자료를 가지고 방대한 부품전개 계산을 수행한다. 그 결과 생산 및 구매 활동의 기본이 되는 제조지시 및 구매주문 보고서를 출력한다.

MRP시스템에의 입력자료는 기준생산일정(MPS : master production plan), 자재명세서(BOM : bill of material, 부품표), 그리고 재고기록 정보(inventory record)의 세 가지가 있다. (그림 5-4 참조)

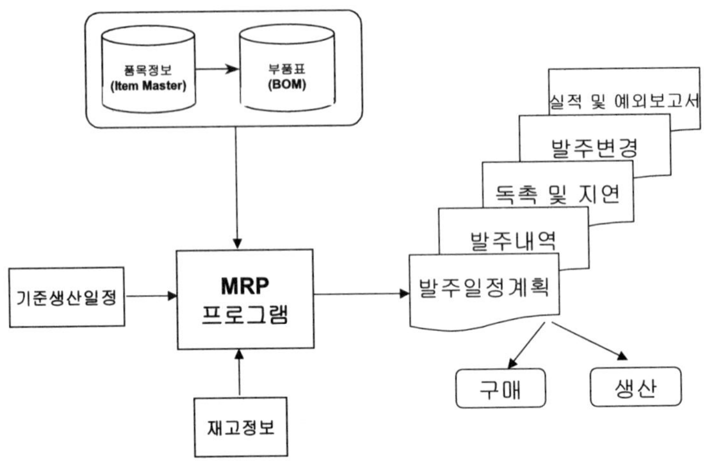

그림 5-4 MRP 입력 정보와 출력보고서

1) 기준생산일정(MPS)

MRP시스템을 운영하는 데 우선 필요한 것이 기준생산일정(MPS)이다. MRP는 MPS로부터 생산해야 할 최종제품(end items) 별 수량과 생산일정(언제까지 완료되어야 하는가?)을 얻는다.

2) 제품구조 파일(product structure) 또는 부품표/자재명세표 (bills of material: BOM)

부품표에는 하나의 단위를 생산하는 데 요구되는 구성품 목록과 각각의 수량이 기술되어 있다.

3) 재고기록(inventory record)

이렇게 소요량이 산출되는 과정에서 실제 추가로 필요한 소요량(순소요량)은 산출된 소요량(총소요량)에서 현재 재고로 가지고 있는 양을 차감해야 하기 때문에 재고기록이 필요하게 된다. 재고기록은 다음과 같이 두 가지 종류가 필요하다.

(1) 계획 요인(planning factors)

주문수량(lot size), 리드타임(lead time), 안전재고(safety stock), 산출률 및 폐기수량(yield and scrap) 등의 데이터는 언제 얼마나 주문해야 하는지를 계획하는 데 요구되는 표준(standard) 정보로서 계획을 갱신할 때마다 자주 변경되지는 않고, 업무혁신활동의 결과와 결부하여 표준을 갱신하고자 할 때 변경된다.

(2) 각 품목의 재고 상황

각 품목 별로 현재고(on-hand), 입고예정량(scheduled receipt), 할당량(allocated quantity)이 얼마인지 관리해야만 실제적인 가용량(available)을 알 수 있게 된다. 이들 정보는 재고관련 거래가 발생할 때마다 동적으로 변한다.

이들 정보가 기록되는 파일은 다양한 명칭으로 불리는데, 재고기록파일(inventory record file), 부품마스터 파일(part master file), 또는 품목마스터 파일(item master file)이라고 한다.

이상 열거한 세 가지 자료들은 기본적인 MRP시스템을 운영하는 네 필요한 투입요소가 된다.

MRP 출력자료

MRP시스템의 부품 전개 결과를 바탕으로 산출되는 결과물에는 제조 또는 구매주문을 내기 위한 발주내역, 즉 발주량과 발주시기가 산출된다. 여기에 더하여 기존 발급되었던 오더 중 독촉 또는 지연시켜야 할 내역 등 발주 변경에 관한 예외보고서가 산출된다.

부품표

부품표(bill of material)는 그림 5-5와 같이 어떤 품목 한 개를 만드는 데 소요되는 모든 부품들을 보여 준다. 품목이나 부품들은 형태나 기능이 달라지면 새로운 유일한 품번(part number)이 지정된다. 따라서 상이한 부품표에 동일한 품번이 나왔다면 이는 동일한 부품이 쓰인다는 뜻이다.

품명 : 책상

품번 : 100

품번	품명	필요 수량	측정 단위
203	다리	4	EA
411	받침대	2	EA
622	옆판	2	EA
23	윗판	1	EA
722	공구	1	Kit

그림 5-5 단순화된 자재명세서

부품표는 제조기업에서 가장 널리 사용되는 서류 내지 데이터로서 그 주된 용도는 다음과 같다.

- 제품의 정의(product definition): 제품을 생산하는 데 필요한 구성 부품을 명시한다.
- 설계변경의 관리(engineering change control): 제품 설계 엔지니어는 제품에 사용되는 부품을 다른 것으로 교체할 수 있다. 이러한 변경은 기록, 관리되어야 하는데, 부품표가 그렇게 하는 방법을 제공해준다.
- 서비스 부품(service parts): 파손된 부품을 수리하는 데 필요한 대

체 부품은 부품표에 의해 확인할 수 있다.

- 계획수립(planning): 부품표는 최종제품을 생산하기 위해 어떤 부품을 생산하거나 구입해야 하는지 계획할 수 있게 한다.
- 오더 엔트리(order entry): 제품이 많은 옵션을 가질 경우, 오더 엔트리 시스템은 최종제품의 구성을 나타내는 부품표를 관리하며, 상응하는 제품가격을 계산하기도 한다.
- 제조(manufacturing): 부품표는 제품을 생산하거나 조립하는 데 필요한 부품 리스트를 제공한다.
- 원가계산(costing): 제품 원가는 자주 직접재료비(direct material), 직접노무비(direct labor), 그리고 제조간접비(overhead)로 구분된다. 부품표는 직접재료비를 결정하는 것뿐만 아니라 직접노무비와 제조간접비의 배부(distributing overhead)를 결정하는 구조를 제공한다.

부품표의 구조

제품 트리(product tree)

그림 5-6은 그림 5-5에 나와 있는 BOM을 나무모양의 제품트리로 표시한 것이다. 제품트리는 실제로 데이터 처리에 사용되는 형태는 아니지만 부품표를 논리적으로 생각하고 가르치기 위한 수단이 된다.

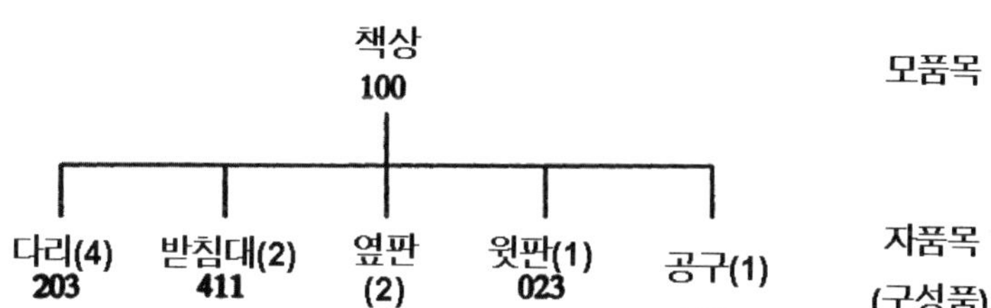

그림 5-6 제품 트리

모품목-구성품 관계(parent-component relationship)

그림 5-6에 나와 있는 형태와 같이, 제품과 그 제품을 구성하는 부품간의 일 단계 구조(single-level structures)를 모품목-구성품간 관계라 한다. 이 형태의 부품표를 일단계 부품표(single-level BOM)라 한다.

다단계 부품표(multilevel bill)

제품이 조립되는 방법에 기초하여 부품들을 논리적으로 그루핑한 형태로서, 설계 부서에서 작업이 수행되는 순서에 따라 다단계 부품표를 만든다(그림 5-7). 다단계 부품표의 맨 밑에 있는 품목들은 일반적으로 구매품이 위치한다. 다단계 부품표는 단계마다 레벨 번호가 부여되는데, 맨 꼭대기 층을 '레벨 0', 그 바로 아래 단계를 '레벨 1'으로 하는 식으로 번호가 부여된다.

인덴트된 부품표(indented bill)

모품목-자품목 관계에서 모품목을 왼편에 기록하고, 그 자품목들을 한 단계씩 인덴트(indent)하여 기록하는 방식을 말한다(그림 5-8).

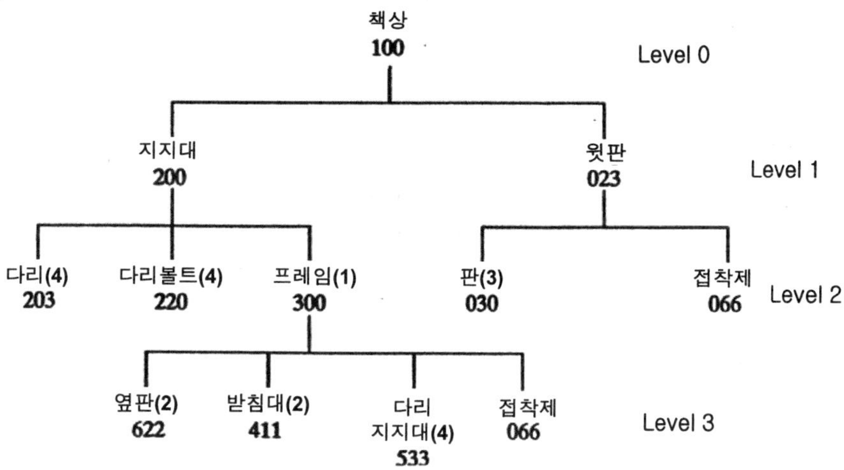

그림 5-7 다단계 부품표

요약 부품목록(summarized part list)

하나의 어셈블리(assembly)에 들어 가는 모든 부품이 기록된다. 이 부품표에는 제품이 가공 또는 조립되는 방법에 관한 정보는 포함되지 않고, 전체적으로 어떤 부품이 몇 개씩 사용되는지를 나타낸다.

계획용 부품표(planning bill)

이것은 계획 목적을 위해 구성품의 집합을 인위적으로 보여 주는 부품표다. 계획용 부품표는 예측, 기준생산일정의 수립, 자재소요량계획의 수립 시 업무를 단순화하기 위해 사용된다. 예를 들어, 그림 5-9는 계획용 부품표의 예로서, 만약 실제 최종제품의 종류 별로 부품표를 유지해야 한다면 총 27개의 부품표가 필요한 것을, 하나의 계획용 부품표로 나타낼 수 있음을 보이고 있다. 계획용 부품표는 각 구성품 형태 별 사용비율(%)을 표시하는 방법으로 소요량을 표시한다.

생산용 자재명세서 – 책상 (부품번호 : 100)		
부품번호	품명	필요 수량
200	지지대	1
203	다리	4
220	다리볼트	4
300	프레임	1
622	옆판	2
411	받침대	2
533	다리 지지대	4
066	접착제	
23	윗판	1
030	판	3
066	접착제	

그림 5-8 인덴트된 부품표

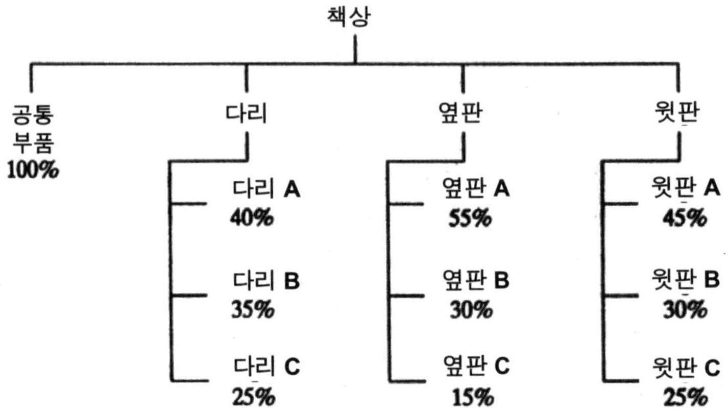

그림 5-9 계획용 부품표

계획용 부품표에 나타난 사용비율(%)은 예측 또는 과거의 사용실적으로부터 구한 것이다.

사용처 및 페깅 데이터(where-used and pegging data)

지정된 구성품을 포함하는 모든 모품목의 목록을 보여주는 것을 사용처 보고서(where-used report)라 한다(그림 5-10). 이 데이터는 설계변경(engineering change)을 한다든가, 희귀한 구성품일 경우라든가, 또는 원가계산 등에 이용된다. 페깅 보고서(pegging report)는 사용처 보고서와 유사하지만 구성품에 대한 모든 모품목을 보여주는 것이 아니라 현재 소요량(requirement)이 기록된 모품목 만을 보여준다. 즉 페깅 보고서는 특정 구성품에 대한 수요를 발생시킨 모품목 별로 구성품을 언제, 몇 개씩 필요한지를 보여 줌으로써 수요에 대한 원천(the origin of the demand)을 파악하게 해 준다.

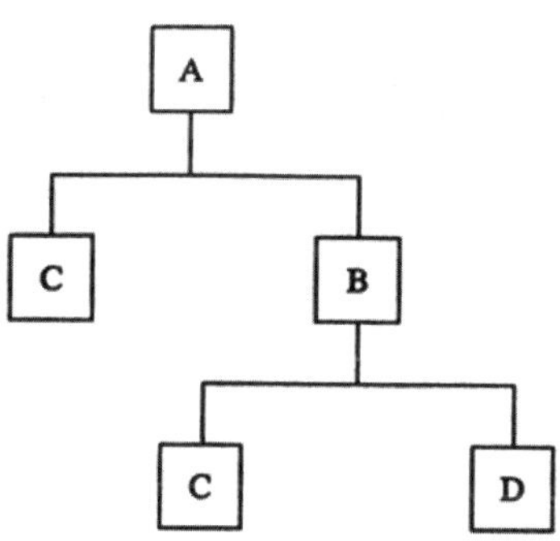

페깅된 소요량(pegged requirements)

품번	주(week)				
	1	2	3	4	5
C	50	125	25	50	150

소요량의 원천

A	50	25	25	50	50
B		100			100

그림 5-10 페깅된 소요량 정보

이상 다양한 형태의 부품표의 용도를 종합하면, 제품의 정의(product definition), 설계변경의 관리(engineering change control), 서비스 부품(service parts)의 관리, 계획수립(planning), 주문 기입(order entry), 생산활동(manufacturing), 원가계산(costing) 등이다.

MRP시스템의 전개절차

MRP의 소요량 전개과정은 그림 5-11과 같은 형태의 데이터 구조를 이용해서 이루어진다. 따라서 여기에 포함되어 있는 변수들을 먼저 설명하면 다음과 같다.

로트사이즈 = 180 현 재고 = 180 리드타임 = 1 안전재고 = 100			기간							
			1	2	3	4	5	6	7	8
부품 X	총소요량		100	200	100	200	100	200	100	200
	입고예정량		180							
	기간별 예상재고	180	260	~~60~~ 240	140	~~-60~~ 120	~~20~~ 200	~~0~~ 180	~~80~~ 260	~~60~~ 240
	순소요량			40		160	80	100	20	40
	계획오더 - 입고			180		180	180	180	180	180
	계획오더 - 발주		180		180	180	180	180	180	

그림 5-11 MRP 전개 데이터 구조

총소요량(gross requirements)

상위품목의 주문, 즉 계획오더(planned order)를 부품표에 의해 전개(exploding)한 수량을 말한다. 최초의 총소요량은 기준생산일정으로부터 온다.

총소요량은 소요량 전개(exploding the requirements)에 의해 구해진다. 소요량 전개란 상위 품목의 오더를 착수(order release)시키기 위해 요구되는 하위품목의 소요량을 계산하기 위해서 부품표 상의 사용 수량(usage quantity)을 상위품목의 오더 수량과 곱하는 것을 말한다. 즉 상위품목(parent)의 오더 착수(order release)는 소요량 전개(explosion)가 되어 하위 품목(component part)의 총소요량(gross requirements)이 된다.

입고예정량(scheduled receipt)

MRP 계산 상의 입고예정량은 이미 발급된 주문으로서 아직 입고되지 않은 주문량을 나타낸다. 즉 이미 생산지시 또는 구매주문이 되어 있지만 아직 수송 중이거나 납품수속을 밟고 있는 도중이어서 입고가 안 된 오픈 오더(open order)가 이에 속한다. 오픈 오더 상의 자재가 입고되고 나면 입고예정량은 그 수량만큼 사라지고 대신 보유 재고(on-hand inventory)가 증가한다.

기간별 예상 재고(projected stock)

기간별 예상재고는 특정시점에 보유할 것으로 예상되는 재고다. 기간별 예상재고는 다음과 같이 계산된다. 예상 가용량(projected available)이라고도 한다.

기초 예상재고 = 전기 예상재고 + 입고예정량 - 총소요량

그림 5-11의 예에서 2주차의 기초 예상재고 60 단위는 (전기예상재고 260 + 2기의 입고예정량 0 - 2기의 총소요량 200)에 의해 계산되었다. 만약 이렇게 산출된 수량이 안전재고보다 적은 수량이라면 그 차이만큼의 순소요량이 발생한다. 순소요량에 대해서는 로트크기(lot size)를 적용하여 계

획오더(입고기준)를 산출한다. 그 후 당기 예상재고는 다음과 같이 갱신된다.

당기 예상재고 = 기초 예상재고 + 계획오더(입고기준)

2기의 기말 예산재고 240 단위는 (기초 예상재고 60 + 당기 계획오더(입고) 180)에 의해 계산되었다.

순소요량(net requirements)

기간별 예상재고의 계산 결과 음수가 되면 그 절대값 만큼의 순소요량이 발생한 것이다. 즉 "순소요량 = (총소요량 - 가용재고)"로 계산된다. 만약 안전재고가 설정되어 있다면 가용재고는 안전재고만큼 고려되어 차감된 후 순소요량이 발생한다. 예를 들어 2기의 순소요량 40단위는 (총소요량 200 - 가용재고 260 - 100 = 40 단위)로 계산된다.

계획오더(planned order)

일반적으로 순소요량만큼의 계획오더를 잡으면 되지만 품목에 따라 로트크기에 의해서 조정되는 경우가 있다. 로트크기는 경제적 발주량의 이점을 얻기 위해서 사용되기도 하며, 공급자의 포장 단위에 따라 결정되기도 한다. 로트크기가 있을 경우, 계획오더는 로트크기의 배수가 되도록 올림(round-up)하여 설정된다. 계획오더는 입고기준(order receipt or due date)으로 먼저 설정된 후, 그 품목의 리드타임만큼 선행시킨 기간에 발급기준(release)의 입고예정량이 설정된다. 이렇게 계획오더가 입고기준과 발급기준으로 리드타임만큼 선행 시킴으로써 하위 구성품에 대한 총소요량은 계획오더의 발급일 기준으로 발생되는데, 이를 리드타임 차감 또는 타임페이징(lead time offsetting or time-phasing)이라 한다.

이렇게 하는 이유는, 전개된 소요량이 놓이는 시점이 상위품목이 완료되어야 할 시점(order due date)보다 리드타임만큼 선행된 시점에 되어야 부품표 단계 별로 필요 시점의 우선순위와 일정이 맞기 때문이다.

예제: MRP전개

앞에 설명된 MRP계획표를 이용하여 MRP를 전개하는 예를 보자. A품목의 부품구성은 그림 5-12와 같다.

품목 A의 부품표를 보면, A품목에는 B품목과 C품목이 각각 한 개씩 소요되고, 다시 B품목에는 C품목과 D품목이 각각 두 개, 한 개씩 소요된다. 부품표에는 소요수량과 함께 각 품목의 리드타임이 표시되어 있다[6].

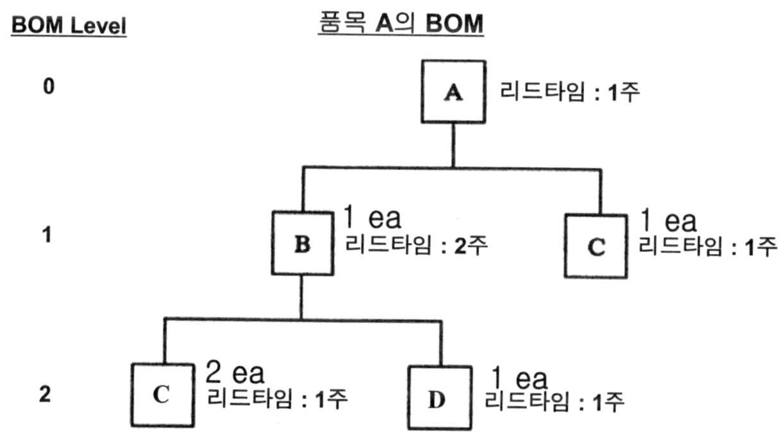

그림 5-12 리드타임, 소요량, 레벨 코드가 표시된 제품 트리

그림 5-13은 소요량 전개가 이루어지기 전의 데이터를 보이고 있다. 그림에서 A품목의 기준생산일정이 1주에 20 단위, 3주에 30단위, 5주에 40단위이며, B품목의 보유 재고가 20 단위, 입고예정량은 3주에 20단위 예정되

---

[6] 실제로는 리드타임 정보는 품목마스터 정보에 수록되어 있음

어 있고, C품목의 보유 재고는 50 단위이고 1주와 4 주에 각각 40 단위의 입고예정량이 있는 것을 알 수 있다.

A 품목(기준생산일정 품목)에 의한 총소요량 발생

MRP 소요량전개는 그림 5-14와 같이 A의 기준생산일정으로부터 총소요량을 발생시킴으로써 시작된다. 부품표에서 보면 A품목을 구성하는 것은 B품목과 C품목으로 되어 있고, 각각 한 단위씩 사용되고 있음을 알 수 있다. 따라서 B의 총소요량과 C의 총소요량 란에 각각 1주차에 20, 3주차에 30, 5주차에 40단위 씩의 총소요량이 기록된다.

	기간							
	1	2	3	4	5	6	7	8
A의 기준생산계획(MPS)	20		30		40			

로트사이즈 = 20
리드타임 = 2

			기간							
			1	2	3	4	5	6	7	8
B	총소요량									
	입고예정량				20					
	기간별 예상재고	20								
	순소요량									
	계획오더 - 입고									
	계획오더 - 발급									

로트사이즈 = 40
리드타임 = 3

			기간							
			1	2	3	4	5	6	7	8
C	총소요량									
	입고예정량		40			40				
	기간별 예상재고	50								
	순소요량									
	계획오더 - 입고									
	계획오더 - 발급									

그림 5-13 MRP 전개 예제

B 품목의 소요량 전개

다음으로 B품목의 MRP전개를 하게 되는데, MRP전개에서 제일 먼저 계산되는 것이 예상재고 값이다. 각 기간의 예상재고는 현 보유재고로부터 출발하여 기초재고에 입고예정량을 더하고 여기서 총소요량을 차감하면 된다. B품목의 예상재고 계산 결과, 제 1기로부터 각각 0, 0, -10의 예상재고 수량이 산출된다. 여기서 '-10' 이라는 예상재고는 10개의 순소요량이 발생했음을 뜻한다. 이 순소요량에 대해서 로트크기를 적용하여 계획오더를 제 3기에 20개만큼 발생시킨다. 그 결과, 3기의 예상재고는 다시 10이 되었고 계속해서 같은 방법으로 기간별 예상재고를 계산하다 보면 제 5기에 다시 '-30'(순소요량 30)으로 나타나 품절이 예상되므로 새로운 계획오더를 생성해야 한다. 5기에 대한 계획오더는 로트크기가 20단위이므로 순소요량보다 많은 40단위가 된다.

결과적으로 B품목의 계획오더는 3기에 20단위, 5기에 40단위 만큼 산출되었다. 그런데 B품목의 리드타임은 2주이므로 계획오더를 발급해야 하는 시기는 2주만큼 선행한 1주와 3주가 된다. 이렇게 리드타임만큼 선행하여 그 부품이 필요한 시점에 오더가 발급되도록 하는 기능을 리드타임 선행(lead time offsetting)이라 한다. 이상 B품목에 대한 MRP전개가 끝났다.

C 품목의 MRP 전개

이제 C품목에 대한 MRP전개를 할 차례다. 앞에서와 마찬가지로 먼저 C품목의 총소요량을 계산하는 일이 우선되어야 한다. C품목의 총소요량은 기준생산일정의 대상인 A로부터도 오고, 또한 MRP전개 대상인 B품목으로부터도 온다. 그 결과, 1주차에 60, 3주차에 110, 5주차에 40단위의 총소요량이 발생되었다.

이와 같이 모든 총소요량이 전기된 후에 비로소 C품목의 기간별 예상재고를 산출하게 된다. 보유재고 50부터 시작하여 1기에 30, 2기에 30, 4기에 '-80' 단위로 예상된다. 3기에 순소요량 80단위가 있으므로 계획오더를 발생시켜야 한다.

입고예정량의 독촉(expediting)

그런데 여기서 MRP시스템의 로직의 중요한 기능이 한가지 작동된다. MRP에서는 가능한 한 재고의 보유를 적게 하는 방향으로 계획을 수립하기 위해서 새로운 계획오더를 발급하기 전에 먼저 기존 오더(입고예정량) 중에서 독촉하여 앞 당길 부분이 있는지를 검토한다. 본 예제에서는 4주차에 40단위의 입고예정량이 있으므로 먼저 이를 독촉하도록 하는 예외보고서(exception report)를 발급하고, 대신 예상재고는 '-80'이 아니라 '-40'이 된다. 따라서 순소요량은 40단위이다. 이렇게 하여 새로 추가되는 계획오더는 40가 된다. 이렇게 기존 입고예정량의 일정을 변경하도록 권고하는 기능을 재일정수립(rescheduling)이라 한다. 재일정수립에는 독촉(expediting), 지연(delay), 취소(cancel)가 포함된다.

	기간							
	1	2	3	4	5	6	7	8
A 의 기준생산계획(MPS)	20		30		40			

로트사이즈 = 20
리드타임 = 2

			기간							
			1	2	3	4	5	6	7	8
B	총소요량		20		30		40			
	입고예정량				20					
	기간별 예상재고	20	0	0	-10 / 10	10	-30 / 10	10	10	10
	순소요량				10		30			
	계획오더 - 입고				20		40			
	계획오더 - 발급		20		40					

로트사이즈 = 40
리드타임 = 3

			기간							
			1	2	3	4	5	6	7	8
C	총소요량		20+40		30+80		40			
	입고예정량		40		40 ←	~~40~~				
	기간별 예상재고	50	30	30	-80/ -40 / 0	0	-40 / 0	0	0	0
	순소요량				40		40			
	계획오더 - 입고				40		40			
	계획오더 - 발급	40		40						

그림 5-14 MRP 전개 예제 - 풀이

그림 5-14의 예에서 C품목의 계획오더를 착수일 기준으로 바꾸려면, 3주차에 입고되어야 할 계획오더를 리드타임인 3주만큼 선행시켜야 한다. 그 결과 계획오더의 발급 시점이 MRP계획기간을 벗어나 있음을 볼 수 있다.

이런 경우는 '지연된 오더'(past-due order)라 하여 예외보고의 형식으로 계획 담당자에게 알려 지급으로 처리할 수 있도록 한다.

MRP 파일의 형태

그림 5-14의 품목 B와 C에 대한 MRP 파일의 기록(record) 형식을 보면 8개의 기간으로 나누어져 있는 것을 알 수 있다. 이들 각 기간을 타임버켓(time bucket)이라 한다. 타임버켓은 주로 주(week) 별로 지정되지만 회사에서 편리한 임의의 기간으로 지정할 수 있다.

타임버켓의 수를 보면 계획 시평(planning horizon)을 알 수 있다. 위 예에서 만약 타임버켓이 주(week)라면 계획 시평은 8주간이 된다. 타임버켓 상의 가용량은 해당 타임버켓의 기초(beginning of the period)에 준비되어 있는 것으로 간주되며, 기간별 예상재고 란에 있는 수는 해당 타임버켓의 기말(end of the period)에 있는 것으로 간주된다.

제 1 기 타임버켓은 현 시점이 포함된 타임버켓으로서 실행버켓(action bucket)이라 한다. 즉 실행버켓에 숫자가 있다면 즉시 어떤 조치가 필요한 것이다.

MRP의 운영

MRP담당자의 역할

MRP 계획 담당자(MRP planners)는 회사에서 관리하는 수 많은 자재에 대해서 수급, 제조, 또는 출하에 관한 구체적인 의사결정을 하는 책임을 갖고 있다. 구체적으로 MRP 담당자가 하는 일은 다음과 같다.

- 구매 또는 제조부서에 오더를 띄운다(launch / release orders to purchasing or manufacturing).
- 기존 오더(open orders)에 대해서 실제 필요한 일정에 맞게 납기를 조정한다(reschedule due dates of open orders as required).

- 오류 발생 시 조처하고, 그 원인을 찾는다.
- 중요한 자재의 품절 문제가 생겼을 때 독촉(expediting) 또는 재계획(replanning)으로 해결한다.
- 다른 계획담당자, 기준생산일정 담당자, 공정관리, 구매 담당자와의 조정을 통해서 문제를 해결한다.

오더(order)의 사이클

계획오더(planned order)

계획오더는 컴퓨터 시스템에 의해서 자동으로 산출되는 일정을 말한다. MRP 프로그램에 의해서 실행버켓(action bucket)에 일정이 잡힌 것은 계획담당자에게 오더를 발급하라는 권고이지만 실제 오더를 자동으로 발급하지는 않는다.

발급된 오더(released orders)

계획이 잡힌 오더를 발급(releasing, or launching)하는 것은 계획담당자의 책임이다. 발급되고 나면 그 오더는 공장에 대한, 또는 구매부서에 대한 오픈 오더(open order)가 되며, MRP 레코드에는 입고예정량(scheduled receipt)으로 나타난다. 일단 발급된 오더에 대해서 독촉, 지연, 혹은 취소(expedite, delay, or cancel) 시키는 일은 계획담당자의 통제 영역이다.

고정계획오더(firm planned orders)

컴퓨터에 기반한 MRP 시스템에서는 총소요량이 변하면 자동으로 계획오더가 새로 계획된다. 그런데 때로는 계획담당자가 컴퓨터의 계획에도 불구하고 계획오더를 수량 및 일정 측면에서 고정시키기를 원하는 경우가 있다. 이런 요구는 장래 어떤 자재나 생산능력, 또는 특별한 수요 등의 가용성을 시스템 상에서 확보 시키기 위해서 필요하다. 이런 경우 계획담당자는 컴퓨터에게 그 오더는 별도의 명이 있을 때까지 변경시키지 말 것을 지시할 수 있다.

예외 정보와 거래정보

예외 메시지(exception messages)

양질의 MRP시스템은 주의가 필요한 일이 발생하면 예외 메시지를 발급하는 기능들이 있다. 예외 메시지에는 다음과 같은 예가 포함된다.

- 계획오더가 실행버켓에 들어 있어서 발급을 고려해야 함
- 오픈 오더 중에서 시기나 수량이 원래의 계획에 만족되지 않음
- 표준 리드타임(standard lead times)대로라면 0 수준 품목(a zero-level part)의 납품이 지연되는 결과를 빚음

거래 메시지(transaction message)

MRP 계획담당자는 MRP 기록에 영향을 미칠만한 모든 조처에 대해서 MRP프로그램에 알려야 한다. 계획담당자가 오더를 발급한 경우, 또는 입고예정량이 입고된 경우 등 데이터에 어떤 변화가 있었다면 MRP프로그램에 그 사실이 알려져야만 MRP 시스템은 올바른 계획을 유지할 수 있게 된다.

자재소요량계획의 관리

피드백의 원천(sources of feedback)

공급자의 조처가 구매부서를 통해서 접수된 경우, 오픈오더 상의 변경 발생, MPS 상의 변경 , 관리자의 조처 등 자재소요량계획 관리 상의 주요 피드백이 필요한 일이 발생했을 경우에는 다음과 같은 액션이 일어난다.

MRP 관리 상의 세 가지 포인트

MRP 담당자는 1)우선순위(priority)의 관리, 2)상향 재계획(bottom-up replanning), 3)시스템 과민성(nervousness)에 대해서 주의를 기울여야 한다.

1) 우선순위의 관리

발급된 오더에 대해서 필요 시 독촉 또는 지연(expediting or de-expediting) 시켜서 올바른 납기일(due dates)을 유지시키는 일을 말한다. 예를 들어 다음 표에서 오더수량 300 단위에 대해서 리드타임은 3 주라 하자.

주	1	2	3	4	5
총 소요량	100	50	100	150	200
입고 예정량			300		
가용 재고 150	50	0	200	50	150
순 소요량					150
계획 오더 - 입고					300
계획 오더 - 발주		300			

그림 5-15 최초의 MRP 데이터

만약 2주차의 총소요량이 50에서 150단위로 변했다고 한다면 어떤 일이 발생할 것인가?

그림 5-16을 보면, 계획담당자가 할 수 있는 일은 1) 3주차에 있는 입고 예정량 300 단위를 2주차로 독촉하거나, 2) 2주차에 추가로 요구된 100 단위를 3주로 지연시키는 선택안이 있을 것이다. 이런 조치를 우선순위 조정 또는 재일정(reschedule)이라 한다. 발급일 기준 계획오더는 1 주차에 있으므로 이 계획오더는 곧 발급되어야 한다.

주	1	2	3	4	5
총 소요량	100	150	100	150	200
입고 예정량			300		
가용 재고 150	50	-100	100	250	50
순 소요량				50	
계획 오더 - 입고				300	
계획 오더 - 발주	300				

그림 5-16 총소요량의 변경

2) 상향 재계획(bottom-up replanning)

변경된 조건을 바로 잡기 위한 조처는 가능한 한 제품구조의 낮은 수준 쪽에서 일어나야 한다. 다시 말해, 부품의 문제로 인해 MRP품목의 일정 상 조처가 필요한지 검토되어야 하며, MRP 품목의 문제는 더 나아가 MPS 품목의 일정을 재검토할 필요는 없는지 검토하는 순서로 상향식 검토가 이루어져야 한다.

3) 시스템 과민성(nervousness) 줄이기

간혹 MRP시스템은 작은 수량 상의 변화에도 너무 변덕스럽게 계획이 변하는 경우, 계획담당자는 그 변경사항이 액션을 취할 만큼 중요한 것인지를 판단해야 한다. 시스템 과민성(nervousness)을 줄이는 한 가지 방법은 고정계획오더(firm planned order)를 이용하는 것이다.

예제) 어느 품목에 대해서 월요일의 MRP 기록은 다음과 같다.

주문량 = 30 개

리드타임 = 2 주

주	1	2	3	4	5	6
총 소요량	35	10	15	30	15	20
입고 예정량	30					
가용 재고 20	15	5	20	20	5	15
순 소요량			10	10		15
계획 주문 입고			30	30		30
계획 주문 발주	30	30		30		

그림 5-17 월요일 현재의 MRP 기록

여기에 다음과 같은 거래(transactions)가 발생했다.

1. 입고예정량 중 25개만이 입고되었다.
2. 3주차의 총소요량이 10 단위로 감소되었다.
3. 4주차의 총소요량이 50 단위로 증가되었다.
4. 7주차의 소요량이 15 단위이다.
5. 재고실사 결과 재고가 현재 기록 상의 수량보다 10 단위 많다.
6. 1 주차의 총소요량이 재고로부터 조치되었다.
7. 1 주차의 계획오더(발급기준)가 발급되어 3주차의 입고예정량이 되었다.

위에 제시된 변경 내역을 그림 5-17 에 반영한 후 가용재고와 순소요량, 그리고 계획 주문을 재계산하면 1 주가 경과된 후의 MRP 기록은 다음과 같이 변할 것이다.

주문량 = 30 개

리드타임 = 2 주

주	2	3	4	5	6	7
총 소요량	10	10	50	15	20	15
입고 예정량		30				
가용 재고 20	10	30	10	25	5	20
순 소요량			20	5		10
계획 주문 입고			30	30		30
계획 주문 발주	30	30		30		

그림 5-18 1 주 후의 MRP 기록

결과적으로 그림 5-18 에 의하면 다음과 같은 변경이 계획변경이 발생한다.

1. 2 주차의 보유 재고는 20 단위가 된다.
2. 4 주차에 기록되어 있던 계획오더는 3 주차로 이동되었다.
3. 또 다른 계획오더가 5주차에 발생했다.
4. 3 주차의 입고예정량이 4주차까지 필요하시 않다. 따라서 이것이 4 주로 재계획 가능하다.
5. 2 주차의 계획오더는 발급되어 4주차의 입고예정량이 된다.

수행도 평가

1. 아래의 그림에서 독립수요 품목은?

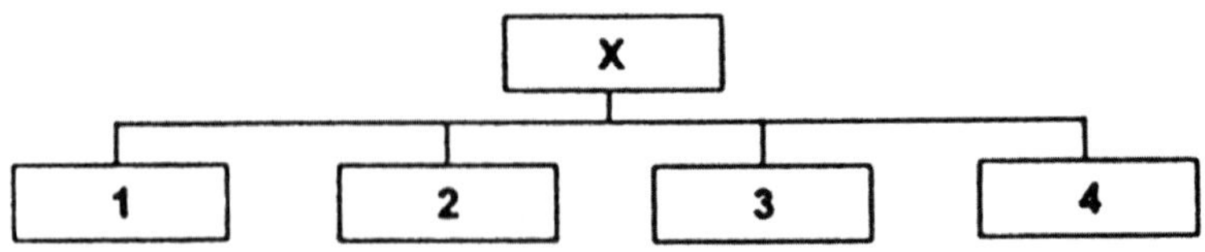

A. X B. 1 C. 2 D. 3

2. 다음 중 자재소요량계획의 목적은?

A. 공장의 상시 가동
B. 우선순위를 늘 최신으로 유지
C. 수요예측량 결정
D. 재고투자의 최소화

3. 최종제품수준(end-item level)의 하위 구성품을 계획하기 위한 우선순위 계획의 집합을 무엇이라 하는가?

A. 주일정(master scheduling)
B. 자재소요량계획(material requirements planning)
C. 생산능력계획(capacity planning)
D. 생산관리(production control)

4. 다음 중 MRP 의 주된 입력(input) 자료인 것은?

A. 생산계획(the production plan)
B. 생산능력계획(the capacity plan)
C. 생산현장활동계획 및 통제(shop floor activity planning and control)
D. 기준생산일정(the master production schedule)

5. 하나의 품목을 만드는 데 필요한 구성품(component parts)과 그 수를 나타내는 데이터는 다음 중 어느 것인가?

A. 공정표(a route sheet)
B. 자재소요량계획(a material requirement plan)
C. 부품표(BOM)
D. 자재청구서(a material requisition)

6. 다음 서술 중 올바른 것은?

A. 유사 제품에 대하여 같은 부품 번호를 사용할 수 있다.
B. 부품은 유일한 고유 부품번호를 가진다.
C. 다른 부품표에 있는 동일한 부품은 다른 부품번호를 가진다.
D. 하나의 품목은 모품목 또는 자품목 중 한쪽은 될 수 있지만, 양쪽 다 될 수는 없다.

7. 다음 중 가장 정확한 설명은?

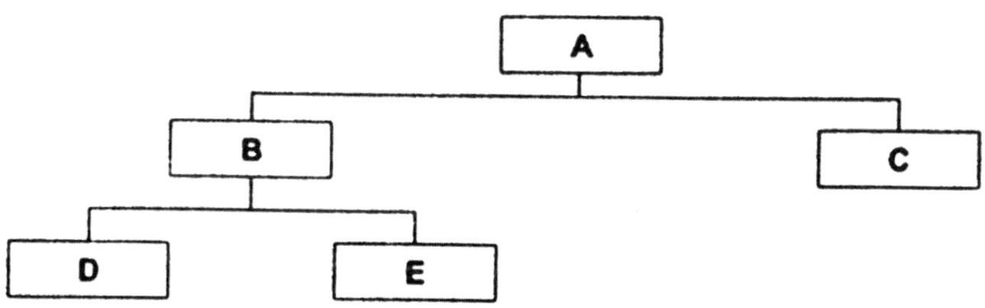

A. A는 B의 모품목이다. B. C는 A의 모품목이다.
C. A는 D의 모품목이다. D. D와 E는 A의 구성품이다.

8. MRP 레코드 상의 어느 품목의 수요가 있을 때, 그 수요를 유발한 모품목과 관련 짓게 하는 기능을 무엇이라 하는가?

A. 사용처정보(where-used)

B. 관련 짓기(relating)

C. 페깅(pegging)

D. 품목 계획(item planning)

9. 각 품목의 리드타임은 1 주일이고 A 에 대한 주문 50 개가 5 주차에 인도되어야 한다. B 에 대한 계획오더는 몇 주차에 되어야 하는가?

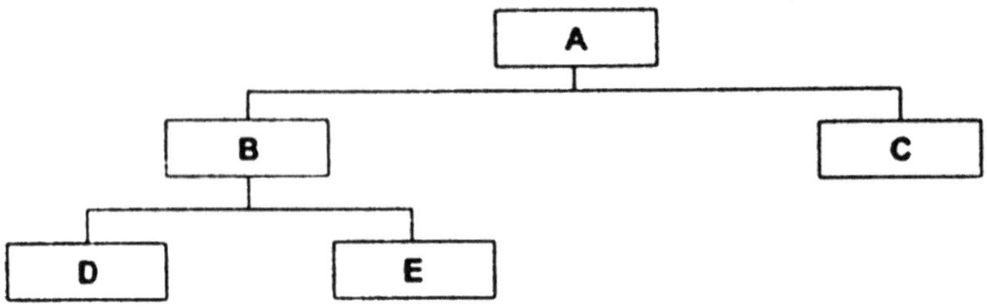

A. 5 B. 4 C. 3 D. 2

10. 다음 중 정확한 설명은?

A. 계획오더-입고(planned order receipts)는 그 오더가 언제 필요한지 보여 준다.

B. 주문이 발주되면, 그 주문은 계획오더(planned order)가 된다.

C. 입고예정량(scheduled receipts)은 상품이 언제 재고로 입고되었는지를 알려준다.

D. 총소요량은 모품목의 계획오더-입고(planned order receipts)로부터 발생한다.

6 생산능력계획

1.생산능력의 계획

2.가용 생산능력의 계산

3.생산능력소요량계획

제 6 장 생산능력계획

학습 목표

✧ 생산능력관리의 목표와 이것이 우선순위계획(priority planning)에 어떤 관계가 있는지 토의한다.
✧ 표준 생산능력(rated or calculated capacity, available capacity)을 어떻게 결정하는지 이해한다.
✧ 현장 오더(shop order)를 발급하기 위해서 요구되는 생산능력(required capacity) 을 계산하는 방법을 이해한다.

생산능력의 계획

생산능력(capacity) 개요

생산능력의 일반적인 정의는 '공장, 부서, 작업장 등 각 수준의 시스템이 기대되는 기능을 해 내는 능력'을 말한다. 즉, 작업자, 기계, 작업장, 공장 또는 부서는 단위 기간(시간) 당 산출이 얼마나 예상되는지에 대한 산출 능력이다. 따라서 생산물의 갯수(units), 킬로그램, 미터 등이 생산능력의 단위가 될 수 있다. 그런데 각 시스템이 산출하는 산출물의 종류가 다양하기 때문에 공통의 기준이 되는 생산능력의 단위로서 표준시간(standard hours)을 주로 사용한다. 산출물의 금액은 스루풋(throughput)의 단위이며, 생산능력 단위로 사용되어서는 안 된다.

예컨대 "이 작업장의 생산능력은 일 주일에 320 시간" 식으로 말할 수 있다. 작업물량에 의해 요구되는 생산능력(capacity required)을 부하(load)라 하며, 이것이 가용 생산능력(capacity available)과 비교되는 방법으로 생산능력이 관리된다.

생산능력관리(capacity management)는 생산능력의 수준이나 한계를 확립, 측정, 모니터링, 조정하여 모든 생산일정을 수행할 수 있도록 하는 기능이다(the function of establishing, measuring, monitoring, and adjusting limits or levels of capacity in order to execute all manufacturing schedules). 생산능력관리는 생산능력의 계획기능(planning)과 통제기능(control)이 포함된다.

생산능력계획(capacity planning)은 우선순위계획에 맞게 요구되는 생산능력을 계획하는 기능이다. 따라서 모든 수준(계층)의 우선순위계획에 상응하는 생산능력계획이 있다.

생산능력의 통제(capacity control)는 생산된 산출을 모니터링하고, 이것을 생산능력계획과 비교하여, 필요 시 시정조치(corrective action)를 취하는 것이고, 생산능력의 계획(capacity planning)은 우선순위계획(priority plan)에 의해서 요구되는 생산능력을 결정하는 기능이다.

우선순위계획과 생산능력계획

지금까지는 우선순위 계획(priority planning)에 대해서 알아보았다. 즉 무엇을 언제 얼마나 생산할 것인가를 계획하는 기능이다. 생산계획은 비교적 장기 계획이고 기준생산일정(MPS)은 중간, 자재소요량계획(MRP)은 상세도가 높으며 상대적으로 단기 계획이었다. 각 계층의 우선순위 계획은 그것이 작동가능 하려면 상응하는 생산능력과 균형이 맞아야 한다. 생산계획 수준에서는 주요 자원의 확보 가능성을 확인하기 위한 자원소요계획(resource planning)이 수립되고, 기준생산일정 수준에서는 애로공정에 대한 경고와 작업장의 가동률을 확인하기 위한 개략적 생산능력계획(rough-cut priority planning)이 수립되며, 자원소요량계획(MRP)수준에서는 각 작업장에 부과되는 작업오더의 부하(load)를 계산하는 생산능력소요계획(capacity requirements planning: CRP)이 수립되어 우선순위계획과 서로 연계된다.

그림 6-1은 우선순위계획과 생산능력계획 간의 관계를 보여주고 있다.각 수준의 우선순위계획에 상응하는 생산능력계획은 우선순위계획이 자원이나 노동력(작업시간) 면에서 타당하게 수립되어 있는지 검증하는 역할을 한다.

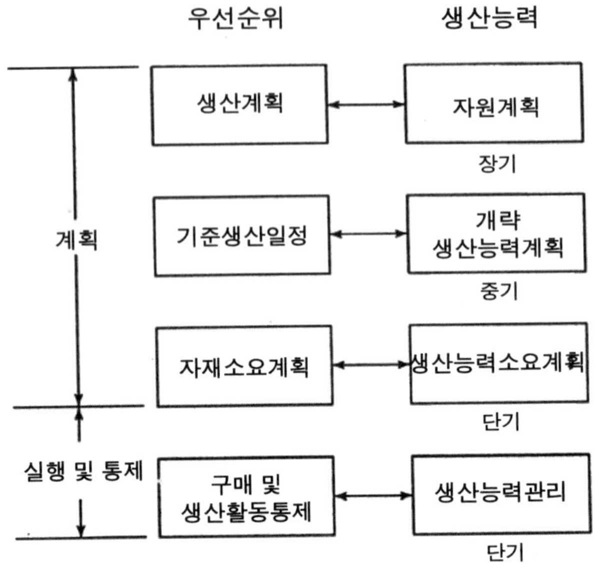

그림 6-1 우선순위계획과 생산능력계획

예를 들어 생산능력소요계획(capacity requirements planning: CRP)은 기준생산일정으로부터 MRP를 거쳐 전개되어 나온 생산지시가 주요 공정이 가지고 있는 생산능력(capacity)에 비추어 현실성이 있는지 검증하는 기능이다. 검증 결과 무리한 생산지시인 것으로 판명되면 상위계획 기능으로 피드백 되어 이를 해결할 수 있는 조치를 취하도록 한다. 필요한 조치 중에는 생산능력을 변경시킬 수 있는 방안을 찾아보는 것으로부터 기준생산일정을 수정하는 것까지 다양하다.

가용 생산능력의 계산

생산능력은 생산작업을 하는 능력으로서 "현재의 제품명세, 작업상의 노력수준, 공장 및 장비 수준에서 달성가능한 적절한 산출률(reasonable output rate)"이다. 이 정의에서 짐작할 수 있듯이 가용 생산능력은 제품명세(product specification), 제품 배합(product mix), 작업상의 노력수준(능률과 가동률 등), 공장 및 장비 수준에 의해서 영향을 받는다. 맥주회사와 같이 제품의 종류가 동일해서 생산량(예, 리터)을 생산능력의 측정단위로 사용할 수 있을 때 외에는, 생산능력의 측정단위(unit of measurement)는 전형적으로 표준시간(standard time)이 이용된다.

생산능력의 수준(level of capacity)은 기계 및 개별 작업자 수준, 작업장(work center) 수준, 그리고 공장(plant) 수준의 세 수준이 있다. 작업장은 여러 개의 기계 혹은 여러 명의 작업자로 구성되어 동일한 작업을 수행한다. 보통 배치된 기계들이 유사해서 작업을 어떤 기계로든 수행할 수 있을 때 하나의 작업장으로 분류한다.

주(week) 별 가용한 생산능력을 계산하기 위해서는 가용 시간(available time), 가동률(utilization), 그리고 능률(efficiency)의 세 가지 자료를 필요로 한다(그림 6-2).

가용 시간(available time)은 작업장에 배치된 기계 수와 작업 시간에 의해 결정된다. 따라서 주 당 가용 시간은 다음 식에 의해 계산된다.

주 당 가용 시간(available time/week) = 기계 수 × 작업시간 ×
(교대조 × 기당 작업일수)

가동률(utilization)은 어느 작업장에서 기간 당 실제로 투입된 시간 수를 가용한 시간 수와 비교한 비율이다. 기계의 고장이나 유지보수 등으로 가동을 못한 시간에 의해 소요된 시간을 가용시간에서 차감하기 위해 가동률을 필요로 한다. 가동률은 다음 식에 의해 계산된다.

가동률(utilization) = 실 작업 시간(hours actually worked) / 가용 시간 (available hours) × 100 %

능률은 표준으로 정해진 기대된 산출(standard expected output)에 대하여 실제 산출(actual output)이 얼마인가를 퍼센트(%)로 나타낸 것이다. 따라서 능률은 다음 식에 의해 계산된다.

능률(efficiency) = 작업에 소요되어야 할 표준시간(standard hours of work) / 실 작업 시간(hours actually worked) × 100 %

이상의 자료를 바탕으로 작업장이나 어느 자원 또는 시스템의 표준 생산능력을 계산할 수 있다. 표준시간(standard hours)을 단위로 한 표준 생산능력은 다음 식에 의해 계산된다.

표준 생산능력(rated capacity) =
일일 시프트 수(shifts per day) × 시프트 당 작업시간 × 기계 대수 (machine or work stations) × 주당 근무일수(days per week) × 가동률 (utilization) ×능률(efficiency)

예제) 표준 생산능력(rated capacity) 구하기
하루 교대조 수(shifts per day) = 2, 교대 당 작업시간(shift length) = 8 hours, 주 당 작업일수(days per week) = 5, 기계 수(no. of machines) = 6, 주간 기계 고장 시간(machine outages/week) = 72 hours, 생산된 작업의 표준시간(standard hours produced) = 367.2 hours 이라 할 때, 주당 가용 시간, 가동률, 능률을 구하시오.

표준 생산능력(rated capacity) = 주당 가용시간 × 가동률× 능률 = 367.2 hours

주 당 가용 시간(available time/week) = 기계 수 × 작업시간 × (교대조 × 기당 작업일수) = 6 × 8 × 2 × 5 = 480 hours

가동률(utilization) = 실 작업 시간(hours actually worked) / 가용 시간 (available hours) × 100 % = (480 – 72) / 480 = .85

능률(efficiency) = 작업에 소요되어야 할 표준시간(standard hours of work) / 실 작업 시간(hours actually worked) × 100 % = 367.2 / 408 = .9

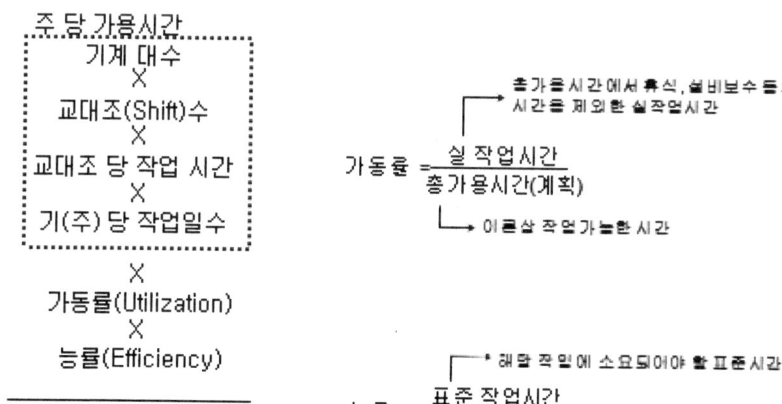

그림 6-2 생산능력의 계산

주) '표준 생산능력(rated capacity)'에 대하여 '실현된 생산능력(demonstrated capacity)'은 해당 작업장에서 과거에 실제로 생산된 작업물량의 생산능력 환산치를 말한다.

생산능력소요량계획

생산능력소요량계획(CRP)은 자재소요량계획(MRP)의 수준에서 이루어신다. MRP에서 계획오더(planned order)와 작업장에 발급된 오픈 오더(open order)를 입력자료로 하여 이를 각 작업장에 요구되는 작업량(시간)을 산출한다. 시점 별 요구되는 생산능력을 산출하기 위해 MRP의 타임페이징(time phasing, lead time offsetting)을 적용하고, 발급된 오픈 오더 중 이미 완료된 작업을 감안하는 등 CRP는 매우 상세한 생산능력계획 기능을 제공한다.

생산능력소요량계획은 크게 세 단계의 절차로 이루어진다.

1. 각 작업장의 가용 생산능력을 기수 별로 결정한다(determine the capacity available at each work center in each time period).
2. 각 작업장에 기수별로 부가되는 작업부하(load)를 결정한다. 이 단계는 각 기수 별 우선순위계획을 작업장 별로 요구되는 작업 시간으로 환산함으로써 이루어진다.
3. 가용 생산능력과 요구 생산능력 간의 차이를 해결한다. 이 단계에서는 가능하면 가용 생산능력을 조정하여 작업부하에 맞추도록 하며, 이것이 여의치 않다면 우선순위계획 자체가 변경되어야 한다.

생산능력소요량계획의 입력자료

CRP 계획에 요구되는 입력자료는 작업장에 발급된 오픈 오더, 계획오더(발급일 기준), 작업순서(routings), 리드타임 등 기준 정보, 작업장의 생산능력 정보 등이다.

계획오더(planned order)

계획오더는 컴퓨터 MRP 로직에 의해서 결정되며 그림 6-3에 나타난 데이터가 표시된다.

부품번호	주문수량	계획오더(발급일)	리드타임	계획오더(입고일)
A	40	20 주차	4 주	24 주차
B	20	20 주차	3 주	23 주차
C	40	20 주차	4 주	24 주차

그림 6-3 MRP 로부터의 계획오더

오픈오더 파일(open order file)

오픈오더는 MRP 상의 입고예정량(schedule receipt)으로서, 지정된 날짜에 생산이 완료되어야 하는 계획에 따라 기 발급된 오더이다. 여기에는 수량, 납기, 작업명 등 관련된 정보들이 명시된다.

작업순서정보(routing file)와 작업장 정보(work center)

자재소요량계획의 결과 확정된 제조지시에 대하여 이 제조지시를 실행하기 위해 요구되는 생산능력을 견직하기 위해서는 작업장 정보(work center)와 작업순서정보(routing)라는 두 가지 기준정보가 필요하다. 그림 6-4는 생산능력계획을 위한 입력정보로서 계획오더와 각 기준정보들 간의 관계를 보이고 있다.

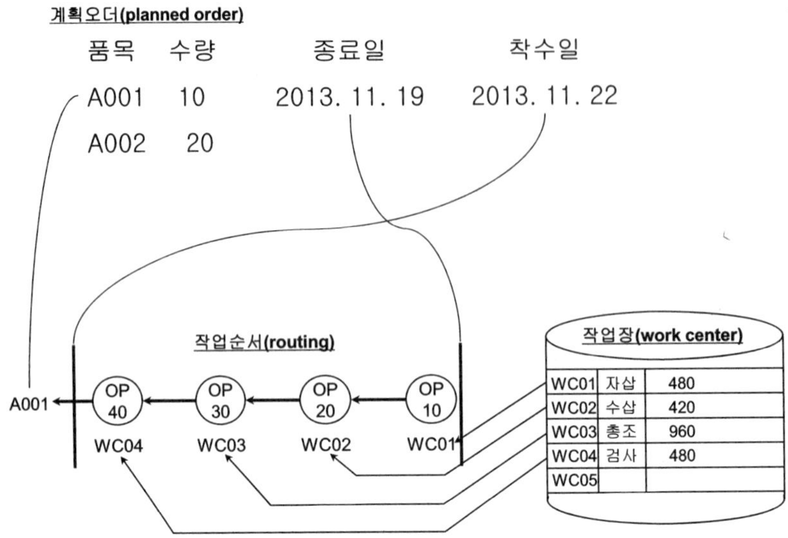

그림 6-4 생산능력계획 관련 기준정보의 연관관계

작업장 생산능력 정보(work center).

작업장은 동일한 작업을 하는 기계 또는 작업자의 집합으로 이루어진다. 작업장 정보에 포함되는 내용은 해당 작업장의 작업장 번호, 그 작업장의 생산능력에 관한 정보(기계의 댓수, 가동률, 능률, 교대작업(shift) 수, 교대작업 당 작업 시간)와 그 작업장에 결부된 이동, 지체, 대기시간을 수록하고 있다(그림 6-5).

리드타임 정보

하나의 품목이 특정 작업장에서 소요되는 리드타임은 그림 6-5과 같이 대기시간, 준비시간, 가동시간, 지체시간 그리고 이동시간의 5 가지 요소로 구성되어 있다. 이들 각각의 항목은 다음과 같이 구해진다.

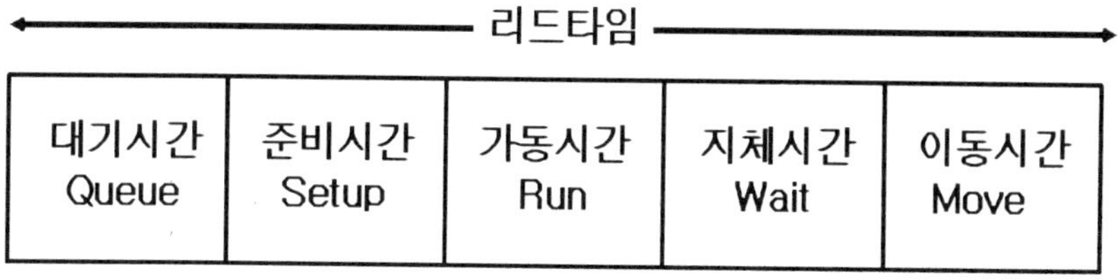

그림 6-5 제조 리드타임의 구성

- 대기시간(queue time) : 작업이 시작되기 전에 (다른 작업이 끝나기를) 기다리는 시간으로, 작업부하와 일정에 따라 가변적이지만 적업순서정보에는 표준치가 기록됨
- 준비시간(setup time) : 치공구 교체 등 작업을 준비하는 데 걸리는 시간으로서, 로트 크기와는 관계가 없음
- 가동시간(run time) : 실제 작업을 수행하는 데 걸리는 시간으로서 '한 단위 생산하는 데 소요되는 작업 또는 기계 시간 × 로트크기'로 계산됨
- 지체시간(wait time): 작업이 끝난 후 다음 공정으로 이동 전 기다리는 시간
- 이동시간(move time) : 한 작업장에서 다른 작업장으로의 이동에 걸리는 시간

위 리드타임 중에서 준비시간(setup time)과 가동시간(run time)을 합쳐서 작업장에 작업부하(load)를 형성하는 작업시간(operation time)이 된다. 대기시간(queue time), 지체시간(wait time), 이동시간(move time)은 작업과 작업 사이에 소요되는 시간이다.

작업장(work center) 정보와 작업순서(routing) 정보

작업장 정보에는 작업장에 배치된 기계와 생산능력 정보, 그리고 생산능력에 영향을 주는 대기시간 정보가 기록되어 있다(그림 6-6). 작업순서정보는 어떤 품목을 완성하는 동안 거치는 작업장들의 경로(path)가 기록되어 있다(그림 6-7). 여기에는 수행되어야 할 작업명(operation), 작업의 순서(sequence of operation), 그 작업이 수행되는 작업장명(work centers to be used), 가능한 대체 작업장(possible alternate work centers), 각 작업에 요구되는 치공구(tooling), 단위 당 표준시간 - 준비시간(setup times) 및 작업시간(run times) 등의 정보가 저장된다.

작업장 배치도

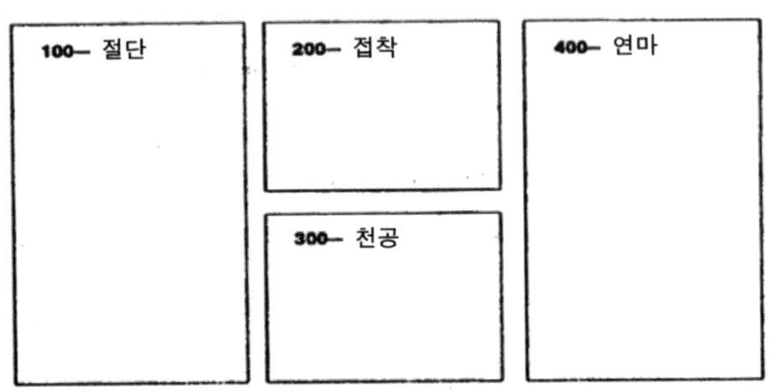

작업장 정보

작업장 번호	작업 내용	기계 수	가동률	능률	표준 대기시간	표준 지체시간
100	절단	3	80%	110%	8.0	4.0
200	접착	4	70%	90%	12.0	2.0
300	천공	2	90%	100%	10.0	2.0
400	연마	3	95%	95%	8.0	4.0

그림 6-6 작업장 정보

품번	주문번호	수량	납기일	작업번호	작업장	표준 준비시간	단위당 표준 작업 시간	상태
A	101	20	415	010	100	2.0	0.2	완료
				020	300	2.0	0.4	완료
				030	400	4.0	0.2	완료
				040	200	2.0	0.1	완료
				050	400	2.0	0.3	완료
B	106	40	419	010	400	2.0	0.3	완료
				020	200	4.0	0.1	
				030	300	2.0	0.2	
				040	400	2.0	0.3	
C	109	30	424	010	300	2.0	0.1	완료
				020	100	4.0	0.4	완료
				030	400	2.0	0.4	
				040	100	2.0	0.2	
				050	200	0.0	0.2	

그림 6-7 작업순서정보와 오픈오더 상태

현장 달력(shop calendar)

현장 달력은 가용한 작업일(work day)을 보여준다(그림 6-8).

월	주	월	화	수	목	금	토	일
7	27	2 / 123	3 / 124	④	5 / 125	6 / 126	⑦	⑧
	28	9 / 127	10 / 128	11 / 129	12 / 130	13 / 131	⑭	⑮
	29	16 / 132	17 / 133	18 / 134	19 / 135	20 / 136	㉑	㉒
	30	23 / 137	24 / 138	25 / 139	26 / 140	27 / 141	㉘	㉙
	31	30 / 142	31 / 143	1 / 144	2 / 145	3 / 146	④	⑤

7월 2일 → 2 / 123 ← 작업일차 work day — 123　　○ O 표시는 무 작업일을 표시함

그림 6-8 현장달력(shop calendar)

현장달력에는 날짜와 함께 연간 누적 작업일수를 기록함으로써 리드타임에 의한 가감 결과를 쉽게 날짜로 환산할 수 있게 한다. 달력의 날짜는 매달 일수도 다르고 공휴일도 고려되어야 하기 때문에 달력 상의 두 날짜 사이의 작업일수를 쉽게 일일이 계산하기 어렵다. 현장달력은 즉 리드타임의 오프세팅 결과를 즉시 날짜로 환산해 주는 데 이용한다.

오더에 대한 일정 수립

CRP의 첫 단계는 각 작업장 별로 오더가 언제 시작되어 언제 완료되는지를 결정하는 일이다. 이런 단계를 일정수립(scheduling)이라 한다. 일정수립은 보통 각 작업의 납기일(due date)로부터 리드타임을 후방(backward)으로 누적하여 착수일(start date)을 찾는 식으로 이루어지는데, 이를 후방일정(backward scheduling)이라 한다.

이에 필요한 정보는 주문 파일, 작업순서 정보, 작업장 파일이며, 이들 정보에 수록되어 있는 대용은 다음과 같다.

- 주문 파일: 수량과 납기
- 작업순서 정보: 작업의 순서, 거치게 되는 작업장, 준비시간, 가동시간
- 작업장 파일: 대기시간, 이동시간, 지체시간, 작업장의 생산능력 정보

다음 단계는 특정 주문에 대해서 각 작업장에서 이루어지는 작업시간을 계산하는 것이다. 각 작업장에 대한 작업 시간은 다음 식과 같이 계산된다.

작업시간(operation time) = 준비시간(setup time) + 가동시간(run time)

부품번호: PN 123
도번: DR123

작업번호	작업장	준비시간 (표준시간)	가동(작업)시간 (단위당 표준시간)	작업내용
10	12	1.50	.20	밀링
20	14	.50	.25	드릴링
30	17	.30	.05	그라인딩
40	03	.40	.10	시험
50	창고			보관

그림 6-9 작업순서정보

예제로서 품목 'PN 123' 200 단위에 대한 작업오더가 만기일 130일로 떨어졌다고 하자. 그림 6-9의 작업순서정보에 의해 'PN 123'품목에 대해서 요구되는 작업과 작업시간을 구할 수 있다.

작업 10, 작업장 12: 작업시간 = 1.5 + 0.20 x 200 = 41.5 시간

작업 20, 작업장 14: 작업시간 = 0.5 + .25 x 200 = 50.5 시간

작업 30, 작업장 17: 작업시간 = 0.3 + .05 x 200 = 10.3 시간

작업 40, 작업장 03: 작업시간 = 0.4 + .10 x 200 = 20.4 시간

계획된 만기일은 130일이다. 이제 각 작업에 대한 완료일과 시작일을 얻기 위해 납기로부터 역으로 일정을 수립해 간다. 이를 위해서 위에 산출한 작업시간과 함께 작업장 별 대기시간, 지체시간, 이동시간도 필요한데 이들 데이터는 작업장 파일에 들어 있다. 그 정보가 그림 6-10의 작업장 정보에 기술되어 있다고 하자.

작업장	대기시간 (일)	지체시간 (일)	이동시간 (일)
12	4	2	1
14	3	1	1
17	4	1	1
03	6	1	1

그림 6-10 작업장 정보에 들어 있는 리드타임 데이터

이제 오더 납기 130일부터 후방일정으로 일정계획을 작성할 수 있다. 일정 수립을 위해서는 표준시간(standard hours)을 일수로 환산하는 규칙이 정해져야 한다. 예를 들어 하루 표준작업 시간이 8 시간이라면 작업시간은 8시간을 1 일로 정상하는 방법을 쓸 수 있을 것이다. 예를 들어 작업 10은 표준 작업시간으로 41.5시간인데 절상하여 6일로 환산된다.

일정계획은 그림 6-11과 같이 마지막 작업 40이 130일에 창고에 입고되도록 일정을 역(후방일정)으로 누적시켜간다.

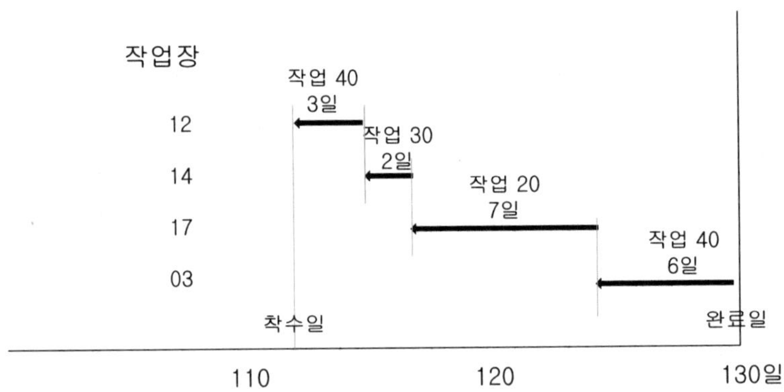

그림 6-11 후방일정

부하 견적표(load profile)

지금까지는 하나의 오더에 대해서 일정계획을 수립하는 과정을 살펴 보았다. 위와 같은 과정을 계획된 모든 오더에 대해 시행하여, 각 작업장에 부과되는 작업 시간을 누적하면 각 작업장 별로 요구되는 작업량을 알 수 있다. 주요 작업장에 대해서 주 별로 작업부하를 누적시킨 도표를 부하 견적표

(load profile)라 한다. 부하 견적표는 각 계획 기간 별로 계획오더 및 오픈 오더에 의한 작업부하(load)의 요구량을 보여준다.

작업부하를 측정하는 방법을 이해하기 위해서 그림 6-12의 예를 보자.

예제) 어느 작업장은 다음과 같이 20 주차에 대한 계획오더를 가지고 있다. 이 작업장에 20주차에 걸리는 작업량(부하 - load)를 계산하라. '오더 222'는 이미 진행 중이고, 완료되려면 100 단위가 더 작업되어야 한다.

품목	주문량	준비 시간 (시간)	작업 시간 (시간/개)	총 시간 (시간)
오픈 오더 (입고예정량)				
222	100	0	0.2	
333	150	1.5	0.2	
계획 오더				
444	200	3	0.25	
555	300	2.5	0.15	
총 시간				

그림 6-12 어느 작업장에 대한 오픈오더 및 계획오더

풀이)

오픈오더에 대한 작업부하를 산출하기 위해 준비시간과 작업시간을 합산한다.

오픈 오더 222에 대한 작업부하 = 0 + (100 × .2) = 20.0 시간
오픈 오더 333에 대한 작업부하 = 1.5 .+ (150 × .2) = 31.5 시간
계획 오더 444에 대한 작업부하 = 3 + (200 × .25) = 53.0 시간
계획 오더 555에 대한 작업부하 = 2.5 .+ (300 × .15) = 47.5 시간

따라서 20 주차의 총 작업부하는 152 표준시간(standard hours)이다.

이런 계산 결과를 써서 부하 견적표(load profile)를 만들 수 있다. 다음 예는 어느 작업장에 대한 부하 견적표다(그림 6-13).

주(week)	20	21	22	23	24	총계
발주된 부하	51.5	45	30	30	25	181.5
계획 부하	100.5	120	100	90	100	510.5
총 부하	152	165	130	120	125	692
가용 생산능력	140	140	140	140	140	700
부하와 가용 생산능력의 비교	-12	-25	10	20	15	8

그림 6-13 작업장의 주 별 부하(load) 보고서

이 부하 견적표는 그림 6-14 와 같이 그래프 형식으로도 나타낼 수 있다.

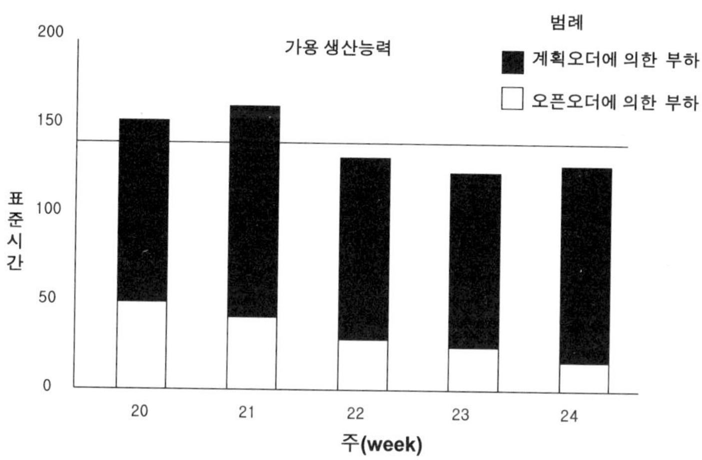

그림 6-14 작업장의 주 별 부하(load) 보고서

생산능력 과부족의 해결

생산능력이 너무 남는다면 자원이 낭비되고 있는 것이다. 반면 생산능력이 요구되는 것보다 적다면 생산 일정이 지켜지지 못할 수 있다. 이럴 때는 요구되는 생산능력과 가용한 생산능력을 확보해 주는 조처가 필요하다.

생산능력의 변경 – 잔업(overtime) 또는 단축근무(undertime), 작업자 채용 또는 일시해고(layoffs), 작업자의 이동배치, 외주(subcontract) 등

작업부하(load)의 변경 – 로트크기(lot sizes)의 변경, 재일정(reschedule)

그림 6-14 에서 볼 때, 제 20 주, 21 주차에 생산능력을 초과하는 작업부하가 걸리는 것을 볼 수 있다. 따라서 이 부분에 대한 대책이 요구된다. 가능한 대책은 우선 그 공정의 생산능력을 추가하는 것이다. 예컨대, 현재 1 부제 작업만을 하고 있다면 2 부제 작업으로 추가하는 방안이 고려될 수 있다. 또한 잔업(overtime) 혹은 휴일 근무를 계획할 수도 있을 것이다. 간혹 사업부제를 하고 있는 공장에서는 다른 사업부의 남는 작업인력을 한시적으로 전환시켜 작업(작업자의 이동배치)하도록 조처하기도 한다. 혹은 외주(subcontract)에 의해서 부족한 생산능력을 빌리는 조치도 있다.

그런데 이와 같이 생산능력을 증가시키는 대책이 어렵거나, 추가로 요구되는 생산능력이 너무 커서 전술한 대책이 통하지 않을 수 있다. 이럴 경우에는 그 공정에 걸리는 부하를 경감할 대책을 강구해야 한다. 여기에는 로트크기(lot size)의 변경, 일정계획 변경(reschedule), 혹은 그 작업을 수행할 수 있는 대체 작업장이 있는지 검토하는 조치 등이 포함된다. 부하의 변경은 간혹 다른 작업장의 일정까지 복잡하게 만드는 문제를 야기한다.

수행도 평가

1. 어느 작업장에는 2대의 기계가 있고, 일주일에 5일, 하루에 8시간씩 작업을 한다. 과거의 데이터에 의하면 가동률은 80%이며 능률은 90%이다. 표준 생산능력(rated capacity)은 얼마인가?

A. 80 시간　　B. 58 시간　　C. 40 시간　　D. 30 시간

2. 가용 시간 중에서 그 작업장이 가동되는 시간의 비율을 나타내는 용어는?

   A. 효율(efficiency)　　B. 효과성(effectiveness)
   C. 가동률(utilization)　　D. 가동시간(uptime)

3. 실제 작업된 시간에 대한 생산된 작업의 표준시간의 비율을 나타내는 용어는?

   A. 효율(efficiency)　　B. 효과성(effectiveness)
   C. 가동률(utilization)　　D. 가동시간(uptime)

4. 다음 계산식을 나타내는 용어는? (가용 시간) × (가동률) × (능률) ?

   A. 효과성(effectiveness)
   B. 유용 생산능력(useful capacity)
   C. 실현된 생산능력(demonstrated capacity)
   D. 산정된 생산능력(rated capacity)

5. 다음 용어 중 "각 기간의 계획오더와 발급오더을 바탕으로 각 작업장에서 필요로 하는 생산능력"을 나타내는 용어는?

   A. 작업장 견적(workcenter profile)
   B. 부하 견적(load profile).
   C. 예정 오더 프로필(scheduled order profile)

D. 작업대기물량(work-to-be-done) 보고서

6. 다음 중 개략적 생산능력계획(the rough-cut capacity planning)의 수준에서 발견될 수 있는 문제는?

I. 공장 생산능력을 초과하는 작업부하의 총 시간
II. 임의의 작업장에서의 작업부하 미달량(underloads)
III. 중요 작업장(a critical work center)에서의 과부하량(overloads)
IV. 공급자 공정에서의 초과되는 대기시간(excessive queues)

A. I and III B. I and IV. C. II and III. D. II and IV

7. 자원소요량계획(resource planning)에서 사용되는 자원명세(bill of resources)는 다음 중 무엇에 대하여 만들어지는가?

A. 전형적인 제품의 로트크기(lot size)
B. 각 제품의 로트크기
C. 전형적인 제품 한 단위(개)
D. 각 제품의 한 단위(개)

8. 다음 중 작업부하가 만성적으로 평균 생산능력을 초과할 때(when load chronically exceeds average capacity) 취해야 할 가장 효과적인 조처는?

A. 기준생산일정(MPS)의 개정
B. 중요 작업의 독촉(expediting the important jobs)
C. 오더발급을 미리 함(releasing orders early)
D. 자재소요량계획(MRP)을 재 생성(regenerating)

9. 다음 계획들 중 생산능력의 평가와 조정(capacity evaluation and adjustment)에 관계된 계획은?

I. 생산계획(production plan)

Ⅱ. 기준생산일정(master production schedule)
Ⅲ. 자원계획(resource plan)
Ⅳ. 개략적 생산능력계획(rough-cut capacity plan)

A. Ⅰ, Ⅱ B. Ⅰ, Ⅳ C. Ⅱ, Ⅲ D. Ⅲ, Ⅳ

10. 다음 중 보통 주요 자원(a critical resource)으로 간주될 수 있는 것은?

Ⅰ. 리드타임이 짧은 구성품(short lead-time components)
Ⅱ. 재무적 자원(financial assets)
Ⅲ. 쉽게 얻을 수 있는 원재료(readily available raw materials)
Ⅳ. 핵심 작업을 위한 고숙련 작업자(skilled labor for key operations)

A. Ⅰ, Ⅱ B. Ⅰ, Ⅲ C. Ⅱ, Ⅳ D. Ⅰ, Ⅱ, Ⅲ

7 생산의 실행과 통제

1. 생산활동관리의 틀
2. 계획기능과의 연결과계
3. 생산활동관리의 절차
4. 일정계획의 관리

제 7 장 생산의 실행과 통제

학습 목표

- ✧ 생산활동관리(production activity control : PAC)의 목적과 그 활동들에 대해서 정의한다.
- ✧ MRP계획담당자가 MRP기록을 계획과 통제에 이용하는 방법에 대해 이해한다.
- ✧ 오더를 준비하는 절차와 PAC시스템에 필요한 데이터들에 대해서 이해한다.
- ✧ 일정계획 기법의 기초에 대해서 이해한다.
- ✧ 현장 오더의 목적과 여기에 포함되는 정보에 대해서 설명한다.
- ✧ 작업오더를 실행, 통제하는 절차를 요약한다.
- ✧ 간단한 투입/산출 보고서(input/output report)를 개발한다.

생산활동관리의 틀

생산활동관리의 위치와 기능

생산의 실행과 통제는 생산계획을 수행하는 부분으로서 작업지시를 발급하고, 우선순위를 부여하며 작업순서를 정하는 활동이다. 우리가 보통 일정계획(scheduling) 또는 공정관리라고 부르기도 하는 기능으로서, 이 단계에서는 생산자원을 합리적으로 활용하여 일정한 품질과 수량의 제품을 예정한 시간에 생산할 수 있도록 공장이나 현장의 활동을 계획하고 통제하는 일을 수행한다.

APICS에서는 '생산활동관리(PAC : production activity control)'라는 용어로 표현하는데, PAC는 자재와 생산능력계획의 수행을 포괄하는 기능으로 제조지시의 실행, 제조현장의 일정계획과 통제, 공급자관리를 포함한다. 전체 생산활동의 계획과 통제(MPC : manufacturing planning and control) 시스템 내에서 생산활동관리의 위치는 그림 7-1와 같다.

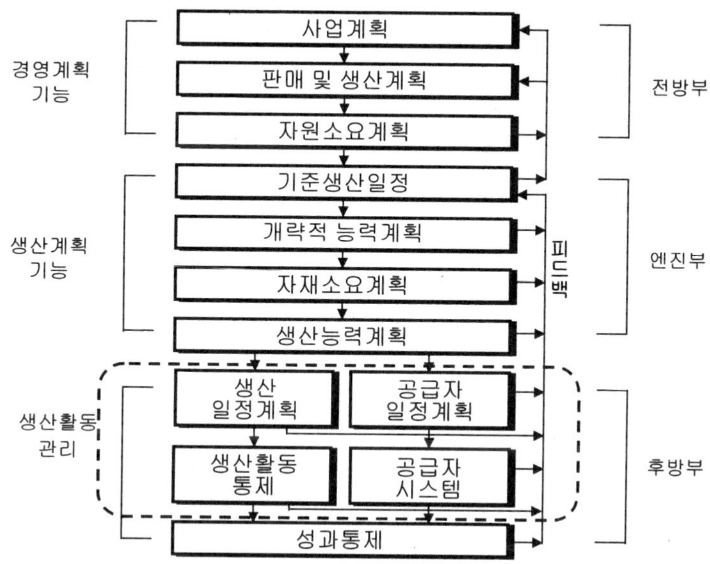

그림 7-1 생산활동관리의 위치

전체 MPC시스템과 생산활동관리 간의 연결은 자재소요량계획과 생산능력계획을 통해서 이루어진다. 생산능력계획은 생산일정을 실행하는 데 있어서 자원의 가용성을 알게 해 준다. 만약 자원이 가용하지 않다면, 기존의 주문잔고(backlog)의 양을 줄인다든지, 또는 납기를 개선하는 등 산출률을 향상하는 일은 불가능할 것이다. 이와 같이 그 실행 가능성이 검증된 후에 제조일정이 생산활동관리로 넘어 온다면 생산활동관리는 정해진 제조일정에 맞추어 수행될 수 있다. 그러나 반대로 생산능력에 따라 부하가 평준화되지 않은 채 넘겨진 자재소요량계획은 생산활동관리를 매우 복잡하고 어렵게 만든다. 이와 동일하게 공급자에 대한 구매주문도 마찬가지로 생산능력에 대한 고려가 이루어진 후 발주되어야만 효과적으로 실행될 수 있다.

생산활동관리의 핵심적인 목표는 자재소요량계획을 만족시키는 것이다. 즉, 필요한 품목을 필요로 하는 때에 만들도록 하는 것이다. 그 결과 기준생산일정을 정확히 준수하게 하고 나아가 고객 서비스 목표를 달성하게 할 것이다.

생산활동관리의 흐름과 기능

그림 7-2는 PAC을 포함하는 계획과 통제의 흐름을 보이고 있다.

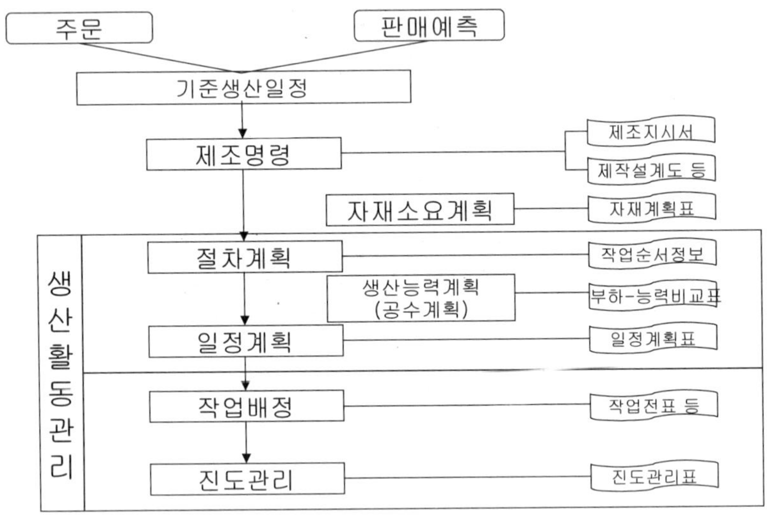

그림 7-2 생산활동관리의 흐름

영업부에서 주문을 받으면 생산부서에서는 주문이나 예측자료에 따라 수개월 동안의 월별 생산량과 납기를 정하는 기준생산일정을 수립한다. 이 계획에 따라 생산현장에 "무엇을 언제 얼마만큼 만들어라."는 내용의 제조지시서가 발행된다.

특정제품은 각기 어떤 작업순서를 따라야 되는지 정해져야 한다. 제품 별 작업순서를 미리 정해 놓은 데이터를 작업순서정보(routing)라 하는데, 개별

수주형 생산의 경우에는 데이터가 미리 준비되어 있지 않기 때문에 그때마다 새로 작업순서를 만들어서 사용하기도 한다. 이 경우 별도로 절차계획이 필요하다.

작업순서가 정해지고 나면 일정계획을 수립하는 단계로 넘어간다. 보다 실현성 있는 일정계획은 생산능력계획[7]을 거쳐야 한다. 생산능력계획에서는 제품이나 부품 별로 작업량, 작업방법, 소요인원, 기계 등이 작업순서에서 결정된 후 일정기간 동안의 작업량을 집계하여 각 공정 별로 필요한 인원과 기계의 공수를 산정한다. 그리고 이것을 작업장정보(work center DB)와 비교하여 작업량의 과부족을 조정하고 공정별 기계시간과 작업시간을 할당한다.

작업을 할당함에 있어서 작업실시 시간의 순서를 정하고 작업의 완급순서 및 현장의 작업능력과 공정 재고의 수량 등을 고려하여 “누가, 언제, 무엇을 할 것인가”를 정하는 일정표(schedule)를 작성한다. 이러한 과정을 일정계획이라 한다.

일정표가 완성되면 생산관리부서에서는 현장에서 생산하는 데 필요한 자재를 불출 받아 실제로 작업을 시작할 수 있도록 작업배정(dispatching)을 한다. 작업배정에 이용되는 서식을 작업전표라 한다.

이어서 진도관리는 작업을 진행해 가면서 여러 가지 사정, 예컨대 주문의 변경이나 지급으로 처리해야 할 주문의 출현에 의해 예정대로 작업을 진행할 수 없는 경우 필요한 조치를 취하는 것이다. 이런 경우는 작업 간에 우선순위를 변경하거나 촉진, 지연시키는 조치가 필요하다.

PAC시스템 내에서 문제가 발견되면 장차 이런 문제가 재발하지 않도록 근본 원인을 제거하도록 노력해야 한다. 예기치 않은 문제로 인한 차이를 보전하기 위하여 필요한 수정 조치가 이루어진다. 계획에 문제가 있다면 자재소요량계획의 일정이 수정될 수도 있고, 필요하다면 기준생산일정까지 거슬러 변경될 수도 있다.

---

7 생산능력계획을 실무에서는 공수계획이라 함

계획기능과의 연결관계

생산활동관리는 자재소요량계획의 결과 주문이 발급된 시점부터 시작된다. 자재소요량계획은 어떤 품목을 언제, 몇 개 생산할 것인가에 관한 내용이 주된 정보다.

한편 생산활동관리 부분에서는 작업의 수행 상 나타난 계획과의 차이를 자재소요량계획에 다시 피드백한다. 자재소요량계획의 중요한 기능 중 하나는 이런 피드백 정보를 이용하여 기존의 우선순위를 재평가하고 새로운 우선순위를 제시해 주는 것이다. 이는 기존 발주된 입고예정량의 납기와 수량을 조정하라는 권고로 나타나며, 결과적으로 계획담당자는 새로운 우선순위를 반영하여 자재소요량계획을 갱신할 수 있게 된다. 이상과 같이 전체 MPC시스템의 엔진부인 계획기능과 생산활동관리 간의 연결은 그림 7-3과 같이 일방향이 아니라 쌍방향이다.

피드백 정보는 크게 두 범주로 나눌 수 있다. 하나는 현 상황을 알리는 정보로서 여기에는 작업의 종료에 대한 통보, 실사결과, 오더 마감 및 처리 등이다. 다른 하나는 경고 신호로서 일정계획의 결과 불합리한 자원 할당이 이루어진다든지 일정을 수행하지 못할 상황이 발생하는 경우가 이에 해당한다.

생산활동관리 시스템에서는 생산 성과가 측정되고 피드백 정보가 출력되어 다음과 같은 업무를 수행하는 데 사용된다.

- 문제를 확인하고 지연된 부분을 찾음
- 현황정보를 제공함
- 원가를 추적함
- 재고현황을 갱신함
- 작업 부하(load)를 측정함
- 작업장 우선순위를 조정함

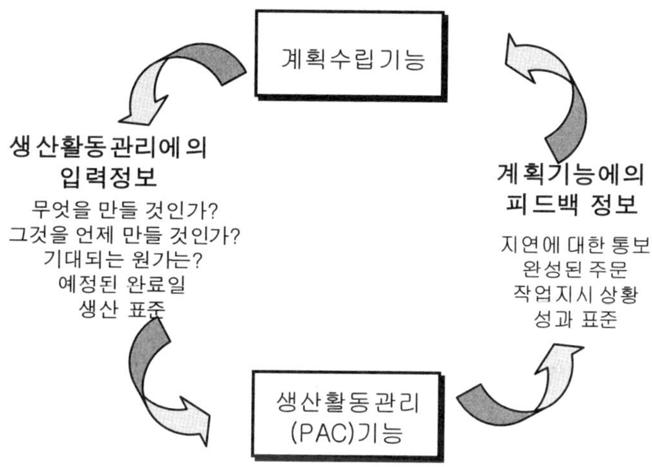

그림 7-3 계획기능과 생산활동관리 간의 인터페이스

생산활동관리의 절차

편의상 전통적인 개별수주형 공정이나 뱃치 공정을 대상으로 하여 PAC의 개념을 알아본다. 생산활동관리의 기법은 생산시스템이 개별수주형인지 흐름공정인지에 따라 차이가 있다. 일반적으로 연속생산공정의 경우는 작업순서가 이미 고정되어 있으므로 별도의 절차계획이 필요 없다는 점이 개별수주형과의 중요한 차이이다.

그림 7-4는 A라는 최종제품의 구조를 보이는 자재명세서(부품표) 정보다. 자재명세서를 보면, 최종제품 A가 중간제품 B와 가공품 D, E, 그리고 구매부품 C로 구성되어 있음을 알 수 있다. 따라서 품목 A, B, D, E는 제조지시에 의해서 내부에서 생산되는 것이고, 부품 C는 구매주문의 대상이 되어 외주 또는 구매되는 품목이다.

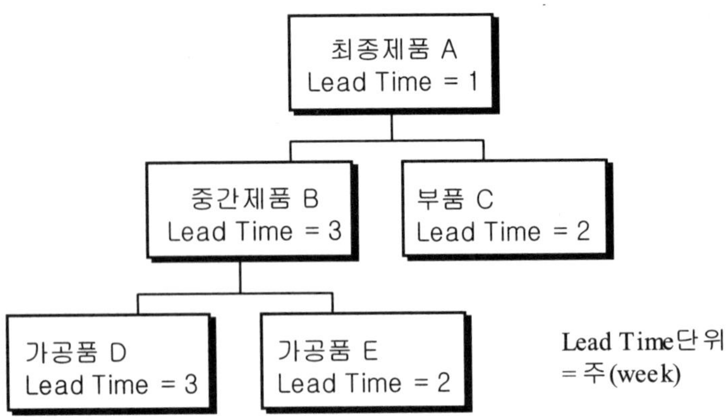

그림 7-4 제품 A의 자재명세서

이러한 제조지시 또는 구매주문은 자재소요량계획(MRP)의 출력물로서 생성되는데, 여기에는 그 품목이 언제까지 필요한지(오더 종료일 또는 납기일), 그리고 언제 오더가 발급되어야 하는지(오더 착수일) 명시된다. 오더 종료일과 오더 착수일 간의 간격이 바로 그림 7-5에 표시되어 있는 리드타임이다. 그러나 자재소요량계획에서 제시하는 리드타임 정보는 실제 작업장에서 각각의 작업이 언제 시작되어 언제 끝나는지에 대한 세부적인 내용은 포함되어 있지 않다. 이런 상세정보를 산출하는 기능은 생산활동관리에서 이루어진다.

생산활동관리에 넘겨지는 가장 중요한 입력정보는 품목 각각에 대한 작업순서와 리드타임이다. 그림 7-5는 부품 D와 E에 대한 작업순서와 리드타임을 보이고 있다.

품목 D 작업순서							
작업번호	작업장 번호	가동 시간	준비 시간	이동 시간	대기 시간	합계 시간	작업별 리드타임
1	100	2.4	.4	.4	2.6	5.8	6.0
2	101	2.1	.8	.4	4.0	7.3	7.0
3	102	.5	.2	.3	.7	1.7	2.0
총 리드타임 (일) = 15.0							
품목 E 작업순서							
작업번호	작업장 번호	가동 시간	준비 시간	이동 시간	대기 시간	합계 시간	작업별 리드타임
1	100	1.3	.5	.3	1	3.2	3.0
2	105	.2	.1	.3	.5	1.1	1.0
3	106	.3	.2	.1	1.5	2.1	2.0
4	107	1.0	.6	.8	1.5	3.9	4.0
총 리드타임 (일) = 10.0							

그림 7-5 작업순서정보(Routing)와 리드타임

작업순서는 품목 D와 E를 만들기 위해서 수행되어야 할 작업이 무엇이며 그 작업이 어느 공정(작업장)에서 수행되는지 보이고 있다. 품목 D의 경우를 예로 들면 세 가지 작업이 이루어지는데, 그 작업을 수행하는 데는 총 15일(3주)이 걸림을 알 수 있다. 같은 방법으로 품목 E를 만드는 작업은 4가지이며 총 10일(2주)이 소요된다. 이와 같은 방식으로 그림 7-4의 자재명세표에 수록된 모든 품목에 대한 리드타임이 작업순서정보로부터 구해진다. 자재소요량계획(MRP)에서 쓰이는 품목 별 오더에 대한 리드타임은 그림 7-5의 작업순서정보에 나와 있는 작업 별 리드타임의 합계인 총 리드타임과 일치해야 한다. 이와 같이 생산능력은 작업장에서 하나의 제품을 만드는 데 소요되는 표준시간으로 나타내므로, 생산능력은 각 제품이 특정 작업장에서 작업될 때 요구되는 리드타임과 밀접하게 관련되어 있다.

하나의 품목이 특정 작업장에서 소요되는 리드타임은 그림 7-6와 같이 대기시간, 준비시간, 가동시간, 지체시간, 그리고 이동시간의 5 가지 요소로 구성되어 있다[8].

← 리드타임 →

대기시간 Queue	준비시간 Setup	가동시간 Run	지체시간 Wait	이동시간 Move

(앞 장) 그림 6-5 제조 리드타임의 구성

대기시간은 흔히 전체 리드타임의 80 퍼센트 이상을 차지하며, 관리의 주된 대상이 된다. 그러므로 대기시간을 줄이는 것은 곧바로 리드타임의 대폭적인 단축으로 이어지며, 그 결과 재공품이 낮아지고 생산활동관리를 더욱 원활하게 해 준다.

그림 7-6은 작업배치도(operation setback chart)라 하는데, 각 품목의 리드타임에 따라 작업 일정을 배치시킨 모습을 보이고 있다. MRP 자재소요량계획에서 참조하는 일정은 그림 7-6에 나타나 있듯이 품목 D는 3주, 품목 E는 2주 간의 리드타임에 의해 계획이 수립된다.

그림 7-5의 작업순서정보(routing)에 의하면 품목 D와 E는 같은 작업장 '100'을 이들 품목의 첫 번째 작업으로서 거치게 되어 있음을 알 수 있다. 따라서 작업장 '100'의 상황에 따라 품목 D와 E 간의 일정은 상세 수준에서 조정이 되어야 한다. 그림 7-7은 품목 D가 작업장 100에서 수행되는 상세 일정의 대안을 보이고 있다.

---

[8] 이들 각각의 항목에 대한 설명은 6장 참조

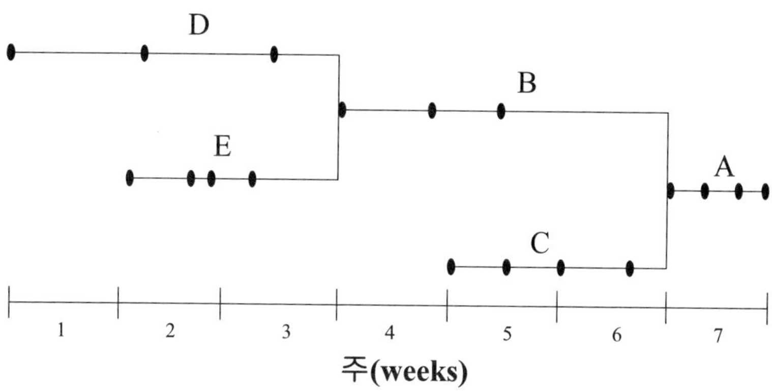

그림 7-6 작업배치도

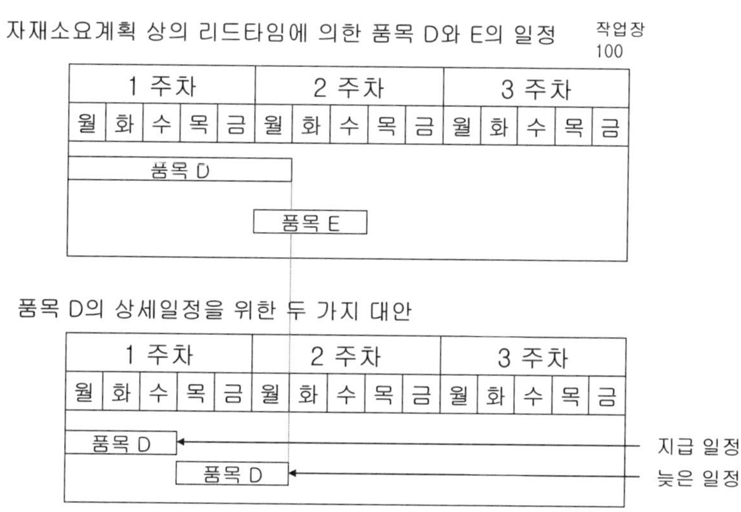

그림 7-7 상세 일정수립의 대안

품목 D의 리드타임은 6일이지만 그 중에서 순수 가동시간과 준비시간만을 고려하면 2.8일이다(그림 7-5에서 작업장 100의 가동시간 + 준비시간). 그러므로 실제 작업배치는 리드타임 6일 중 월,화,수요일로 하든지, 또는 금,토,일요일로 하든지 선택할 수 있다. 물론, 그 중간의 3일을 잡아도 된다. 즉, MRP에 의해서 제시된 일정인 6일의 범위 내에서 실제로 어느 시점에 작업을 하는 것이 좋은지는 다른 작업지시와의 우선순위, 공정의 부하 및 기계의 가동률 등을 고려하여 결정될 것이다.

시퀀싱 – 작업우선순위 결정

시퀀싱(sequencing)은 하나의 작업장에서 어느 작업을 먼저 투입할 것인지를 결정하는 일을 말한다. 어느 공정에 현재 진행 중인 작업이 끝난 후 다음에 어떤 품목을 투입하여 작업에 들어 갈 것인지는 현재의 공정 상태, 자재의 가용성, 고객의 요구 등을 반영하여 결정될 것이다. 작업우선순위를 정하는 방법에는 다음과 같이 여러 가지 방법이 개발되어 있다.

① 납기일순 (earliest due date) : 납기가 이른 것을 우선한다.
② 최소 작업수(fewest operations) : 작업(operation)수가 적은 것을 우선한다.
③ 최소 작업시간(least processing time) : 현재까지 작업한 시간이 가장 적은 것을 우선한다.
④ 최소 잔여 작업시간(shortest total operation time remaining) : 남아있는 작업시간이 가장 적은 것을 우선한다.
⑤ 최소 여유시간(least slack per operation) : 여유시간이 없는 것을 우선한다.
⑥ 긴급률(critical ratio : CR) : "잔여 납기일수 / 잔여 생산리드타임"로 정의되는 긴급률이 적은 것을 우선한다.

작업우선순위를 정하는 규칙은 납기이행, 작업의 효율화, 기계 및 작업의 유휴시간 최소화 등의 평가기준에 의해 선택된다.

긴급률은 동태적으로 작업의 진척률을 평가하는 척도로서 작업배정이나 작업순서를 정하는 데 널리 사용된다. 긴급률은 다음 식에 의해서 계산된다.

$$\text{긴급률} = \frac{\text{잔여납기일수}}{\text{잔여 생산리드타임}} = \frac{\text{납기일} - \text{현재일자}}{\text{잔여 생산리드타임}}$$

위 식에서 알 수 있는 바와 같이 긴급률이 1이면 작업이 예정대로 진행되고 있는 것이고, 1보다 적으면 예정보다 뒤진 것이다.

예제 : 시퀀싱 방법

그림 7-8은 어느 자동차 공장의 제조부서에 지시된 4개의 제조지시를 보이고 있다. 제조지시가 발급된 일자는 현재일자로서 100일차(공장 칼렌다로 연초부터 100번째 작업일)이다. 표에 적혀 있는 작업시간의 단위는 일(day) 단위이다.

그림 7-8의 각 오더는 현재 납기일순으로 우선순위가 정해져 있다. (각 오더의 납기일은 각각 105, 107, 111, 113)

그림 7-8에서 여유시간은 다음과 같이 구해졌다.

여유시간 = (납기일) – (현재일자) – (잔여 작업시간)

예를 들어 오더 A에 대한 여유시간은 (105 - 100 - 3.0 = 2.0)으로 계산된다. 그리고 긴급률 CR은 “긴급률 CR = (납기일 - 현재일자) / 잔여생산리드타임” 식을 적용하여 계산할 수 있다. 예제에서 A오더의 긴급률은 (105 - 100) / 5.5 = .91 로 계산된다.

긴급률이 낮을수록 오더의 우선순위는 높아진다. 따라서 그림 7-8의 예에서 오더 B가 가장 지체되고 있으며 작업배치의 우선순위가 가장 높음을 알 수 있다.

그림 7-8에는 예제에 나오는 각 항목들의 의미를 시각적으로 나타내고 있다.

자동차 공장의 4가지 작업오더

단위 : 일수　날짜 : 100

오더	①납기일	②기 작업 시간	③ 잔여 작업시간	④잔여 생산리드타임	⑤잔여 작업수	⑥여유시간 (ST)	⑦긴급률 (CR)
A	105	1.5	3.0	5.5	4	2.0	.91
B	107	1.0	4.5	9.0	6	2.5	.78
C	111	2.0	4.0	7.0	5	7.0	1.57
D	113	3.5	7.0	8.5	3	6.0	1.53

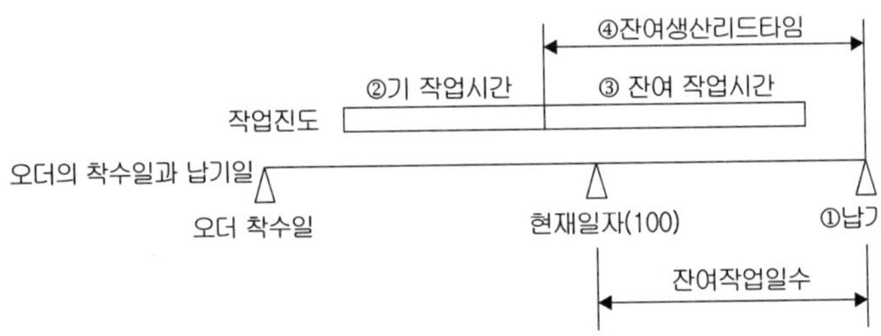

그림 7-8 작업의 우선순위 결정

표 7-1은 각 우선순위 규칙에 따라 위 예제에서의 시퀀싱이 어떻게 달라지는지 열거하고 있다.

우선순위 규칙	시퀀싱
납기일순(earliest due date)	A, B, C, D
최소 작업수(fewest operations)	D, A, C, B
최소 작업시간(least processing time)	B, A, C, Z
최소 잔여 작업시간(shortest total operation time remaining)	A, C, B, D

최소 여유시간(least slack per operation)	A, B, D, C
긴급률(critical ratio : CR)	B, A, D, C

표 7-1 우선순위 규칙 예제

제한부하법과 무제한부하법

그림 7-9는 작업을 배치하기 위해서 부하(load)를 합산할 때 이용되는 두 가지 대안을 보이고 있다.

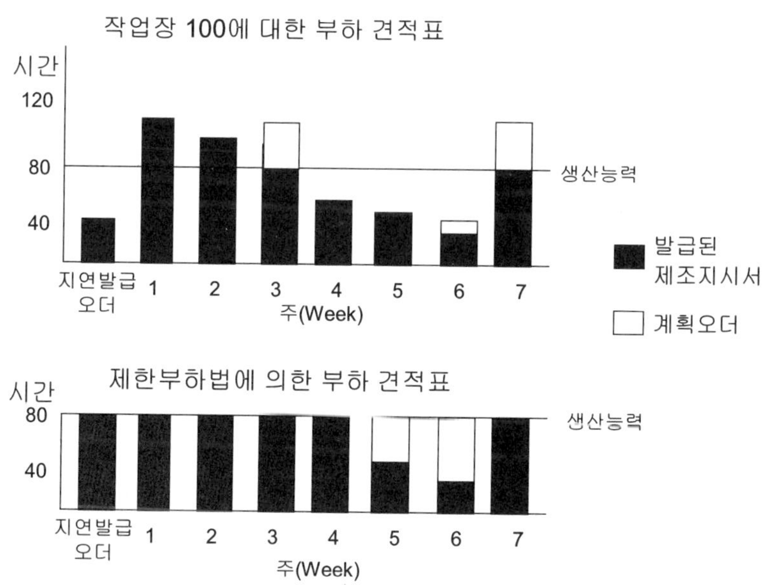

그림 7-9 무제한부하법과 제한부하법

제한부하법(finite loading)은 특정 공정에 대해서 그 공정을 거치는 모든 제조지시에 들어 있는 작업들의 시작시점과 완료시점을 시뮬레이션함으로써 생산능력에 부합하는 상세 일정을 만들어 낸다. 그 결과 그 작업장에 대해서 계획기간에 걸쳐 작업들의 시작 시점과 종료시점을 명시해 준다. 실상 그 작업의 일정은 그림 7-7에 보이는 여러 대안 중의 하나에 해당될 것이다. 제한부하법을 가능하게 하려면 생산활동관리에 관련된 모든 데이터가 상세 수준에서 완벽하게 준비되어야 하며, 컴퓨터에 의한 시뮬레이션이 가능하도록 지원되어야 한다.

그런데 이런 종류의 시뮬레이션은 컴퓨터를 쓰더라도 매우 방대한 작업에 속한다. 골드랫에 의해서 개발된 OPT(optimized production technology)는 제약자원이론(TOC : theory of constraints)에 기초하여 특히 애로공정의 관리에 초점을 맞춘다. 따라서 OPT에서는 애로공정을 규명하여 이 애로공정을 거치는 작업들은 제한부하에 의해서 정교한 시뮬레이션을 하지만 그 밖의 작업지시는 MRP에서 산출된 납기와 우선순위를 그대로 사용한다.

앞에 논의한 바와 같이 일반적인 우선순위 규칙들은 작업장의 생산능력을 고려하지는 않는다. 결과적으로 우선순위 규칙만을 적용한 능력소요계획은 그림 7-9의 상단에 나타나 있는 것과 같이 무제한부하법(infinite loading)을 사용한 능력소요계획이 된다.

전방일정법과 후방일정법

작업배치 시 오더의 첫번째 작업을 배치하는 기준 시점이 어디냐에 따라 전방일정법(forward scheduling)과 후방일정법(backward scheduling)으로 나눈다. 후방일정법은 오더의 납기일 이전 시점으로서 희망하는 오더 종료 시점을 정하고, 그 시점부터 시작하여 각 작업을 역방향으로 배치한다. 반대로 전방일정법은 오더의 착수일 이후 어느 한 시점에서 시작하여 순방향으로 작업을 배치한다.

무제한부하법을 옹호하는 사람들은 전방일정법을 써서 작업을 배치하면서 주요 기계에 대한 실제 부하를 로딩(loading)해 보고, 만약 그 작업장의 생산능력을 초과한 경우에는 다음 작업을 순연시키는 방식으로 작업배치를 조정함으로써 실제 오더를 흐르게 한 것과 유사한 효과를 가져 올 수 있다고 한다.

일정계획의 관리

투입/산출 관리

생산능력계획의 목적은 기준생산일정 또는 자재소요량계획에 의해서 필요할 것으로 예측되는 생산능력을 기간 별로 전개해서 가용한 자원과 비교하고 필요한 조치를 취하게 하는 것이다. 계획된 필요 생산능력이 가용한 생산능력보다 크면 생산능력을 늘릴 수 있는 방안을 찾거나 또는 작업 부하를 낮추기 위한 조정이 필요하다. 이렇게 생산능력계획이 이루어졌다 해도 실행 수준에서의 미세한 관리와 통제가 수행되어야 한다. 즉 확정된 계획에 따라 실제 수행되는 생산 활동이 계획과 비교하여 정확하고 충분한지 감시해야 한다는 점이다. 감시활동은 생산능력계획 데이터를 일상적, 지속적으로 수정하게 하는 기초가 된다.

능력계획을 감시하는 방법으로 투입/산출관리(input/output control)가 이용된다. 투입/산출관리란 어느 한 작업장에 대해서 작업의 '계획된 투입/산출'을 '실제 투입/산출'과 비교하는 것이다. 생산능력계획은 계획된 투입의 윤곽을 보여준다. 계획된 산출은 인원수나 작업시간 등 관리적 의사결정의 결과로 결정된 생산능력이다. 생산능력의 제약조건인 애로공정의 경우, 계획된 산출은 관리자가 별도로 결정한 생산능력에 따라 운영될 것이다. 예컨대 잔업이나 2부제 작업 등 특별한 조치에 의해 재 조정된 생산능력을 유지하게 하여 전체 생산일정을 맞출 수 있게 하는 것이다. 그러나 애로공정이 아닌 작업장에 대해서는 일반적으로 계획된 산출과 계획된 투입은 같게 한다.

투입/산출관리에서 생산능력 데이터는 특정 작업장에 대해서 이루어지며 대개 '시간'을 단위로 표시된다. 투입 데이터는 한 작업장에 대하여 작업의 예정된 도착분을 시간으로 환산한 것이다. 이것은 발급된 모든 제조지시를 바탕으로 그 작업장에 언제(몇 주차에) 몇 시간을 소요하는지(준비, 가동,

대기, 이동을 모두 포함하여) 산출하여 계산된다. 만약 작업이 로트 단위로 이루어진다면 가동 시간은 그 로트내의 단위 수량으로 곱한 값이 더해진다. 이렇게 하여 표준시간을 단위로 한 계획된 투입이 산출된다.

'실제 투입'은 작업순서 정보에 들어 있는 생산 리드타임 정보들을 이용하게 되지만 입고예정량이 아닌 실제 도착된 작업을 합산하여 산출된다. 이 정보는 작업실적 보고에 의해서 제공될 것이다. '실제 산출' 값도 역시 작업실적 데이터를 이용하여 이를 작업장에 부과되는 표준시간 단위의 부하량으로 산출하면 된다.

'계획된 산출'은 유일하게 작업순서정보를 사용하지 않는 항목이다. 이 항목은 생산관리자가 실제로 그 작업장에 얼만큼의 생산능력을 부여할 것인지 결정한 값이다. 예를 들어 하루 9시간을 일하는 작업장에 두 사람이 근무하도록 했다면 주 5일 기준의 총 산출은 90 시간이다. 이 값에다가 그 작업장의 표준 효율(작업시간률 ×평균수행도지수)이 80%라면 표준 효율 값을 곱한 72시간이 계획된 산출 값으로 계산된다.

그 작업장의 '실제 산출'은 계획된 값과 차이가 날 것이다. 그 원인에는 작업자의 능률이 표준에 미치지 못했거나 설비의 고장 등 작업장 내의 원인에 의한 것도 있을 것이고, 한편으로는 그 작업장의 전공정에 발생한 문제로 인하여 작업이 제 때에 넘어오지 못한 원인도 있을 수 있다. 어쩌면 현재 사용 중인 생산능력계획이 현실적인 계획을 내 주지 못한 원인일 수도 있다.

투입/산출관리는 작업지시를 받고도 미 완료된 작업량인 주문잔고(backlog)의 수준에 대한 감시 기능을 수행할 수 있다. 주문잔고는 투입과 산출의 차이를 어느 정도 존재해도 되도록 하는 완충작용을 한다.

표 7-2는 작업장 100 에 대한 투입/산출관리를 예시한 것이다. 총 5 주간의 타임버켓(time bucket)에 대해서 표준시간을 단위로 투입과 산출이 기록되어 있다.

이 보고서는 제 5 주차 말에 기록된 것으로 실제 값들은 주별 성과의 차이가 반영되어 있다. '계획된 산출'은 주 별로 평준화되어 있는 것을 볼 수 있는데, 이는 생산관리자의 의사결정에 따른 것이다. '계획된 투입'의 총량이 500인데 비하여 '계획된 산출'의 총량이 550인 것은 기초 주문잔고 200을 좀 더 줄이고자 하는 의도가 반영되어 있는 것이다. 5주가 경과한 후의 결과를 보면 원래 의도와는 상관 없이 주문잔고가 증가되는 등 관리자의 주의를 끌만한 내용이 발견된다. 투입은 예정보다 더 많이 되었고 산출은 더 적게 되었다. 이 때 그 원인이 무엇인지 확인하여 해결하는 데에 투입/산출 관리의 목적이 있는 것이다. 위 예에서와 같이 주문잔고가 점점 늘고 있는 터에 그 작업장에 작업오더를 더 추가로 발급하는 것은 타당하지 않다.

작업장 101 단위 : 표준시간

	1	2	3	4	5주
계획된 투입	150	150	0	100	100
실제 투입	140	130	50	90	170
누적 차이	-10	-30	+20	+10	+80
계획된 산출	110	110	110	110	110
실제 산출	80	100	90	110	90
누적 차이	-30	-40	-60	-60	-80
주문잔고 200	260	290	250	230	310

바람직한(표준) 주문잔고 수준 : 100 시간

표 7-2 작업장 101 에 대한 투입/산출관리의 예

투입/산출관리의 투입과 산출 관계를 이해하기 위해서 그림 7-10과 같은 물탱크의 투입/산출 관계로 흔히 비유한다.

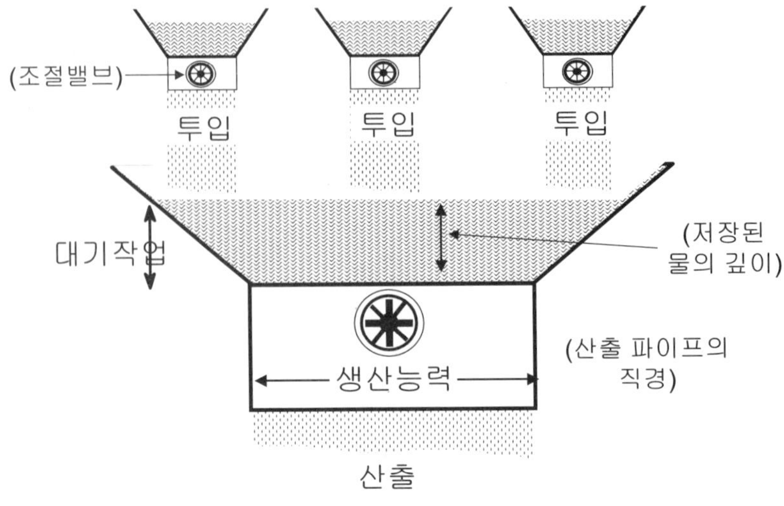

그림 7-10 투입/산출관리의 원리

투입은 탱크 속으로 흘러 들어가는 물의 양으로 투입구에 달린 수도 꼭지로 조절된다. 투입구의 수도꼭지는 기준생산일정, 자재소요량계획 등 계획된 투입을 내어 주는 생산계획 시스템을 나타낸다. 실제 투입은 앞 공정의 기계 고장 등 여러 가지 원인이 있을 것이다.

탱크 내 물의 깊이는 현재 작업장에 잠겨 있는 대기 물량을 말하는 것이다. 이 수준을 너무 크지도 적지도 않게 관리하는 일이 중요하다. 산출은 탱크 밖으로 흘러 가는 물의 양으로 이는 출구의 직경(생산능력)에 밀접하게 관련되어 있다.

수행도 평가

1. 작업의 흐름을 계획할 때, 다음 중 생산활동관리(production activity control)가 해야 할 일은?

   A. 필요한 도구와 자재가 사용가능한지를 확실히 해야 한다.
   B. 향후 제조오더에 대해 감독자에게 알려줘야 한다.
   C. 어떤 오더가 발급될 것인지 알기 위해서 생산계획을 참조해야 한다.
   D. 자재청구계획을 완료해야 한다.

2. 제조공정을 통과하여 흘러가는 주문의 흐름에 대한 최단기 상세 계획기능(very short-term detailed planning of the flow of orders through manufacturing)을 나타내는 용어는 다음 중 어느 것인가?

   A. 생산계획(production planning)
   B. 기준생산일정(master production scheduling)
   C. 자재소요량계획(material requirement planning)
   D. 생산활동관리(production activity control)

3. 다음 중 제조 리드타임의 요소는?

   A. 설계시간(design time) B. 배달시간(delivery lead time)
   C. 지체시간(wait time) D. 구매리드타임(purchase lead time)

4. 작업순서정보(routing) 상 가장 마지막 작업을 제일 먼저 납기에 맞게 하여 역순으로 일정계획을 세우는 것을 무엇이라 하는가?

   A. 전방일정(forward scheduling)
   B. 후방일정(backward scheduling)
   C. 무제한 일정법(infinite scheduling)
   D. 제한 일정법(finite scheduling)

5. 다음 중 가장 정확한 말은?
   A. 애로공정(bottleneck) 다음에 있는 작업장은 최대 생산능력이 모두 활용되도록 작업해야 한다.
   B. 시간버퍼(time buffer)는 애로공정 다음 작업장에 설정해야 한다.
   C. 애로공정에 인풋되는 앞공정은 최대 생산능력이 활용되도록 작업해야 한다.
   D. 애로공정은 그 공정을 통과하는 모든 제품의 산출률(throughput)을 제어하는 역할을 할 것이다.

6. 다음 중 작업장에서 어느 작업의 실제 대기시간(queue time)에 가장 영향을 주는 요인은?
   A. 대기행렬의 길이(the size of the queue)
   B. 그 작업의 로트크기(the lot size of the job)
   C. 그 작업의 우선순위(the priority of the job)
   D. 해당 작업장의 가동률(the utilization of the work center)

7. 어느 작업장에서 요구되는 생산능력(required capacity)이 실현된 생산능력(demonstrated capacity)을 초과할 경우, 작업지시자(dispatcher)는 다음 중 어떤 조처를 취할 수 있겠는가?

   Ⅰ. 대안적 작업순서의 사용(use alternate routing)
   Ⅱ. 작업 할당량을 나눔(shift work assignment)
   Ⅲ. 작업자 수를 증가시킴(increase number of workers)
   Ⅳ. 기계 수를 늘임(add machines)

   A. Ⅰ, Ⅱ
   B. Ⅲ, Ⅳ
   C. Ⅰ, Ⅱ, Ⅲ
   D. Ⅰ, Ⅱ, Ⅲ, Ⅳ

8. 공정재고 수준(work-in-process inventory)에 그리 영향을 미치지 못하는 것은 다음 중 무엇인가?

A. 가동시간(process time)
B. 로트크기(lot sizing)
C. 대기시간(queue time)
D. MRP 처리 주기(MRP processing frequency)

9. 투입/산출관리(input/output control)에 대한 다음 서술 중 틀린 것은?
A. 투입/산출관리란 어느 한 작업장에 대해서 작업의 '계획된 투입/산출'을 '실제 투입/산출'과 비교하는 것이다.
B. 계획된 산출(planned output)은 인원수나 작업시간 등 관리적 의사결정의 결과로 결정된 생산능력이다.
C. 생산능력의 제약조건인 애로공정의 경우, 계획된 산출은 관리자가 별도로 결정한 생산능력에 따라 운영될 것이다.
D. '계획된 투입(planned input)'에 비해서 '실제 투입(actual input)'이 현저하게 적다면 해당 작업장의 생산능력 상 무슨 문제가 있는 것이다.

10.작업 시퀀싱(sequencing) 방법에 대한 설명으로서 틀린 것은?
A. 최소 작업수(fewest operations) 방법은 작업(operation)수가 적은 것을 우선하는 방법이다.
B. 최소 작업시간(least processing time) 방법은 현재까지 작업한 시간이 가장 적은 것을 우선하는 방법이다.
C. 최소 잔여 작업시간(shortest total operation time remaining) 방법은 "잔여 납기일수 / 잔여 생산리드타임"로 정의되는 긴급률이 적은 것을 우선하는 방법이다.
D. 최소 여유시간(least slack per operation) 방법은 여유시간이 적게 남을 작업을 우선한다.

8 재고관리 기초

1.재고관리 개요

2.총괄적 재고관리

3.재고관리의 이슈

4.ABC분류

5.재고 실사

제 8 장 재고관리 기초

학습 목표

- ✧ 생산에 있어서 재고관리의 중요성을 이해한다.
- ✧ 물자의 흐름에 바탕을 둔 재고의 분류에 대해 이해한다.
- ✧ 재고가 수행하는 기능을 열거한다.
- ✧ 재고관리의 목표에 대해서 토의한다.
- ✧ 재고기록의 감사와 순환실사(cycle counting) 절차에 대해서 이해한다.

재고관리 개요

재고란 생산을 위한 원재료 및 재공품, 지원활동을 위한 유지, 보수 및 운전 용품(maintenance, repair, and operating supplies : MRO), 그리고 고객 지원을 위한 완제품과 수리용 부품 등을 말한다.

재고관리는 총괄적 재고관리(aggregate inventory management)와 개별 품목 재고관리(item inventory management)가 있다.

총괄적 재고관리에서는 재무적 차원에서 재고의 유형 별로 얼만큼의 자금이 투입되어 있는지 파악하고, 재고유지비용을 산출하는 데 초점이 있다. 개별 품목 재고관리에서는 중요도가 가장 높은 품목의 분류, 개별 품목에 대해 언제, 얼만큼 발주해야 하는지, 또 개별 품목의 재고를 어떻게 통제하는지에 관한 내용이 포함된다.

총괄적 재고관리

재고의 유형

재고는 물품이 시스템 내의 어떤 지점에 정체되어 있는 상태를 시간적 관점에서 파악한 개념으로서, 생산시스템이 생산을 위해 또는 고객의 수요를 충족시키기 위해 보유하고 있는 물품이나 자원이다. 따라서 재고에는 원자재, 부분품, 공정품, 반제품, 제품, 상품, 저장품, 시설 보전용품 등이 망라된다. 반면에 팔 목적이 아니라 이것을 이용해서 생산할 목적으로 보유하는 시설, 기계 등의 자산은 재고자산이 아니라 고정 자산으로 분류된다.

자재의 흐름에 따라 재고를 분류하면 다음과 같다.

원재료(raw materials)

외부의 공급자로부터 생산 공정에 투입시키기 위해 입고되는 모든 자재를 말한다. 여기에는 천연자원과 타사에서 만든 부품이 포함된다.

재공품(work in process)

자재가 공장 내에서 완성되어 가는 단계 중에 있는 공정재고를 말한다.

반제품(semifinished assemblies)

원재료를 가공 또는 조립한 중간 제품을 말한다. 간혹 임시로 반제품 창고 등에 보관하였다가 불출되기도 한다.

완제품(finished goods)

유통센터(distribution centers) 또는 최종 사용자에게 인도하기 위해 대기 중인 제품을 말한다. 유통센터에 대기 중이면 유통재고(distribution inventories)라 한다.

MRO 자재(maintenance, repair, and operating supplies)

유지, 보수 및 운전 소모품으로서 대개 저가이고 종류가 매우 다양한 것이 특징이다.

이와 같이 재고의 유형별 재고자산의 규모(금액)가 얼마인지 관리하는 것은 기업의 재무관리 측면에서 중요하다. 이는 각 재고유형에 잠긴 자산의 크기가 적정해야만 효과적인 재고관리가 이루어지고 있다고 할 수 있기 때문이다. 이렇게 재고의 규모 별 금액이 얼마인지 총액 수준에서 관리하는 것을 총괄적 재고관리(aggregate inventory management)라 한다.

재고의 기능

기업 활동의 효과성을 재는 척도는 여러 가지가 있지만, 그 중 재고의 흐름 속도를 재는 척도인 재고회전률이 자주 쓰인다. 재고회전률은 매출원가를 연 평균 재고액으로 나눈 수치로서 연간 평균재고와 비교하여 몇 배(회전)의 매출을 일으켰는지를 재는 척도다. 따라서 같은 매출을 달성하고 있는 두 경쟁업체 중에서 평균재고가 많은 업체는 재고회전률은 떨어진다. 재고회전률이 낮은 기업은 여러 가지 측면에서 경쟁력이 떨어질 수 밖에 없는데, 그 중 중요한 요인을 들면 다음과 같다.

- 회사의 자금을 재고에 잠기게 하여, 경쟁자에 비해서 높은 금융비용을 발생하게 한다.
- 회계상으로는 재고가 불변이라 해도, 실제로는 시간이 흐르면서 재고가 진부화 되어 사용할 수 없게 된다.
- 재고는 생산시스템의 문제를 덮는 효과가 있어 개선의 필요를 못 느끼게 한다. 결과적으로 높은 재고 수준은 경쟁력이 떨어지는 생산시스템을 계속 유지하게 한다.

이렇게 재고를 많이 보유하는 것은 여러 가지 측면에서 장기적으로 경쟁력을 저해하는 주된 원인이 된다. 그럼에도 불구하고 기업에서는 재고를 보유할 수 밖에 없는 이유가 있다. 그래서 '재고는 필요 악'이라고 하는데 기업이 재고를 보유해야 하는 이유는 다음과 같이 다양하다.

안전재고(safety inventory)

불확실한 수요변화에 대처하고 자재조달의 불확실성 하에서 생산활동의 독립성을 유지하기 위해서는 공정 내에 완충재고(buffer stock) 또는 안전재고(safety stock)를 보유할 필요가 있다.

디커플링 재고(decoupling stock)

특히 개별수주형(job-shop) 공정에서 연속되는 작업 사이에 완충역할(buffers)을 하도록 보유하는 재공품 재고를 말한다.

예비재고(anticipation stock)

계절적으로 수요가 폭주하는 때를 대비하여 미리 재고를 비축하는 경우가 있는데 이를 예비재고(anticipation stock)라 한다.

헷징 스톡(hedging stock)

공급자의 파업, 급격한 가격인상, 원재료 공급 국가의 불안정 등의 위험을 회피하기 위한 도박성 비축재고(gambling stock)를 말한다.

순환재고 또는 로트크기 재고(cycle inventory or lot-size inventory)

구매나 생산에는 경제적인 로트크기(lot size)가 있다. 생산에 있어서 한 번에 생산하는 로트의 크기가 너무 적으면 공구의 교체 등 생산 준비에 소요되는 시간의 비율이 크게 올라갈 것이다. 구매에서도 주문 당 로트크기가 너무 적으면 같은 기간 내에 지출되는 수송비나 주문처리비가 급증한다. 따라서 주문 시 일회 주문수량은 어느 정도의 로트가 되도록 하는데, 이렇게 해서 발생하는 재고를 로트크기 재고라 한다.

파이프라인 재고(pipeline inventory)

현재 이동 중인 재고로서 수송재고(transportation stock)라고도 한다. 따라서 파이프라인 재고는 완제품의 유통재고(distribution inventories)에서 주로 나타난다.

재고관리의 이슈

재고관리의 목표

재고는 다음과 같은 세 가지 상호 충돌하는 목표 간의 조정 역할을 해야 한다.

- 최상의 고객 서비스(best customer service)
- 낮은 생산원가(low-cost plant operation)
- 최소의 재고 투자(minimum inventory investment)

재고는 품절을 방지하도록 안전재고의 역할을 하고, 생산에 있어서도 공정 간 생산 속도의 차이를 완충하여 평준화된 생산과 더 긴 주정(run)을 유지하게 한다. 그러나 재고는 유지비용을 발생하게 한다.

재고관리에서 고려되어야 하는 사항은 다음과 같다.

- 고객서비스(customer service)
- 생산수준을 변경하는 데 결부된 비용(costs associated with changing production levels)
- 주문하는 데 따른 비용(cost of placing orders)
- 수송비(transportation costs)

이런 요소를 종합하여 고객 서비스 차원, 제조 효율성 차원, 재고 투자비용 차원을 고려하여 재고를 관리해야 한다.

고객 서비스 차원

재고관리에 있어서 고객 서비스는 '고객이 필요로 할 때 재고가 가용한 정도'로 정의한다. 여기서 고객이란 다음 공정, 유통망, 최종 고객 등이 될 수 있다.

고객으로부터의 수요는 늘 불확실성을 내포한다. 수요의 크기뿐 아니라 요구되는 리드타임도 수시로 변한다. 따라서 고객 서비스 수준을 일정 수준으로 유지하려면 불확실성에 대비하기 위한 완충 작용을 할 재고(안전재고)를 유지해야 한다.

제조 효율성 차원

재고는 생산활동을 원활하게 하는 데 필수적인 요소이다. 생산의 효율화를 위하여 재고는 다음과 같은 기능을 한다.

1. 흔히 공정(작업장)들은 서로 다른 산출률(throughput)을 갖는다. 이들 공정 간에는 재고를 둠으로써 다른 공정에 의해 서로가 영향받는 정도를 낮출 수 있다.
2. 평준화생산은 재고를 다소 보유하더라도 생산률을 변경함으로써 발생하는 잔업, 인력 해고와 고용, 교육훈련, 외주 등의 비용을 줄이는 전략이다.
3. 공정의 작업준비시간(생산제품을 변경하기 위한 치공구 교체, 설비 교환, 생산을 위한 자재 준비 등)이 길다면 얼마간 재고가 늘더라도 단일 제품을 장시간 생산함으로써 작업장의 가동률을 높일 수 있을 것이다.
4. 즉시 필요한 수량보다 더 많이 구매함으로써 구매나 운송의 효율성을 높일 수 있다. 예를 들어 만차 적재(truck load : TL)를 할 수 있을 만큼 로크 크기를 늘인다면 여러 번 왕복하는 운송비를 줄일 수 있게 된다. 대신 로트크기에 의한 재고가 발생할 것이다.

재고 투자비용의 차원

재고에 잠기는 금액이 커지는 것은 기업이 더 나은 다른 투자를 할 수 있는 기회를 놓치는 결과를 가져 오므로 그 자체로서 기회비용을 발생시킨다. 또한 원재료나 부품 재고는 그것이 쓰이는 제품의 사양이 바뀌면서 진부화

되기도 하고, 시간이 지남에 따라 열화되는 손실이 발생하기도 한다.

따라서 선진기업이 추구하는 방향은 최소의 재고투자를 유지하면서도 제조 효율성과 고객 서비스 차원을 유지 또는 높일 수 있도록 생산시스템을 개선하는 것으로 요약할 수 있다. 예컨대 적시생산체계(JIT)는 이런 노력의 산물이다.

수요 및 고객서비스 관리

수요 및 고객서비스 관리는 고객의 주문을 접수(order receiving)하여 시스템에 입력(order entry)하고, 납기를 약속(order promising)하며, 기준생산일정계획(master schedule)으로 넘겨주는 일련의 기능을 포함하는 활동이다. 고객서비스에서 목표로 하는 관리 항목에는 다음과 같은 내용이 포함된다.

수요예측의 정확도 관리(forecast accuracy)

수요예측이 잘 되어야 후속 계획기능이 원활하게 작동할 수 있다. 따라서 수요예측이 유용하게 이루어지는지 감시하는 체계가 필요하다.

납기준수(on-time delivery)

납기준수율이 고객서비스의 성과지표로 관리되어야 한다. 선진기업의 경우 납기준수율은 통상 90% 이상으로 유지된다.

리드타임관리(leadtime management)

고객의 납기를 신뢰성 있게 관리하기 위해서는 리드타임이 적절히 관리되어야 한다. 리드타임을 관리함으로써 고객에 대해 신뢰성 있는 납기약속(order promising)과 함께 현실적인 생산 일정계획의 수립이 가능하게 된다.

안전재고(safety stock)

예상치 못한 수요에 대응하기 위해 안전재고를 설정함으로써 고객의 주문에 대한 충족률을 향상시켜, 대고객 서비스를 향상시켜야 한다. 그러나 과다한 안전재고는 재고유지비를 올라가게 하므로 적정한 수준의 안전재고를 유지하는 일이 중요하다.

안전생산능력(safety capacity)

안전재고와 유사한 개념으로, 예상치 못한 수요에 대응하기 위해 안전생산능력을 설정하기도 한다.

약속가능량(ATP : available to promise)

주문을 접수하는 시점에 납품 가능 일자와 수량을 산출하여 고객에게 알려줌으로써 고객에 대한 신뢰를 높이고 서비스 수준을 향상시킬 수 있는 유용한 방법이다.

이상 여러 가지 방법을 동원하여 경쟁자에 차별화된 고객서비스 수준을 유지해야 한다.

재고관련 비용

품목 원가(item costs)

내부에서 생산되는 품목에 대해서는 직접재료비, 직접노무비, 그리고 제조간접비(direct material, direct labor, and factory overhead)가 포함된다. 구매품에 대해서는 품목의 원가에다가 수송비, 통관비, 보험(transportation, custom duties, and insurance) 등이 추가된다.

주문비용(ordering or procurement cost)

공장 또는 공급자에 주문을 할 때마다 발생하는 비용으로서 주문비용은 주문수량과 무관하게 발생하고, 단지 연간 주문회수에 비례하여 발생한다는 특징이 있다. 여기에는 주문을 발급하고 마감하며, 일정계획을 수립하고, 투입, 지시, 독촉하는 생산관리 비용(production control costs : issuing and closing orders, scheduling, loading, dispatching, and expediting), 준비 및 해체비용(setup and teardown costs), 특히 애로공정의 준비시간 동안 발생하는 자본 비용의 손실(lost capacity cost : the time taken to set up is lost, particularly important and costly with bottleneck work centers), 주문 준비, 추적, 독촉, 입고, 지불 승인, 송장의 접수/ 지불에 따른 회계처리 비용 등 구매발주 원가 등이 포함된다.

준비비용(set-up or production change cost)

제품을 생산하기 위해서는 생산현장에 제조지시를 발급한다. 제조지시에 의해서 생산해야 할 제품이 달라지면 기계 및 공구의 교환 등 생산공정을 준비하는 비용이 발생한다. 준비비용에는 준비시간 중에 발생하는 기계의 비가동으로 인한 비용, 준비요원의 직접노무비, 제조지시에 대한 사무처리비 등을 예로 들 수 있다. 준비비용은 구매 시의 주문비용과 성격이 같은 비용이다.

재고유지비용(carrying or holding cost)

재고를 보관하고 유지하는 데 수반되는 비용이다. 이에는 재고에 투입된 자본비용(capital costs : a lost opportunity cost), 창고의 임대료, 작업자 임금 및 저장 설비 등 보관비용(storage costs : space, workers, and equipment), 진부화, 파손, 도난, 열화 등 위험 비용(risk costs. : obsolescence, damage, pilferage, and deterioration)이 포함된다.

재고고갈비용(stock-out cost)

재고고갈비용은 재고의 부족으로 인하여 발생하는 지급발주비용(back-order costs) 또는 판매손실이나 고객의 상실 등으로서 매우 큰 비용을 야기할 가능성이 있다. 재고고갈비용은 리드타임 동안의 수요가 예측치보다 많을 것을 대비하여 추가적인 재고를 유지함으로써 재고고갈비용을 줄일 수 있다.

자본관련 원가(capacity-related costs)

생산 수준(output levels)이 변하면 잔업, 채용, 훈련, 추가적인 작업조, 일시해고(overtime, hiring, training, extra shifts, and layoffs) 등의 비용이 발생한다. 이들 비용은 생산을 평준화 함으로써 피할 수 있지만 그럴 경우 재고를 증가하게 한다.

ABC 분류

ABC분류는 파레토 법칙(Pareto's law)을 써서 재고를 분류하고 분석하는 유용한 방법이다. 파레토 법칙에 의하면 대략 사용 금액 가치(usage dollar value)로 80%를 점하는 부분이 품목 수로는 20% 정도를 차지한다. 대개 ABC분류는 상위 20%의 품목을 'A'품목, 그 다음 30%의 품목을 'B'품목, 나머지 50%의 품목을 'C'품목으로 구분하는 방법을 쓴다.

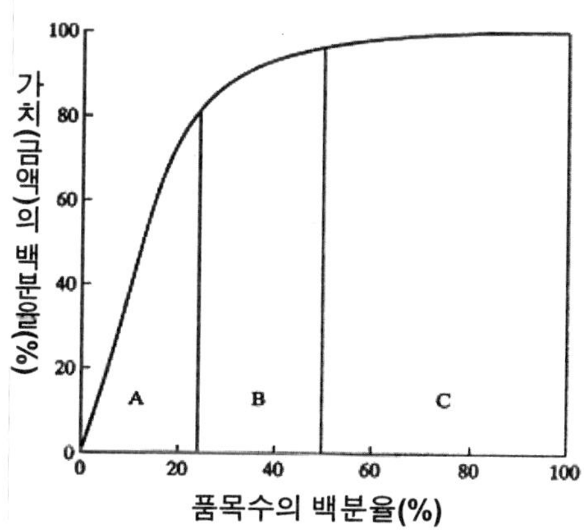

그림 8-1 ABC 분류의 원리

ABC분류의 용도

순환실사 주기(cycle counting frequency)의 선정 시 중요한 품목일수록 더 자주 실사해야 하므로 ABC 분류를 이용한다. 설계부서는 설계 시 가능하면 원가가 절감되는 품목을 찾아야 하며, 구매에서는 고가에 사용량이 많은 품목에 집중해야 할 것이다. C 품목과 같이 중요도가 낮은 품목은 2 상자 시스템(two bin system)을 이용하여 불출이 자유스럽게 할 수도 있고, 고가품은 반대로 더욱 철저한 안전관리가 요구될 것이다.

ABC 분류

ABC 분류를 위한 기초 자료로서 각 품목의 원가(가격) 정보와 각각의 연간 사용량 자료가 필요하다.

재고 품목 번호	재고 중 각 품목수 비율	연간 사용량	단위당 원가	연간 사용금액	연간 사용금액 비율		등급
#10286	20%	1,000	$ 90.00	$ 90,000	38.8%	72%	A
#11526		500	154.00	77,000	33.2%		A
#12760	30%	1,550	17.00	26,350	11.4%	23%	B
#10867		350	42.86	15,001	6.5%		B
#10500		1,000	12.50	12,500	5.4%		B
#12572	50%	600	$ 14.17	8,502	3.7%	5%	C
#14075		2,000	.60	1,200	.5%		C
#01036		100	8.50	850	.4%		C
#01307		1,200	.42	504	.2%		C
#10572		250	.60	150	.1%		C
		8,550		$232,057	100.0%		

그림 8-2 ABC 계산 예

이 자료를 가지고 먼저 연간 사용량과 단가를 곱하면 품목별 연간 사용금액이 산출된다. 이 데이터를 정렬하여 사용금액이 큰 순으로 배열하고, 품목수가 전체 품목 수의 20%, 50% 인 곳을 찾아, 각각 A, B, C등급으로 지정하면 ABC분류가 완성된다(그림 8-2 참조).

재고 실사

재고 정보의 정확성은 다음과 같은 측면에서 영향을 준다.

- 결품으로 인한 판매 기회의 손실 및 고객의 실망
- 결품으로 인한 생산성 저하
- MRP 등 일정계획의 혼란
- 납기를 지키기 위해 높은 수송비를 부담
- 재고량의 불확실성을 카버하기 위한 안전재고의 증가

이런 영향 때문에 재고의 정확성은 매우 중요하며, 일반적으로 95% 이상의 정확성이 있어야 성공적으로 MRP시스템을 운영할 수 있다고 평가한다.

이론상으로는 재고가 늘 정확해야 하는 것이지만 현실적으로는 부주의, 입출고 기록의 오류, 창고의 보안 문제 등으로 재고 데이터의 오류가 계속해서 커지게 된다. 따라서 재고실사(physical inventory)를 통해서 오류가 발생한 재고정보를 바로 잡아 주어야 한다.

재고실사 방법은 대표적으로 정기실사(periodic inventory)와 순환실사(cycle counting)의 두 가지 방법이 있다.

정기실사

정기실사는 일년에 한 번이라든가 반기 한 번씩 행하는 재고조사 방식으로, 회사의 재고자산 가치를 평가하고 검증할 목적으로 종종 공장가동을 중지하고 한꺼번에 전 품목에 대해서 실사한다.

정기실사 방법은 회계적 측면에서는 그렇다 해도, 재고의 정확도를 높이는 측면에서는 다음과 같은 이유로 해서 그리 바람직 한 결과를 보이지 못한다.

- 오류의 원인이 무엇인지 알 수 없어 개선이 어렵다.
- 비 전문가에 의해 수행되어 실수가 많고, 재고조사의 정확성이

높지 못하다.
- 실사 주기가 길기 때문에 그 동안 오류가 축적된다.

순환실사

순환실사는 재고의 정확도를 높이기 위해 일정 주기 별로 계속해서 실사하는 방식을 말한다. 대개 앞서 소개된 ABC분류에 의해 나누어진 중요도에 따라 중요 품목은 실사주기가 더 자주 돌아 오도록 관리한다.

순환재고 실사의 중요한 특징을 정리하면 다음과 같다.

- 연간 지속적으로 재고실사를 하기 때문에 요구되는 재고정확도를 유지할 수 있다.
- 순환실사는 창고관리 전담자들에 의해 수행되므로 실사결과에 대해 더 높은 정확성을 유지할 수 있다.
- 공장을 중지시킬 필요가 없어 생산성 측면에서 유리하다.

수행도 평가

1. 다음 중 재고관리에 관하여 가장 정확하게 서술된 것은?
   A. 재고와 생산은 함께 관리되어야 한다.
   B. 생산계획의 수준에서 재고는 중요하지 않다.
   C. 대차대조표에서 재고는 그리 큰 비중이 아니다.
   D. 재고를 유지하는 데는 비용이 많이 들지 않는다.

2. 생산공정에서 사용되며 제품의 부품이 아닌 자재를 무엇이라 하는가?
   A. 원자재(raw materials)
   B. 공정재고(work in process)
   C. 완제품(finished goods)
   D. 유지, 보수 및 운영 소모품(maintenance, repair, and operating supplies)

3. 대량으로 구매하거나 제조함으로써 보유하고 있는 재고를 무엇이라 부르는가?
   A.변동 재고　　B. 로트 사이즈 재고
   C. 수송 재고　　D. 입고 예정량

4. 다음 회사의 목표 중 서로 상충하는 것으로 짝지어진 것은?
   A. 최대 고객서비스와 저원가 공장운영
   B. 저원가 공장운영과 현금흐름
   C. 최대 재고투자와 고객서비스
   D. 현금흐름과 이익

5. 다음 중 주문량이 많아지면 상승하는 비용은?
   A. 연간 재고유지비용　　B. 주문 비용
   C. 생산 작업 비용　　D. 고객서비스 비용

6. 다음 중 재고 유지 비용에 속하는 것은?
   A. 자본비용과 생산통제 비용
   B. 자본비용과 보관 비용
   C. 생산통제 비용과 구매 비용
   D. 보관 비용과 구매 비용

7. 다음 중 주문 비용에 속하는 것은?
   A. 생산통제 비용　　B. 자본 비용
   C. 위험 비용　　D. 진부화 비용

8. 다음 식 중 올바른 것은?
   A. 자산 = 부채 - 자본
   B. 이익 = 매출 - 부채
   C. 자본 = 자산 - 부채
   D. 매출 = 매출원가 - 일반관리비

9. 연간 매출원가가 1000 만원이고 평균 재고가 250 만원일 때, 재고회전률은 얼마인가?
   A. 2회전　　B. 3회전　　C. 3회전　　D. 4회전

10. 순환실사(cycle counting)의 장점은 무엇인가?
   A. 문제의 즉시 탐지 및 수정
   B. 직접인건비의 감소
   C. 잉여 노동력의 사용
   D. 재고의 보충

9 재고통제시스템과 재고모형

1. 재고통제의 주요 문제
2. 재고통제 시스템
3. 경제적 발주량(EOQ) 모형
4. 안전재고의 설정

제 9 장 재고통제시스템과 재고모형

학습 목표

✧ 얼마나 주문할 것인가라는 의사결정에 관련된 비용을 이해한다.
✧ 경제적 발주량(EOQ)에 대한 가정을 이해하고 그 계산방법을 설명한다.
✧ 발주점(order point)의 개념을 설명한다.
✧ 안전재고를 유지하는 이유를 이해한다.
✧ 서비스수준(service level)의 아이디어와 이것에 영향 주는 요인에 대해 이해한다.
✧ 발주 비용(ordering costs)과 유지 비용(carrying costs)을 계산한다.

재고통제의 주요 문제

앞 서 살펴본 바와 같이 재고를 보유함으로써 비용이 발생되는 측면도 있지만 재고를 보유해야 할 필요성이 있는 것도 사실이다. 만약 장래의 수요가 확정적이고 정확히 예측할 수 있다면 재고를 보유할 필요는 크지 않을 것이다. 그러나 수요는 불확실하고 공급자는 자꾸 약속을 어기기도 하고, 생산도 계획대로 진행되지 않는 경우가 많다. 이런 이유로 어느 정도의 재고는 필요하다.

재고통제는 전체 비용이 최소가 되게 하는 최적의 재고를 유지하도록 관리하는 절차라고 할 수 있다. 시장의 수요에 대응할 수 있도록 적시에 적량의 원자재를 발주함으로써, 가능한 한 최저의 재고로 총 재고비용을 최소화하는 것이 목적이다.

재고통제는 각 재고보관단위(stock keeping unit : SKU)에 대하여 이루어지는데, 여기에는 주로 다음과 같은 이슈들이 있다.

① 1회 주문량(생산량)을 얼마로 할 것인가?
- 경제적발주량(EOQ) 모형을 이용하는 방법
- 소요량만큼 발주하는 방법(lot-for-lot)
- 고정주문량(fixed order quantity)

② 언제 주문해야 하는가?
- 발주점 방식(order point)
- 정기발주시스템(periodic order system)

③ 어느 정도의 재고를 유지해야 하는가?
- 확률적 재고모형에 의한 안전재고의 보유 수준 결정

재고통제 시스템은 '얼마나', 그리고 '언제' 주문할 것인가에 관한 최적치를 구할 수 있는 모형을 제시한다.

계속실사제와 정기실사제

재고통제 시스템에는 두 가지 대표적인 방법이 있는데, 재고실사주기를 계속실사제에 의할 것인지 또는 정기실사제에 의할 것인지에 따라 정량발주시스템과 정기발주시스템으로 구분된다. 정기실사제는 백화점, 슈퍼마켓 등 많은 품목을 취급하는 기업에서 흔히 이용하는 재고통제 방식으로 '매주 월요일', 또는 '매달 첫째 월요일' 식으로 날짜를 정해놓고 재고를 실사하여 다음 기에 필요한 수량을 일괄 주문한다. 이 방식에서는 매번 주문할 때마다 보충량이 달라진다. 그리고 공급자 측에서는 여러 품목을 정해진 날에 배송할 수 있어 물적 유통의 관리에 효율성을 기할 수 있는 장점이 있다.

계속실사제는 계속적으로 재고를 관찰하다가 재고가 미리 결정된 수준 이하로 떨어지면 일정량을 다시 주문하여 재고수준을 적정수준으로 맞추는 방식이다. 그러므로 품목별 수요율에 따라 재고를 보충하는 빈도가 달라진다. 이 방식에서 품목별로 그 품목의 재주문을 하는 시점은 재고가 어떤 정해진 수준 이하로 떨어지는 시점이 되는데 이 시점을 재발주점(reorder point)이라 한다.

확정적 모형과 확률적 모형

재고모형은 재고관리에 있어서 '얼마나'에 관한 최적치를 구하는 방법을 제시한다. 재고모형은 수요율을 확정적으로 보느냐 확률적으로 보느냐의 구별에 따라 확정적 모형과 확률적 모형으로 나눈다. 경제적 주문량(economic order quantity : EOQ) 모형은 재고에 대한 유지비와 주문비의 합을 최소화하는 최적 주문량을 구하는 모형으로서 확정적 모형의 대표적인 예다. 그러나 대부분의 현실 상황에서 수요율은 일정하지 않고 불확실하므로 실제수요가 예상수요를 초과하는 경우가 발생할 수 있으며, 이런 때를 대비하여 안전재고를 보유할 필요가 있다. 이와 같이 수요가 불확실하다는 가정 하에 고객 서비스 수준을 어떤 수준으로 유지하기 위해 요구되는 안전재고수준을 구하기 위해 확률적 재고모형이 이용된다.

재고통제 시스템

정량발주모형/발주점 방식

정량발주모형(fixed-order quantity system)은 그림 9-1 과 같이 "재고가 미리 징해진 일정 수준(발수점 - order point)까지 떨어지면 일정주문량(예 : 경제적 발주량)을 주문하는 시스템"으로 발주점 방식이라고 한다. 또한 발주량 중심의 방식이라 하여 'Q 시스템'으로 불리기도 하며, 재고를 인출할 때마다 현재의 재고가 발주점에 도달했는지 검토해야 하므로 계속실사방식(perpetual or continuous review system)이라고도 한다.

정량발주 모형은 재발주점(R)과 주문량(Q)의 최적값을 결정 함으로써 작용한다. 이 경우 고정주문량 Q는 대개 경제적 발주량을 구해서 이용한다. 발주점(R)은 어느 품목을 발주하여 입고되기까지 소요되는 조달기간(lead time) 동안 소비되는 재고량(D_L)으로 결정된다. 즉 보유 재고가 새 주문물량이 도착하는 동안(리드타임)의 수요를 커버할 만큼 남았을 때 새로운 발주가 이루어진다. 필요하다면 품절을 예방하기 위해서 안전재고를 추가하여 발주점을 정하기도 한다.

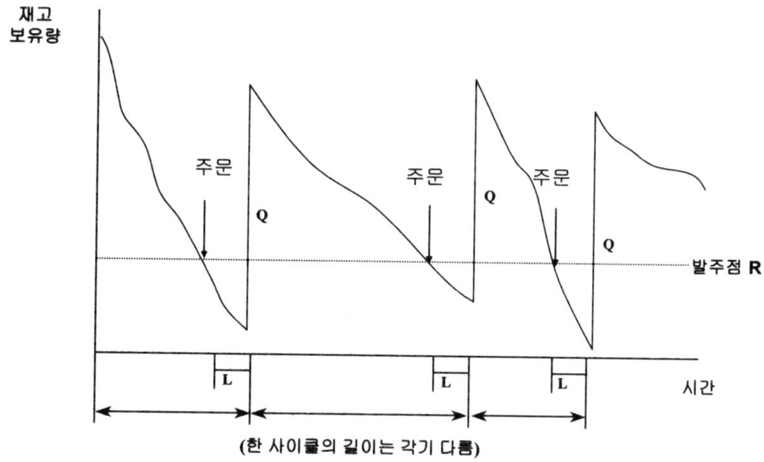

그림 9-1 정량발주모형 (Q System)

이 시스템을 채택하게 되면 주문량이 정해져 있기 때문에 주문이나 공급량에 있어서 오류를 줄일 수 있고 공급자 측에서도 소요량을 어느 정도 예측할 수 있다는 장점이 있다. 그러나 리드타임 동안의 수요율이 갑자기 증가하는 경우에는 품절이 발생하는 일이 생길 수 있다. 그래서 대개는 주문량 Q에다가 수요율의 불확실성을 보전하기 위한 안전재고(S)를 더하여 발주점을 잡는다.

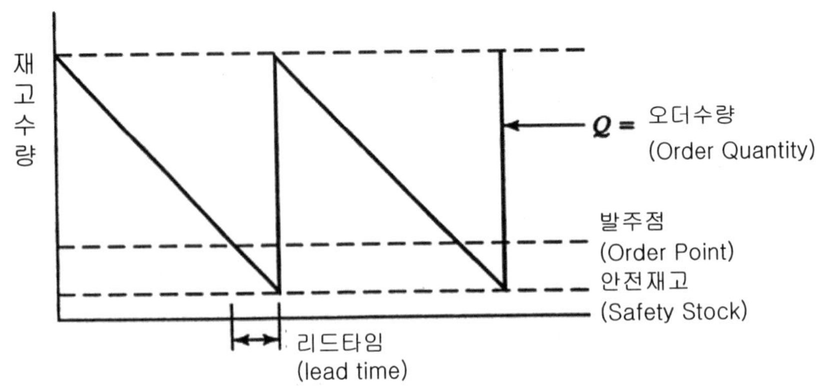

그림 9-2 발주점(Order Point)

발주점 공식 :

$$OP = DDLT + SS$$

여기서, OP = 발주점(order point)

DDLT = 리드타임 동안의 수요(demand during the lead time)

SS = 안전재고(safety stock)

안전재고를 얼마나 둘 것인지는 목표로 하는 서비스 수준에 따라 달라질 것이다.

이 시스템은 계속적인 재고실사에 따른 재고기록유지에 많은 노력이 투입되어야 하기 때문에 실사와 기록유지가 용이한 품목이나 중요품목에 적용되는 것이 적당하다.

발주점 방식의 특징은 재주문 주기(reorder cycle) 동안의 실제 수요에 따라 보충(replenishment) 주기가 일정하지 않고 달라진다는 것이다.

이 시스템에서의 평균 재고는 다음 식과 같이 계산된다.

평균재고 = (주문량 / 2) + 안전재고

정기발주시스템

정기발주시스템(fixed-time period system)은 "일정 시점마다, 즉 정기적으로 (최대재고량 - 현재고량)만큼 발주하는 방식"으로 P시스템이라고도 한다. 이 시스템에서는 정기적으로 이루어지는 발주 시에만 현재의 재고를 실사하면 되기 때문에 정기실사방식(periodic review system)이 적용된다.

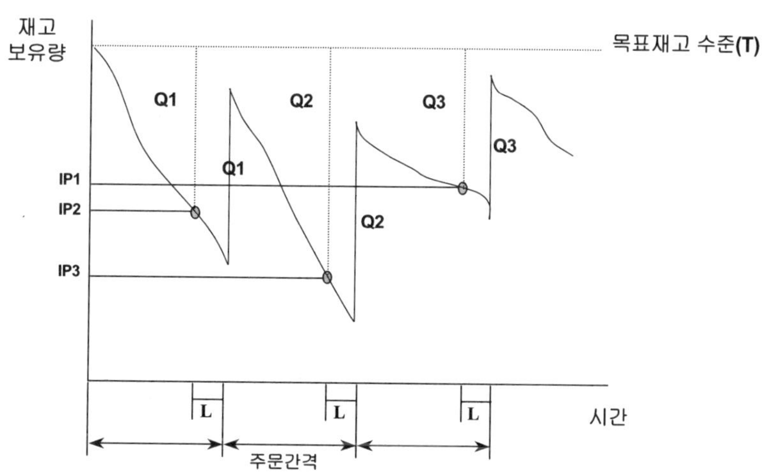

그림 9-3 정기발주모형 (P System)

목표재고 수준(target level or maximum-level inventory)

목표재고수준은 리드타임 동안의 수요, 재검토 주기 동안의 수요, 그리고 안전재고를 합친 값으로 목표수준(target level) 또는 최고수준재고(maximum-level inventory)라 한다.

정기발주시스템은 최대재고수준(T)과 발주주기(P)를 결정함으로써 성립된다. 그림 9-3을 보면, 정기발주시스템에서의 주문량(Q)은 최대재고수준에서 주문시점의 재고수준을 뺀 차이($Q_i = T - IP_i$)가 된다. 이와 같이 정기발주시스템에서는 주문간격은 일정하지만 매번 주문량은 변화하게 된다.

정기발주시스템은 수퍼마켓의 수많은 품목들과 같이 주기적으로 조달되는 물품이나, 여러 물품을 동일 공급자로부터 조달 받는 경우, 계속실사를 필요로 하지 않는 저가품 등에 적합한 모형이다. 이 경우 재고실사는 계속실사를 할 필요가 없기 때문에 재고통제에 컴퓨터를 사용하지 않는 기업에서도 별 문제 없이 적용할 수 있다.

경제적 발주량(EOQ) 모형

재고통제의 기본목표는 재고관련비용을 최소화하는 것이라 할 수 있다. 경제적 발주량(EOQ : economic order quantity)이란 자재의 구매나 제품을 생산할 때, 재고와 관련된 비용이 가장 최소가 되는 경제적인 로트크기를 말한다.

이 모형은 다음과 같은 몇 가지 가정 아래에서 이용될 수 있다.

- 매 기간 당 수요와 조달기간은 알려져 있고 일정하다.
- 단위 당 재고유지비용은 일정하다.
- 주문비용은 발주량과 관계 없이 매 주문마다 일정하다.
- 구입단가는 발주량과 관계 없이 일정하다.

경제적 발주량을 도출하기 위한 변수들이 그림 9-4에 열거되어 있다. 그림 9-4에서 연간 총 재고비용(TC)은 연간 재고유지비용과 연간 주문비용을 합한 값으로 정의된다.

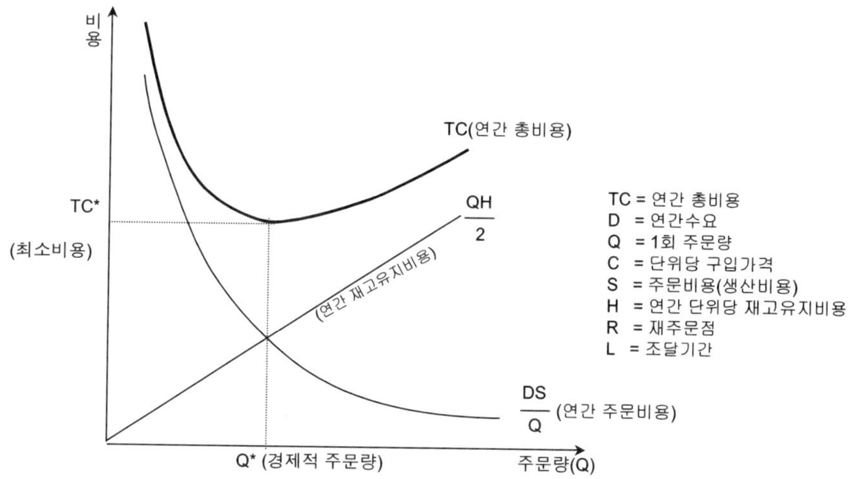

그림 9-4 경제적발주량(EOQ) 모형

연간 총비용을 수식으로 나타내 보면,

연간 총비용 = 연간 주문비용 + 연간 재고유지 비용

연간 주문비용 = (연간주문회수)(1회당 주문비용)
= (연간수요 / 1회주문량)(1회당 주문비용)
= (D/Q) S

연간 재고유지비용 = (연간재고량)(연간 단위당 재고유지비용)
= (평균재고수준)(연간 단위당 재고유지비용)
= (Q/2) H

따라서 연간 총비용 (TC) = (D/Q) S + (Q/2) H 로 계산된다.

연간 총비용 TC를 최소화하는 주문량 Q^*를 구하기 위하여, TC곡선을 Q에 대해서 미분한 값이 0 이 되는 Q값을 구하면 된다.

$$dTC/dQ = -DS/Q^2 + H/2 = 0$$

$$DS/Q^2 = H/2$$

$$Q^2 = 2DS / H$$

따라서 $Q^* = \sqrt{(2DS/H)}$

경제적 주문량 모형의 주요 특징은 다음과 같다.

- 연간 수요가 많을수록 오더 수량은 커진다.
- 오더 비용(order cost) 또는 준비비용(setup cost)이 커질수록 오더 수량이 커진다.
- 품목의 가격이 비쌀수록 오더수량은 적어진다.
- 재고 유지비용이 많이 들수록 오더수량은 적어진다.

예제 : 경제적 발주량의 계산

경제적 주문량 모형을 이용하여 재고정책을 수립하려고 한다. 관련자료는 다음과 같다.

연간 수요 (D) = 1,000단위/년, (일일 수요 (d) = 1,000단위/365일)
주문비용 (S) = 1,000원/회
연간 단위 당 재고유지비용 (H) = 200원/단위·년
조달기간 (L) = 5일

위 자료를 이용하여 경제적 발주량(Q^*), 연간 총비용(TC^*), 적정 발주회수(N^*), 적정 발주간격(T^*) 그리고 발주점(R)을 구하려 한다.

먼저 경제적 발주량 Q^*를 구하면,

$Q^* = \sqrt{2DS/H} = \sqrt{2(1{,}000)(1{,}000)/200} = 100$ 단위

연간 총비용,

$TC^* = DS/Q^* + QH/2 = (1{,}000)(1{,}000)/100 + (100)(200)/2$

$= 10{,}000 + 10{,}000 = 20{,}000$ (원)

적정발주회수, $N^* = D/Q^* = 1{,}000/100 = 10$회

적정주문간격, $T^* = 1/N^* = 1/10$년 $= 36.5$일

발주점, $R = d\,L = (1{,}000/365)(5) = 14$단위

연구 문제

- 앞의 예제에서 만약 단위 당 연간 재고유지비용이 200원이 아닌 150원, 250원인 경우의 경제적인 발주량은 몇 단위인가? 재고유지비용에 대한 경제적 발주량의 민감도(sensitivity)에 대해서 어떤 결론을 내릴 수 있는가?
- 연간수요량이 1000단위가 아니라 1500이라면 EOQ는 어떻게 변하는가? 6000 단위라면 어떤가? 이 결과에 의할 때 연간 사용량에 대한 경제적 발주량의 민감도는 어떤 특성이 있는가?
- 이 품목에 대해서 임의로 발주수량을 500단위로 결정했다. EOQ 공식을 써서 이 발주수량이 경제적 발주량이 되기 위한 재고유지비용을 계산하고, 그 결과가 적질한지 검토하시오.

안전재고의 설정

확률적 재고모형

EOQ 모형은 수요가 확실히 알려져 있다는 가정 하에 전개된 것으로 확정적 재고 모형이라 한다. 그러나 실제로 수요는 불확실하며 조달기간도 자주 지켜지지 않는다. 따라서 수요의 변화와 조달기간의 변화 등 불확실성에 대비하기 위해서는 안전재고가 필요하다. 이와 같이 확률적

재고모형의 관심사는 발주시기를 언제로 하며, 안전재고의 크기를 얼마로 할 것인가에 있다.

확률적 모형에서는 조달기간 동안의 품절 가능성을 보전하기 위해서 안전재고를 둔다. 따라서 그림 9-5 에 나타나 있듯이 재발주점(R)은 조달기간 동안의 평균수요(μ) 에 안전재고 s를 더한 값이 된다.

$$R = \mu + s$$

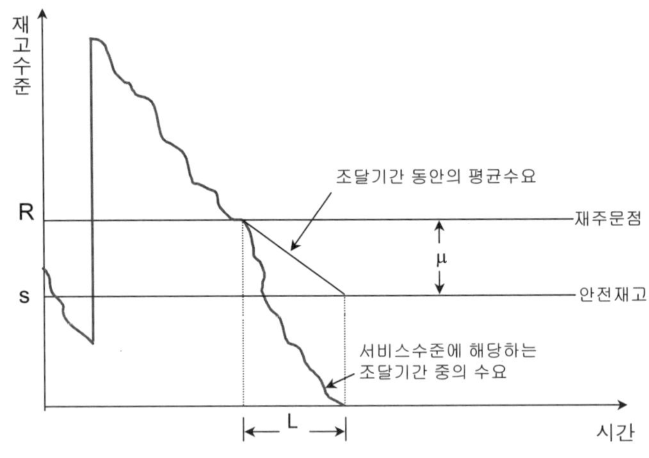

그림 9-5 안전재고에 따른 재고패턴

그리고 조달기간 동안의 수요는 평균이 μ 이고 표준편차가 σ 인 정규분포를 한다고 가정하여, 안전재고는 다음과 같이 표준편차의 배수로 표시할 수 있다.

$s = z\sigma$, z : 안전계수(safety factor)

따라서 발주점 $R = \mu + z\sigma$ 가 된다.

안전재고를 많이 두면 품절확률이 줄어들기 때문에 고객의 주문에 대한 서비스 수준은 향상될 것이다. 서비스 수준은 조달기간 동안 발생한 수요가 재고로부터 바로 충족되는 확률 또는 주어진 기간 동안 발생한 수요 중 재고로부터 바로 충족되는 백분율(%)을 말한다(그림 9-6 참조).

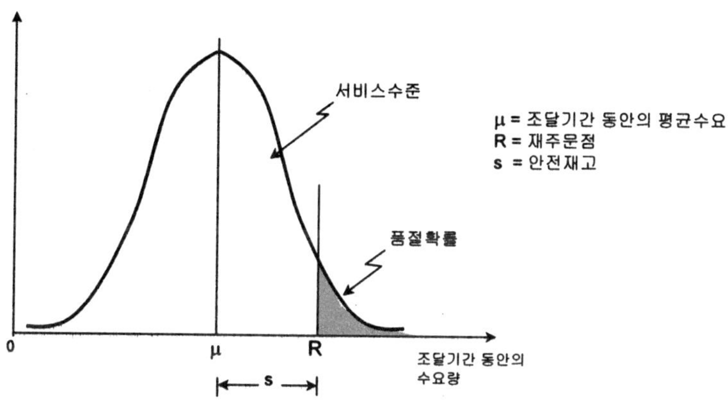

그림 9-6 안전재고에 따른 서비스수준

정규분포를 가정할 때 z 값에 따른 서비스 수준은 표 9-1 의 정규분포표에서 구할 수 있다. 그림 9-7 에서 z 값이 0 이면 서비스 수준은 50%, 1 이면 84.1%, 2 이면 97.7%가 된다.

Z	서비스수준 (%)	품절확률 (%)	Z	서비스수준 (%)	품절확률 (%)
0	50.0	50.0	2.0	97.7	2.3
0.5	69.1	30.9	2.1	98.2	1.8
1.0	84.1	15.9	2.2	98.6	1.4
1.1	86.4	13.6	2.3	98.9	1.1
1.2	88.5	11.5	2.4	99.2	0.8
1.3	90.3	9.7	2.5	99.4	0.6
1.4	91.9	8.1	2.6	99.5	0.5
1.5	93.3	6.7	2.7	99.6	0.4
1.6	94.5	5.5	2.8	99.7	0.3
1.7	95.5	4.5	2.9	99.8	0.2
1.8	96.4	3.6	3.0	99.9	0.1
1.9	97.1	2.9			

그림 9-7 정규분포의 z값과 서비스수준

예제 1)

어느 상점에서 판매되는 제품의 1 일 수요는 정규분포를 하며, 관련자료는 다음과 같다.

1일 평균수요 (d) = 200단위/일
1일 수요의 표준편차 = 150단위
조달기간(L) = 4일
요구되는 서비스수준 = 95%
1회 주문비용(S) = 2,000원/회
연간 단위당 재고유지비용(H) = 200원/단위·년

이 상점은 1주일에 5일간, 연간 50주, 즉 연간 250일 영업한다.
위 관련자료를 이용하여 이 상점의 최적 재고정책으로서 재발주점과 안전재고는 얼마인가?

연간 평균수요 $D = 250 \times 200 = 50{,}000$ (단위/년)
일회주문량 $Q = \sqrt{2DS/H} = 1{,}000$단위
조달기간동안의 평균수요 μ는 $\mu = d \cdot L = 200(4) = 800$단위

1일 수요의 표준편차는 150단위이므로 1일 수요의 분산은 $(150)^2$ 이고 4일간의 분산은 매일의 수요가 독립적이므로 $4(150)^2$이 된다. 따라서 조달기간(4일) 동안의 수요의 표준편차는

$$\sqrt{4 \times 150^2} = 300(\text{단위})$$

그림 9-7에서 95%의 서비스수준에 해당하는 Z값은 1.65이므로 재발주점 R은 다음과 같이 계산 된다.

$R = \mu + z\sigma = 800 + 1.65(300) = 800 + 465 = 1{,}295$(단위)
안전재고는 $s = z\sigma = 1.65\ (300) = 495$(단위)

예제 2)

어느 회사의 경영자는 특정 품목에 대해서 연간 오직 한 번의 품절만을 허용하겠다고 방침을 정했다. 이 품목의 연간 수요는 52,000 단위이고, 발주량은 2,600 단위, 리드타임 동안의 표준편차는 100 단위, 리드타임은 일주일이다.

다음 항목들을 계산하시오.

a. 연간 주문 횟수(number of orders annually)
b. 서비스 수준(service level)
c. 안전재고(safety stock)
d. 발주점(order point)

풀이)

a. 연간 주문 횟수 = 연간수요 / 오더수량 = 52,000 /2,600 = 20회/년

b. 연간 한 번의 품절을 허용하므로 서비스 수준은 19/20 = 95%

c. 안전재고 계산 :

안전계수는 1.65

안전재고 = 표준편차 × 안전계수 = 100 × 1.65 = 165 단위

d. 발주점 계산 :

리드타임(1주일) 동안의 수요 = 1,000 단위

발주점 = 리드타임동안의 수요 + 안전재고 = 1,000 + 165 = 1,165 단위

수행도 평가

1. 재고보관 단위(SKU)에 대한 가장 적절한 설명은?
   A. 6개들이 사이다와 7개들이 사이다는 동일한 SKU(stock keeping unit)를 갖는다. 왜냐하면 캔은 동일한 SKU를 갖기 때문이다.
   B. 같은 크기의 박스에 들어있는 다른 크기의 셔츠는 동일한 SKU를 갖는다.
   C. 릴에 감겨져 있는 다른 규격의 전선은 동일한 SKU를 갖는다.
   D. 같은 재고 위치에 있는 두 개의 셔츠가 크기나 모양이 다르다면 다른 SKU를 갖는다.

2. 주문량이 늘어났을 때 일어나는 현상은?
   A. 재고유지비용(inventory carrying cost)은 감소하고 주문비용(ordering cost)은 증가한다.
   B. 재고유지비용은 증가하고, 주문비용은 감소한다.
   C. 재고유지비용은 증가하고, 주문비용도 증가한다.
   D. 재고유지비용은 감소하고, 주문비용도 감소한다.

3. 표준 경제 주문량(EOQ) 식에 있어서 가정은 다음 중 무엇인가?
   A. 해당 품목에 대한 수요는 상대적으로 일정하다.
   B. 보충(replenishment) 물량은 한번에 모두 도착한다.
   C. 주문비용(ordering cost)과 유지비용(carrying cost)은 일정하다.
   D. 위의 3가지 모두 해당한다.

4. 다음 중 가장 바른 설명은?
   A. 발주점(order point) = DDLT + SS
   B. 평균 재고(average inventory)= (Q + SS) ÷ 2
   C. 안전 재고(safety stock)는 항상 필요하다.

D. 안전 재고 = 발주점(order point) + 주문량(order quantity)

5. 안전 재고는 다음 중 어느 것에 관련되어 있는가?

A. 수요의 변동

B. 재고유지비용

C. 발주비용

D. 제품의 진부화

6. 주문 당 비용과 수요가 일정하다고 가정할 때, 주문량이 늘어남에 따라 연간 주문 비용에 어떤 영향을 끼치겠는가?

A. 주문비용은 감소할 것이다.

B. 주문비용은 증가할 것이다.

C. 주문비용은 동일할 것이다.

D. 주문비용은 증가율은 점차 작아지면서 증가할 것이다.

7. 주문량이 증가함에 따라 연간 재고유지비용에는 어떤 영향을 끼치겠는가?

A. 연간 재고유지비용은 증가할 것이다.

B. 연간 재고유지비용은 감소할 것이다.

C. 연간 재고유지비용은 동일할 것이다.

D. 연간 재고유지비용은 주문량에 의해 영향을 받지 않는다.

8. 다음 중 어떤 재고기록 시스템(inventory record system)이 거래가 일어날 때마다 계속적으로 기록을 유지하는가?

A. 영속적 재고 시스템(perpetual inventory system)

B. 주기적 재고 시스템(periodic inventory system)

C. 2-상자 시스템(two-bin system)

D. 안전재고시스템(safety stock system)

9. 만약 리드타임이 1주일, 재검토 주기(review period)도 1주일, 평균수요

(average demand)는 주 당 100단위, 안전재고(safety stock)는 50단위라면 목표재고(target level)는 얼마인가?

A. 150 단위 B. 200 단위 C. 250 단위 D. 300 단위

10. 만약 모든 품목의 재고유지비용이 조정되었고, 다른 모든 다른 파라메타는 변동이 없었다면 경제적발주량(EOQ)는 다음 중 어떻게 변할 것인가?

A. 단일 주문사이클 동안만 조금 변한다.

B. 재고유지비용이 다시 하향 조정되기 전까지는 모든 주문사이클에 대해서 EOQ는 증가한다.

C. 재고유지비용이 다시 하향 조정되기 전까지는 모든 주문사이클에 대해서 EOQ는 감소한다.

D. 전혀 영향을 받지 않는다.

10 도요타 생산시스템

1.MRP의 한계를 극복할 수 있는 대안
2.도요타 생산방식 개요
3.도요타 생산방식의 사상
4.낭비
5.도요타 생산방식의 토대
6.통제시스템- 간판방식
7.전략적 공급자 관계

제 10 장 도요타 생산시스템

학습 목표

- ✧ 적시생산체제(JIT)를 이해하고 설명할 수 있다.
- ✧ 낭비의 개념과 그 원인을 이해한다.
- ✧ 끌기 시스템(pull system) 개념을 이해한다.
- ✧ 간판의 흐름에 대해 이해한다.
- ✧ JIT 의 토대를 이루는 사고방식에 대해서 이해한다.

MRP의 한계를 극복할 수 있는 대안

전술한 자재소요량계획(MRP)은 생산관리 분야에 컴퓨터를 사용하게 되면서 발전을 거듭하여 오늘날 제조자원계획(ERP)의 모태가 되었다. 최근 제조업 경영에 있어서 ERP의 도입은 중요한 이슈 중의 하나인데 그 기능의 핵심은 역시 MRP라 할 수 있다. 그 동안 생산의 계획과 관리의 전형적인 특징이라 한다면 생산계획을 대략적으로 만들어 발급한 후 실제로는 비공식적인 '독촉'에 의해서 운영되는 체계였다. 생산현장에는 여러 명의 진행담당자(expeditor)가 있어서 자신이 맡고 있는 제품의 생산계획이 계획대로 수행될 수 있도록 챙기는 일을 한다. 그러나 이들의 활동은 전체가 통합되어 있는 것이 아니라 제 각기 자신이 맡는 제품에 국한되어 있다. 이렇게 되다 보니 전체 생산활동이 돌아 가는 모습은 마치 '불끄기식'이 되고 만다.

MRP의 가장 큰 성과라고 한다면 생산활동을 통합된 체계로 운영할 수 있는 바탕을 마련한 것이라 할 수 있다. 생산계획과 통제에 요구되는 일련의 정보들을 정의하고 이를 기준 데이터로 정비할 수 있는 체계를 제시했으며, 전체의 흐름을 논리적으로 묶어 놓았다. 그러므로 MRP를 제대로만 운영한다면 과거의 불끄기식 생산이 아니라 최적화된 계획에 따라 수행되는 '조용한' 생산 현장을 만들 수 있다.

그러나 MRP가 이와 같은 가능성을 제대로 발휘하지 못하고 표류하는 경우가 더 많은데, 그 이유는 무엇인가? 여기에는 크게 두 가지 이유가 있다고 생각된다. 첫 번째 이유는 MRP운영을 위한 준비에 관한 것이다. MRP가 제대로 운영이 되려면 기준데이터의 정비, 업무 프로세스의 정비 등 준비과정이 매우 치밀하게 수행되어야 한다. 기준데이터, 특히 부품표, 재고정보 등의 정확도가 95퍼센트 이상이 되지 않으면 A급 수준의 MRP운영은 포기해야 한다는 것이 그 동안의 경험을 통해서 알려져 있다. MRP시스템을 적용하려는 기업은 이 첫 번째 장벽을 넘을 수 있어야 한다.

둘째로 고려되어야 할 사항은 MRP 자체는 가치 중립적이라는 점이다. MRP시스템은 전술한대로 몇 가지 기준데이터의 정의와 이 데이터를 이용한 자재소요량 및 우선순위의 계획 기능, 생산능력의 검증 등으로 이루어져 있다. 그런데 여기서 기준이 되는 데이터라는 것이 정확성의 문제만 중요한 것이 아니라 '가치'의 문제를 내포하고 있어야 한다는 점을 인식해야 한다. 예를 들어 MRP 전개 시 중요한 기준 데이터의 하나인 리드타임을 보자. 구매 리드타임이나 제조 리드타임(대기, 작업, 이동 시간)은 현재의 표준을 반영한 것이다. 표준이라는 것은 그 데이터가 맞느냐 틀리느냐의 차원이 아니라 현재 그 정도의 수준을 기준으로 하여 경영활동을 수행하겠다는 것으로, 일종의 목표치라 할 수 있다. 만약 경쟁력을 강화해야 하는 목적이 없다면 리드타임 정보는 약간 여유 있는 표준을 정하여 오랜 동안 변함없이 사용하면 된다. 그러나 오늘날 경쟁우위 요소 중 중요한 것이 '시간'임을 감안한다면 리드타임 표준은 자주 재 검토되고 단축되는 방향으로 재 설정되어야 하는 항목이다. 이런 일을 하지 않는다면 MRP는 경쟁력 강화를 위한 도구로서 이용되는 것이 아니라 단순히 빠른 계산의 도구라는 한계에 머무를 것이다.

이런 한계를 극복할 수 있는 유력한 대안이 바로 도요타 생산방식이라 할 수 있다.

도요타 생산방식 개요

태동 배경

도요타 자동차에서 태동된 '도요타 생산방식'은 후에 적시생산방식(JIT : Just-in-Time)생산 방식으로 불리다가 현재는 '린(lean) 생산방식'이라는 용어로서 더 자주 사용되고 있을 만큼, 전 세계적으로 생산경영에 매우 큰 영향을 끼쳤다. '린(lean)'이라는 표현에서 암시되듯이 고객에 가치를 부가하지 않는 활동은 최소화해서 몸체를 가볍게 한다는 점이 강조된다.

이 체계는 도요타 자동차의 부사장을 지냈던 오노다이이치(大野耐一)에 의해서 정비되었다. 당시 도요타 자동차는 재고관리, 생산관리 상 어려움을 많이 겪으면서 이대로 가다가는 문을 닫겠다라는 위기의식이 있었고, 그 극복과정에서 연역적으로 전개된 것이다. 도요타 자동차는 일본이 무역자유화 조치를 취하기 시작하던 당시의 경영 여건 속에서 판단한 결과, 정부든 은행이든 더 이상 기업의 경쟁을 막아 주지는 못할 것이라는 위기의식을 갖게 되었다. 그래서 경쟁에서 살아 남을 수 있는 생산체제에 대해서 구상하게 되었는데, 그 한 가지 결론은 일본이 더 이상 미국의 '빅(big)3'를 흉내만 내서는 경쟁할 수 없다는 것이었다. 미국의 주요 경쟁자들은 연간 수만 대 규모의 판매가 가능한 자체 시장을 가지고 있는데, 도요타는 연간 3,000 내지 5,000대 규모로서 비교가 안 될 정도였다. 따라서 미국의 대량생산 체계와는 근본적으로 다른 무엇인가를 만들어야 한다는 절박한 상황 인식을 하게 된 것이다. 이런 가운데 태어 난 것이 도요타 생산방식이다. 인간이나 기업이나 극한 사항에서는 살아 남기 위해서 몸부림치다 보면 그 본성이 드러난다고 한다. 따라서 도요타 생산방식도 역시 도요타 자동차의 문화나 살아온 배경이 어우러져서 나타난 것으로 볼 수 있으며, 더 넓게는 일본인들의 '지속적인 개선' 정신이 만든 작품인 셈이다. 도요타 생산방식은 무에서 창조된 것이 아니라 그 이전에서부터 도요타 사내에 계승된 여러 아이디어들을 통합하고, 이를 현장에 적용하고 개량한 결과로 탄생하였다.

일례를 들면 도요타 생산방식의 주요 구성개념 중 하나인 자동화를 들 수 있다. 도요타 자동차 이전에 도요타 직기라는 공장이 있었다. 도요타 직기는 도요타의 창업주인 도요타 사키치(豊田佐吉)가 자동직기를 발명하면서 성장하게 된 기업이다. 그는 직조기계를 이용하는 사람이 어떻게 하면 불량을 내지 않으면서도 늘 긴장해야 하는 어려움을 해결할 수 있을까를 생각하다가 직기의 실이 끊어지면 기계가 즉시 멈추는 자동정지장치를 고안했다. 자동직기에서 경사, 위사 중 하나라도 끊어지면 그 뒤에 짜여지는 천은 모두 불량품이 된다. 그렇게 때문에 작업자는 기계에 한 사람씩 붙어서 실이 끊어져 있지 않은지를 감시해야만 했었는데, 자동정지장치가 이용되면서 이런 어려움이 해소 되었던 것이다. 이제 한 사람이 여러 기계를 돌보아도 되는 체제가 되어 생산성이 수십 배 향상되었다. 그 뒤 도요타의 자동화란 늘 자동정지장치가 붙어 있는 자동화를 의미하게 되었다. 이렇게 볼 때, 도요타 자동차의 생산방식보다 훨씬 이전에 이미 도요타 방식은 태동되고 있었다고 볼 수 있다.

도요타 생산방식이 널리 알려지면서 서구의 기업을 비롯하여 도요타 생산방식을 도입하겠다는 움직임이 크게 일어 났다. 그러나 성공적인 사례는 적은 편이다. 그 이유는 바로 도요타 생산방식은 좁게는 그 기업문화, 넓게는 일본문화의 바탕 하에서 자라나온 것이며, 그 본질은 단순히 여러 가지 기법의 조합이 아니라 바로 IE, TQC에 의한 튼튼한 체질에 기반하기 때문이다. 즉 지속적인 개선의 촉진 장치가 바로 도요타 생산방식이다.

'도요타의 집(The House of Toyota)'

'도요타의 집'은 도요타 생산시스템의 범위를 이해하기 위한 틀(framework)로서 도요타 자동차의 한 엔지니어에 의해 제시되었다. 도요타의 집은 다음과 같은 다섯 부분으로 구성되어 있다.

- 지붕(roof) – 고객에게 가치를 제공하지 못하는 활동은 모두 낭비(waste)다. 낭비를 제거하는 일은 품질의 향상, 원가 낮추기, 리드타임 줄이기에 기여한다.
- 기둥(pillars)
- JIT – 택트 타임(takt time)은 도요타 생산시스템의 맥박으로서 시

간 당 요가 일어나는 비율(rate)이다. 공정은 고객 수요의 비율에 맞추어 이끌리고(pulled) 흘러야 한다.

- 자동화(Jidoka) – 불량이 발견될 경우 작업자는 자신의 판단에 따라 공정을 멈출 수 있다.
- 기초(base) – 기초는 작업의 안정성(stability) 유지를 나타낸다. 이를 위해 작업의 표준화를 통한 변동(variability)의 감소, 평준화 생산(level production)에 의한 물량(volume)과 믹스(mix)의 변화 줄이기 등의 방안이 추구된다.
- 중앙(center) – 도요타 생산시스템은 전 종업원이 함께 완벽을 추구하며 동시에 서로 존중하고 안전한 작업환경을 추구하는 '지속적 개선(continuous improvement)'의 문화 창달을 추구한다.

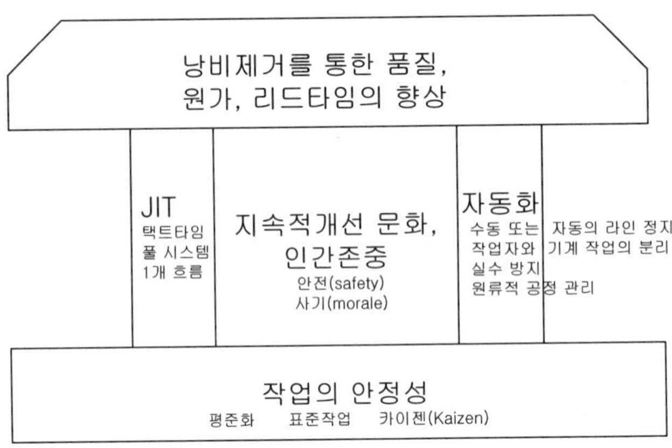

그림 10-1 도요타의 집(The House of Toyota)

도요타 생산방식의 사상

고객가치 사고

고객에 있어서 가치는 기본적으로 원하는 물건을 원하는 장소와 시간에 획득하는 것을 의미한다. 동시에 고객이 합당하다고 생각하는 가격에 실제적 또는 인지된 필요를 충족 시켜야 한다. 고객에 가치를 부가하는 일로서 '광의의 품질'이 강조되는데, 이것은 고객의 욕구에 따라 제품을 설계하는 일로부터 생산 프로세스의 전 과정에 걸쳐 형성된다. 전체 과정에 걸쳐 고객에 가치를 부가하지 못하는 활동이 있다면 그것은 '낭비'가 된다.

보통의 기업에서는 판매가를 정할 때 대개 원가에서 출발하는 생각을 하고 있다. 즉 "원가 + 이익 = 가격"라는 사고방식이다. 그러나 가격은 시장에서 고객이 정하는 것이다. 다시 말해서 가격은 그 제품에 대해서 고객이 인지하는 가치에 의해 결정된다. 결국 기업의 입장에서 이익을 내려면 가치를 부가하는 일과 함께 원가를 절감하는 두 가지 방법 밖에 없다.

도요타는 일찍이 이런 생각에 따라 '철저한 낭비의 배제'를 지상 과제로 삼고 이를 철저히 실천하는 생산체계를 만들었다. 이 생각에 따라 타 경쟁자에 앞서 가격의 인하를 지속적으로 단행하면서도 이익을 실현할 수 있는 강한 체질을 만들었던 것이다.

철저한 낭비 배제

도요타 생산방식은 흔히 '마른 수건도 또 짜 내는 방식'이라는 평가를 받는다. 보통의 공장에서는 이 정도면 되지 않을까 하는 수준에서 다시 '낭비'를 발견해 내는 것이다. 도요타 생산방식에서는 작업을 세밀히 관찰하여 작업자의 움직임을 '낭비', '비부가가치 활동', '부가가치활동(가공, 일)'으로 나눈다.

- 낭비(waste) : 몇 번을 되풀이 해도 작업에 아무런 도움도 되지 않는 움직임이다. 이런 활동은 즉시 줄여 나가지 않으면 안 된다. 예를 들면 대기, 중간제품의 누적, 두 번 운반하는 수고 등이다.
- 비부가가치 활동(non-value added activity) : 현재의 작업 조건 하

에서 필요는 하지만 부가가치를 올리지는 못하는 움직임이다. 예를 들면 부품을 가지러 가는 일, 외주 부품의 포장을 푸는 일, 푸시 버튼의 조작 등이다. 이런 비부가가치 활동을 줄이려면 부분적으로 작업 조건을 바꾸어야 한다.

- 부가가치 활동(value added activity -가공, 일) : 가치를 부여하는 활동이다. 즉 부품이나 제품을 만드는 데 조형재나 반제품 등 가공대상물에 손을 대서 부가가치를 산출하는 것을 말한다. 이 활동의 비중이 높을수록 작업효율이 높아진다.

생산현장 작업자의 '움직임'을 '일'로 바꾸지 않으면 안 된다. 공수 절감이란 부가가치 향상을 목표로 부가가치 활동의 비율을 높여 나가는 활동이다. 오노는 도요타 생산방식이 최대의 초점을 두는 점이 바로 이 부분임을 강조한다. 오직 부가가치활동만을 남기겠다는 생각을 갖게 되면 도처에 개선할 거리가 있게 마련이다. 그는 엔지니어가 현장에서 빈손으로 돌아 오면 "구두만 닳고 배만 고파지지 않느냐"며 야단을 쳤다고 한다.

낭비

제품 사양과 설계 상의 낭비

낭비의 대부분은 경영자가 잘 못 세운 정책에 의해서 발생한다. 예를 들어 시장에 대응하기 위해서 제품의 종류가 너무 많아졌다고 한다면 생산 주정(run)은 짧아질 것이고, 기계의 교체는 자주 일어나야 할 것이며, 생산 공정은 더욱 복잡해지고, 생산계획과 통제는 더욱 어려워질 것이다.

반면에 제품의 사양을 표준화하여 제품의 범위를 제한하면 많은 낭비요인을 막을 수 있지만 고객이 요구하는 제품의 다양성을 제공하지 못할 것이다. 그래서 선진 제조기업에서는 구성품을 표준화(component standardization)하는 방법을 추구한다. 구성품을 표준화함으로써 얻을 수 있는 효과는 1)고객에게는 다양한 모델의 제품을 제공할 수 있고, 2)제조 주정을 길게 유지할 수 있으며, 3) 전용기계나 도구, 조립작업을 보다 경제적으로 사용할 수 있게 하며, 4)생산계획과 통제 노력을 줄여줄 수 있다.

제조 상의 낭비 – 낭비 및 비부가가치 활동

도요타 생산방식에서는 낭비를 유형화하여 ①과잉생산의 낭비, ②대기의 낭비, ③이동의 낭비, ④공정의 낭비, ⑤재고의 낭비, ⑥방법의 낭비, ⑦제품결함의 낭비, ⑧스킬의 낭비 등 8가지로 분류하고, 이들 낭비 및 비부가가치 활동을 제거하는 일을 지속적으로 추구한다.

공정(process)의 낭비. 제품을 절삭하는 공정이 있다고 하자. 어떤 부품을 깎는 속도를 높이면 가공 효율은 올라갈 것이다. 그러나 이 부품이 꼭 필요한 것인가, 이러한 가공방법이 아니고 다른 가공방법을 채택할 수는 없는가를 가치공학(value engineering : VE)적인 분석을 통해서 먼저 개선할 필요가 있다. 그래야 가공의 낭비가 제거된다.

제품 결함(product defects)을 만드는 낭비. 제품 결함이 발생하여 검사하는 것이 아니라 절대로 처음부터 불량을 만들지 않는 검사를 시스템에 내재화 해야 한다. 그러기 위해서는 근원이 되는 공정에서부터 원류관리와 자주검사, 작업자의 실수 방지 장치를 시행할 필요가 있다.

이동(movement)의 낭비. 이동은 결코 부가가치를 높이는 활동이 아니다. 그러므로 우선 레이아웃을 개선해서 운반공정을 없애도록 해야 한다. 운반수단의 합리화는 그 다음에 해야 할 일이다.

과잉생산(overproduction)의 낭비. 종래 재공품은 생산의 불안정을 완충하는 기능으로 생각하여 그 유용성을 인정해 왔다. 그러나 도요타 생산방식에서는 이것은 명백한 낭비이다. 저장에 따른 재고비용 뿐 아니라 재고는 개선의 문제점을 덮는다는 속성 상 용인할 수 없다는 것이다. 종래 재공을 허용하는 이유의 하나는 공구 교체작업에 걸리는 시간이 길기 때문인데, 싱글 공구교환[9]이라는 개선에 의해서 이 필요성을 배제할 수 있다. 또 공정 간 등량화, 동기화를 하고 공정 간 운반회수 증가에 따른 대비로 레이아웃을 개선함으로써 과잉생산의 낭비가 배제될 수 있다.

과잉 재고(excess inventory)의 낭비. 제품의 재고는 수주기간(D)과 생산기간(P)의 관계에 크게 좌우된다. 만약 수주기간보다 생산기간이 긴 경우, (P-D)의 기간에 해당되는 만큼은 예측생산을 할 수 밖에 없게 된다. 따라서 재고의 낭비를 줄이기 위해서는 생산 리드타임을 압축해야 할 필요가 있는 것이다. 또 제품 부분의 재고를 줄이기 위해서는 수주생산을 지향해야 하기 때문에 결과적으로 소로트 생산이 될 수 밖에 없다. 그러므로 현장에서는 등량화, 동기화 방식으로 한 단위의 계통작업을 채택할 필요가 있고, 또 공구교환이 신속하게 이루어져야 하는 것이 전제가 되지 않으면 안 된다.

공구의 교환시간이 길면 작업자 및 기계의 가동률을 떨어뜨리게 된다. 결국 원가 상승을 막기 위해서 대로트 생산을 하지 않을 수 없게 되어, 불필요한 재공품을 발생시킨다. 또 불필요한 인력의 대기 문제도 준비시간의 단축으로 개선될 수 있다. 이와 같이 준비시간의 단축은 과잉생산의 낭비, 인력대기의 낭비, 재고의 낭비를 배제하게 한다.

방법(methods)의 낭비. 생산에 걸리는 시간은 결국 작업자가 일하는 방법, 즉 동작의 그림자와 같다. 특히 공정을 자동화할 경우, 동작 자체의 개선이 우선된 후에 설비의 개선이 일어나야만 불필요한 동작(motion)을 자동화하는 일을 방지할 수 있다. 동작의 낭비는 주 작업의 개선을 통해서 이루어진다.

대기(waiting time)의 낭비. 공정의 흐름을 등량화하고 동기화 한다든가 작업자에 대한 부하의 밸런스를 유지하는 일, 배치나 작업의 조합을 연구하는 일 등을 통하여 인력 대기의 낭비를 배제할 수 있다.

---

9 '싱글 공구교환'은 한자리 수, 즉 10분 이내에 작업교체를 하는 것을 말한다. 종래 한두 시간이나 걸려 준비작업이 이루어지던 것을 수분 단위에 마칠 수 있도록 개선하기에 이르렀다.

사용 안 된 스킬(unused skills). 작업자가 지니고 있는 지식이나 능력을 사용하지 않는 낭비를 말한다.

이러한 개선의 아이디어는 쉽게 얻어질 수 없는 것이기 때문에, 도요타 생산방식에서는 문제의 근본 원인을 알아내기 위해서 '왜'를 5회 반복하여 스스로 질문하도록 강조되고 있다.

도요타 생산방식의 토대[10]

평준화 생산(Heijunka)

자동차는 많은 부품으로 구성되어 있다. 그 중에서도 공작기계에 의한 가공 부분이 가장 애로공정에 속한다. 초기 도요타 공장은 생산대수가 많지 않았기 때문에 생산능력의 부족이 발생한 공정에 사람을 추가로 투입하면 어느 정도 수요를 따라 잡을 수 있는 시기가 있다. 그러나 규모가 커지면서 이런 식으로는 사람을 아무리 투입해도 수요를 따라 잡을 수가 없게 되었다. 그래서 일이 공정을 거치면서 자연스럽게 흘러가게 한다는 생각에 초점을 맞추게 된 것이다.

일반적으로 생산 현장에서는 물품의 흐름 상 변동이 많으면 많을수록 낭비가 발생한다. 왜냐하면 현장의 생산능력은 부하(load)가 최고인 수준에 맞추어 유지되는 경향이 있기 때문이다. 그런데 이와 같이 최고치에 맞추어 놓은 능력은 작업량이 적을 때는 작업자나 기계를 놀게 하거나 그렇지 않으면 과잉생산이라는 낭비를 낳게 된다. 그래서 일의 평준화가 중요하다.

자동차 생산의 경우, 어떤 차종을 매 주 1,500 대 조립한다고 하면 그림 10-1와 같이 기준생산일정을 세울 수 있을 것이다.

---

[10] 일본능률협회(한국표준협회역), 도요타 현장관리, 1993

기준생산일정 1안

Week	보유재고	1	2	3
저가모델Economy	0	1500		
표준모델(Standard)	600		1500	300
고급모델(Deluxe)	800			1200
Total	1400	1500	1500	1500

기준생산일정 2안

Week	보유재고	1	2	3
저가모델(Economy)	250	500	500	500
표준모델(Standard)	300	600	600	600
고가모델(Deluxe)	200	400	400	400
Total	750	1500	1500	1500

그림 10-1 평준화 생산을 위한 기준생산일정(MPS) 안

위 MPS 중 1안과 2안 모두 생산능력 면에서는 일주일에 1,500대로 평준화 되어 있다. 그러나 1안은 2안에 비해서 시장 수요의 변화에 대응하기가 더 어려운 생산계획임을 알 수 있다. 예를 들어 첫 주에 고급모델에 대한 수요가 급증한다면 2주차에 가서는 판매할 재고물량이 고갈되게 된다. 이에 비해서 MPS 2안은 시장 수요의 변동에 보다 잘 대응할 수 있게 된다.

평준화 생산을 위해서는 일 주일에 1,500대의 기준생산일정은 일일 300대씩 생산해야 함을 의미한다. 생산의 평준화는 일일 300대라는 양의 평준화와 함께 사양의 평준화까지 고려되어야 한다. 즉 저가모델, 표준형, 고급모델 등 종류가 다른 모델을 섞어서 조립하는 것이다. 이렇게 해야만 공정 전체에 고른 부하가 걸리며, 자재의 흐름도 평준화되고 전체적인 흐름이 평준화된다.

앞의 자동차 예에서 한 대를 만드는 주기를 사이클 타임이라 한다. 만약 일일 작업 시간을 8시간(480분)이라 한다면, 480분 / 300 대 = 1.6 (분/대)로 계산된다. 이제 모델 별로는 하루 100, 120, 80대씩 생산하게 된다. 이

는 5:6:4 의 빈도를 갖는 15개의 혼합된 순서로 생산해야 함을 의미한다. 앞의 예에서 저가형(E), 표준형(S), 고가형(D)의 생산 투입은 ESD ESD ESD ESD SES 의 순서로 하루 동안 20번 반복된다.

이렇게 사이클 타임에 따라 작업을 함으로써 고객 수요율에 맞는 생산이 이루어질 뿐 아니라 과잉생산의 낭비가 배제되어 JIT생산이 이루어지는 것이다. 이러한 사이클 타임 산출이 모든 사양에 대해서 이루어지고, 사양마다 정해진 사이클타임에 따라 라인에 투입되도록 하면 혼합모델(mixed-model) 평준화생산이 이루어지게 되는데, 이런 일정이 가능해지려면 생산라인이 고도의 유연성을 갖도록 준비교체시간이 짧아야 한다.

평준화 생산이 원활하게 이루어지면 결과적으로 개선을 촉진시키는 것이 가능하다. 개선이란 우선 표준이 있어야 가능한 것인데, 표준은 어느 정도 시스템이 안정된 상태에 있지 않으면 설정하기도 어렵고 설사 표준을 정했다 하더라도 실제로 아무도 신뢰하지 않기 때문이다.

평준화 생산은 후술하는 '간판 방식'의 전제가 되기도 한다. '간판방식'은 한 마디로 말해 사용한 양만큼 간판을 떼고, 그 양만큼 전 공정으로 가지러 가며, 전공정은 인도해 준 양만큼만 만든다는 사이클을 돌리는 시스템이다. 최종공정의 생산이 평준화되어 있지 않다면 후 공정에서 간판을 내 보이며 만들어 달라고 하는 수량이 들쭉날쭉하게 될 것이다. 이렇게 되면 '간판방식'은 작동되지 않는다.

평준화 생산을 하기 위해서 선결조건은 작업준비시간의 단축이다. 평준화 생산을 하다 보면 현장에 흐르는 로트는 아주 작아진다. 그런데 작업준비 시간이 길다면 소로트 생산이 불가능하므로 어떻게든 작업준비 시간을 단축하지 않으면 안 된다.

이런 식으로 생산의 평준화는 도요타 생산방식의 토대가 되는 전제조건이다. 이것이 이루어지지 않으면 다른 단계로 진행하기 어렵거나 거의 불가능하다.

흐름생산(flow manufacturing)

일반적으로 도요타 생산방식은 유사한 제품을 반복 생산하는 제조환경에 맞는 시스템이다. 자동차, TV, 또는 전자레인지 같은 제품을 생산하는 기업들은 조립 라인과 같은 흐름공정으로 이루어져 있다.

다양한 제품을 비교적 소량씩 생산하는 기업인 경우는 라인 공정을 만들지 않고 통상 개별수주형(job shop) 공정으로 구성되어 있다. 개별 수주형 공정은 기능 별로 같은 작업을 하는 기계를 모아 하나의 부서로 만드는 형태다.

도요타 생산방식에서는 가능하면 공정을 흐름생산 공정으로 개선하고자 한다. 이렇게 해야만 작업장마다 소요되는 긴 대기시간과 높은 재공품을 줄이고, 복잡한 자재관리를 피할 수 있게 된다. 그래서 도요타 생산방식에서는 보통 그림 10-2와 같은 작업 셀(cell) 레이아웃을 만들어 작업을 흐름화하는데, 그 방법은 제품을 작업순서, 자재, 치공구, 작업준비 등이 유사한 제품군으로 유형화하여 같은 제품군을 하나의 셀에서 완성하는 식이다. 작업 셀은 제품의 다양성을 허용하면서도 소량으로 반복생산하는 것을 허용한다.

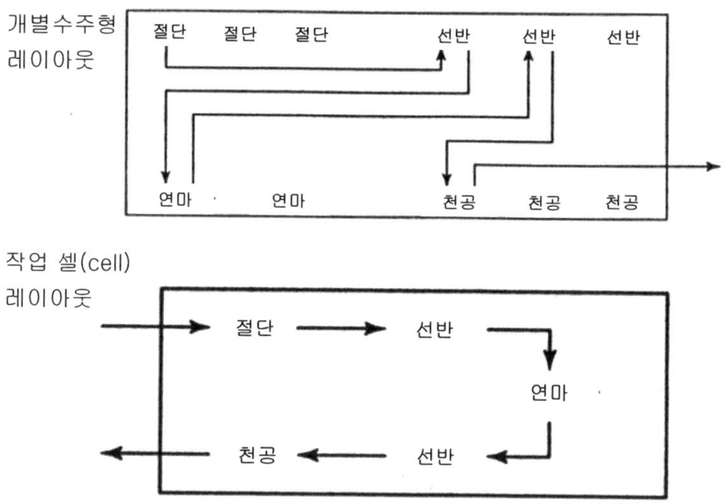

그림 10-2 흐름생산을 위한 작업 셀(cell) 레이아웃

작업 셀은 다음과 같은 특징이 있다.

- 셀 간의 대기시간(queue)을 획기적으로 줄일 수 있다.
- 생산활동의 관리와 일정수립이 간소화 된다. 즉 하나의 셀은 하나의 작업장처럼 관리하면 된다.
- 작업장 공간이 줄어 든다.
- 자재의 이동이 줄어든다.
- 앞 공정에 대한 피드백이 신속하다.

셀 레이아웃은 생산의 신축성(flexibility)를 증진하고, 로트 크기(lot sizes)를 줄이며, 품질을 향상하는 효과를 가져온다.

유연한 자동화

도요타 생산방식의 또 다른 한 기둥은 자동화이다. 이미 앞에서 언급하였듯이 도요타의 자동화는 단순히 자동기계를 갖다 놓았다는 뜻이 아니라 자동기계에 사람의 지혜가 부여 되었다는 의미로 사용된다. 오노는, "단지 자동으로 움직이는 기계는 이상이 생기면 금형이나 기계를 파손하고 다량의 불량품을 만들어 낼 뿐 아니라 작업자가 늘 기계 옆에 붙어서 감시해야 한다"는 점을 발견하고는 "모든 자동기계에는 이상이 있을 때 스스로 판단해서 정지하는 장치를 붙여야 한다"고 강조했다. 이 생각이 발전해서 작업자는 각기 자기 공정에 문제가 생기면 즉시 라인을 정지시키는 것을 원칙으로 교육을 받고 있다. 통상 조립라인을 세우는 것은 당장 생산량이 떨어지기 때문에 감독자로서는 탐탁하지 않은 일이다. 그러나 도요타의 라인은 심심찮게 정지한다. 라인이 정지되면 그 공정 위에 붙어 있는 표시 등에는 붉은색 불이 들어오고 엔지니어들은 그 라인을 향해서 일제히 몰려 간다. 정지시간이라야 불과 몇 초 정도이지만 라인을 정지함으로써 그 공정의 문제점이 노출되고 근본적인 해결책을 찾게 된다. 오노는 "정지 하지 않는 라인은 기막히게 좋은 라인이거나 매우 나쁜 라인일 것이다. 관여하는 사람이 많은 경우에는 문제점이 표출되지 않기 때문에 라인이 정지 하지 않는다. 그러므로 언제든지 세울 수 있는 라인을 만든 후 개선을 해서 마지막에는 최소한의 작업인원으로도 정지하지 않는 라인을 만드는 것이 목표다"라고 말한다.

도요타 생산방식이 추구하는 유연한 자동화를 위해서는 다음과 같은 요건을 갖추어야 한다.

기계의 유연성(machine flexibility). 특수 목적의 값비싼 기계 한 대 대신에 덜 비싸고 범용적인 기계를 여러 대 사용하는 것을 더 선호한다. 그래야만 작업 셀에 필요한 장비를 하나씩 배치하는 것이 가능할 것이다.

빠른 교체(quick changeover). 치공구의 신속한 교체가 가능하도록 개선함으로써 적은 로트(lot)의 생산이 가능하게 된다. 빠른 교체에 의한 준비시간의 감소는 나아가 작업의 대기시간을 줄여 주고, 재공품 재고수준을 낮추며, 품질 수준의 향상에 기여한다. 전용기계에 의해서 대량으로 생산할 때에 비해서 품질 문제를 발견하고 피드백하는 것이 용이하기 때문이다.

작업자의 유연성(operator flexibility). 유연한 기계와 공정은 그것을 다루는 작업자의 다기능을 요구한다. 작업 셀 공정에서는 종래 한가지 작업만을 전문으로 하던 작업자보다는 여러 기계를 다룰 줄 알고, 기계의 유지, 보수에도 잘 훈련된 작업자가 요구되기 때문이다.

유연한 자동화를 위해 자주 강조되는 방법으로서 전사적 생산보전(TPM: total productive maintenance)이 있다. 이는 예방보전(preventive maintenance)과 함께 작업자가 스스로 주인정신과 엠파워먼트를 발휘하여 가지고 장비를 조정하고 개선하며, 자재 취급의 낭비를 줄이고, 연속 흐름을 증진하기 위한 지속적인 노력을 포함하는 일을 말한다.

저스트·인·타임(just in time)

문제가 발생할 경우 공정의 흐름은 멈추고 그 곳에 물건이 많이 쌓이게 된다. 그래서 대부분의 생산현장에서는 오늘은 A공정 내일은 B공정 식으로 문제해결을 하기 위한 불끄기식의 일상이 계속된다. 기계가 멈추었을 때, 다른 공정의 작업자들도 함께 일손을 멈추면 문제가 덜 심각할 텐데 사람이란 가만이 있으면 불안하기 때문에 무엇인가 계속해서 만들어 낸다. 그 결과, 불필요한 제품 재고가 쌓이는 현상이 반복된다. 그렇지만 당장에는 작업자들이 열심히 일하기 때문에 언뜻 보면 문제가 없는 듯이 보인다. 사실은 문제가 숨겨져 있는 것이다.

저스트·인·타임의 사고 방식은 도요타 자동차의 초대 사장인 도요타 기이치로(豊田喜一郞)의 생각에서 나왔고, 그의 생각을 들은 오노가 구체화 시킨 것이다. 오노는 생산에 소요되는 부품이 꼭 필요로 하는 때에 '저스트·인·타임'으로 모아져야 한다는 말을 듣고 여러 모로 궁리를 하였는데 여기서 찾은 해법이 바로 끌기 시스템(pull system)의 발상이었다. 종래의 방식대로 생산계획을 전개하여 각 공정에 필요한 생산량을 할당하고 필요한 부품을 공급하는 방식으로서 밀기 시스템(push system)이라 하는데, 부품의 종류가 수만 종에 이르는 자동차 공장에서 원래의 계획대로 생산되리라는 생각은 순진한 것이다. 어느 한 부분에 문제가 생기면 다른 곳에서 만든 모든 중간제품이 최종조립으로 이어지지 못한 채 재공품으로 남아 있게 된다. 이 재공품의 수량을 파악하고 녹이 슬지 않도록 관리하는 일은 언뜻 생각해도 낭비의 요소가 매우 큰 것이다.

그래서 오노는 후공정이 필요한 물건을 필요로 하는 때에 앞공정으로 가지러 가는 방식을 생각해 내게 되었다. 후공정에서 물건을 가져가지 않으면 더 이상 쌓아 둘 공간도 없어지므로, 과거와 같이 사람과 기계가 놀면 안 된다는 생각에 제품을 계속 생산해내는 문제가 사라지게 된다. 더 만들어야 하는지 중지해야 하는지를 대강 눈으로 보아도 알 수 있게 되므로 지속적으로 사람이 놀게 되는 공정에서는 자연히 다른 곳으로 작업자를 배치해야 되겠다는 말도 나온다. 정상상태와 이상상태를 즉시 눈으로 보아 구별할 수 있게 함으로써 개선을 위한 표준을 잡을 수 있게 되었다. 이렇게 제조공정의 마지막 단계인 최종조립라인을 출발점으로 하여 생산지시를 하면 전체 공정이 거슬러 올라가며 동기화되는 흐름을 만드는 것이다. 이 때 인수 또는 제조지시에 쓰이는 것이 간판이다.

눈으로 보아서 알 수 있는 현장

표시등 방식은 원리가 간단하다. 적등은 공정에서 불량 등 문제가 발생했다는 표시이고 황등은 일정 수의 생산이 이루어지고 난 뒤에 품질검사 중이라는 뜻이다. 원리는 간단하지만 도요타 생산방식은 모든 분야에 '눈으로 보는 관리'를 중시한다.

눈으로 보는 관리의 본질은 적당히 속이는 부분이 없게 하는 것이다. 공장의 생산원가 중에는 많은 부분이 노출이 안 된 채 덮여 있기 때문에 '숨겨진 공장(hidden factory)'이 존재한다고 비유된다. 도요타 생산방식은 이 숨겨진 공장을 철저히 배제하는 것이 개선의 지름길이라는 생각을 가지고 있다. 눈으로 보는 관리를 가능하게 하기 위해서, 구체적으로 다음과 같은 방법을 쓰고 있다.

- 제품, 부품을 두는 장소를 규정해서 이것을 명확하게 표시하며, 간판에 소재지를 기입한다. 이로써 재고관리, 착수순서, 진척상황, 운반작업 등에 대한 이상을 곧 알 수 있다.
- 라인 스톱 표시판(표시등)의 설치 : 라인 가동 상황, 설비불량 부위, 대책상황 등을 즉시 알 수 있도록 표시판이나 표시등을 설치한다.
- 게시판 : 지금 무엇을 하고 있는지, 다음 착수준비는 끝났는지, 이 라

인의 생산능력 상황은 어떻고 잔업이 예정되어 있는지, 그리고 라인의 사이클타임, 작업순서, 표준대기시간은 얼마인지 등 주요 현황을 알 수 있도록 라인 첫머리에 게시한다.

눈으로 보는 관리는 지금 당장 조치할 곳을 찾게 해 주어, 지속적 개선을 하도록 하는 메커니즘의 첫 스텝인 셈이다.

5 S는 깨끗하고 잘 정돈된 작업장을 유지하기 위한 지침으로 강조되는데, 다음의 다섯 활동으로 구성된다.

- 정리 (Seiri, Sort) - 필요한 것과 불필요한 것을 구분하여 불필요한 것은 과감히 버림
- 정돈 (Seiton, Simplify) - 필요한 것을 쉽게 찾아 사용할 수 있도록 각종 물품의 보관수량과 보관장소를 정해 이곳에 놓고 표시해 둠
- 청소 (Seiso, Scrub) - 작업장의 바닥, 벽, 설비비품 등 모든 것의 구석구석을 닦아 먼지, 이물질 등을 제거하여 더러움이 없는 환경조성
- 청결 (Seiketsu, Standardize) - 먼지, 쓰레기 등 더러움이 없이 깨끗하고 언제나 눈으로 보아 문제점이 발생되었을 때 이것을 한눈에 발견할 수 있는 상태 유지
- 습관화 (마음가짐) (Shitsuke, Sustain) - 회사의 규율이나 규칙, 작업방법 등을 정해진 대로 준수하는 것이 몸에 익어 무의식 상태에서도 지킬 수 있게 함

통제시스템 - 간판방식

간판은 JIT 생산을 실현하는 통제 수단으로 쓰이는 것으로, 구체적인 모양은 직사각형 비닐주머니에 들어 있는 한 장의 카드다. 간판은 크게 인수간판(또는 이동간판)과 생산간판(또는 착수간판)의 두 종류가 있다(그림 10-3 참조). 인수간판은 후공정이 전공정으로부터 인수해야 할 제품의 종류와 양이 기재되어 있는 것이고, 생산간판은 전공정이 생산해야 할 제품 종류와 수량을 지정한 것이다.

그림 10-3 인수간판과 생산간판

그림 10-3의 인수간판은 이 부품을 만드는 전공정이 단조 공정이고, 후공정의 운반자는 단조부문의 B-2 장소에 가서 드라이브 피니언을 인수하도록 지시하고 있다. 후공정은 기계가공이다. 각 부품상자에는 20개가 수납되고 있으며 부품상자의 형은 B형이다. 이 간판은 발생된 8매 중 4번째의 것이다.

그림 10-3의 생산간판은 기계가공공정 SB-8에 발급된 것으로 56070-

321 크랭크 샤프트를 생산하라는 지시서이다. 생산된 크랭크 샤프트는 부품보관장소 F26-18 에 보관된다.

만약 전공정이 외주처라면 외주간판이라는 간판이 이용된다. 외주간판은 본질적으로 인수간판과 성격이 같다.

인수간판과 생산간판을 이용해서 생산이 이루어지는 흐름은 그림 10-4와 같다.

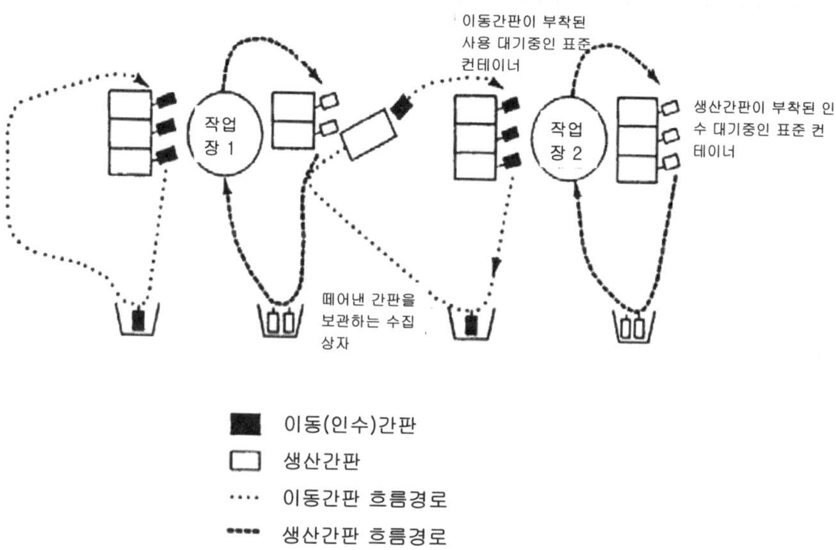

그림 10-4 간판과 생산흐름

1. 어느 시점에서 작업장 2에서 생산된 품목을 그 뒷 공정에서 인수해 간다. 이 때 인수자는 생산간판을 떼어서 생산간판 수집상자에 넣어 두고, 빈 컨테이너를 작업장 2 위치에 놓고는 가득 찬 컨테이너를 이동해 간다. (모든 자재의 흐름은 컨테이너가 정해진 수량만큼 가득 차서 간판이 부착된 상태에서 이루어진다.) 떨어진 생산간판은 생산을 시작하라는 신호이다.
2. 미부착된 생산간판은 작업장 2에게 생산을 시작하라는 신호이다. 생

산을 하려면 원자재가 필요하게 되고, 원자재는 작업장 2 에 인수간판이 붙여진 컨테이너에 보관되어 있다. 생산을 위해 사용된 원재료 컨테이너는 비게 되고 인수간판은 인수간판 수집상자에 넣어진다.

3. 작업장 2의 자재취급자는 인수간판 포스트에서 필요한 수의 인수간판을 떼어 낸 후, 그 수만큼의 빈 컨테이너를 포크리프트 또는 대차에 싣고 전공정의 물품 보관위치로 간다. 그 시기는 인수간판이 사전에 정해진 매수만큼 모아져 있을 때, 혹은 정한 시간에 규칙적으로 갈 수도 있다. 자재취급자는 물품 보관위치에서 완성된 원자재를 인수한 후, 컨테이너에 한 장씩 부착되어 있는 작업장 1의 생산간판을 떼어 생산간판 포스트에 넣어 둔다.
4. 자재취급자는 컨테이너에서 자기가 떼어 낸 생산간판 1매에 대해 인수간판 1매를 대신 부착한다. 이렇게 하여 2종의 간판을 교환하면서, 인수간판이 동일한 물품의 생산간판과 수량, 품목 면에서 일치하는가 주의 깊게 대조한다.
5. 전 공정인 작업장 1에서는 생산간판이 간판 수집상자에 모아진 차례대로 생산을 한다. 한 컨테이너 분의 생산이 이루어지면 생산간판을 부착하여 완성품 대기장소에 적치함으로써 후공정의 운반인이 언제든 인수할 수 있도록 해 둔다.

이러한 과정이 끊임없이 반복되면서 각 공정에 필요한 품목을 필요한 때에 필요한 수량만큼 인수해 가는 저스트·인·타임(JIT) 생산이 실현되는 것이다. 이와 같이 간판의 연쇄는 각 공정이 제품 한 단위를 사이클 타임 안에 생산하기 위한 라인의 동기화를 실현하는 데 기여한다.

간판방식이 실제로 운영되려면 몇 가지 전제조건이 필요한데, 대개 다음과 같은 룰(rules)이 지켜져야 한다.

1. 불량품을 후공정에 보내지 않는다. 불량으로 인한 손실을 막고 간판의 흐름을 보증하기 위해서는 불량을 절대 후공정으로 보내서는 안 된다.
2. 후공정이 인수한다. 필요 시 필요한 수량만큼만 생산하고 인수해

가도록 하기 위함이다.

3. 후공정이 인수해 간 만큼(떨어진 생산간판에 의해 허가된 수량)만 생산한다. 공정재고를 최소화 하기 위함이다.
4. 생산을 평준화하고, 공정을 안정화, 합리화한다. 불량품 뿐 아니라 불량 작업까지 제거하여 공정을 개선하고 낭비를 제거하여, 2, 3 규칙과 함께 JIT생산을 위한 조건이 된다.
5. 간판은 미세 조정의 수단이다. 수요변화 내지 생산현장의 사정에 따라 가감하여 조정하는 수단으로 이용될 수 있다.
6. 부품을 가득 채운 컨테이너만이 하나의 간판을 부착할 수 있다. 이러한 규칙은 현장 재고의 파악을 쉽게 해 준다.

간판매수의 산정과 미세조정

간판방식의 특징은 관리상태가 눈에 보인다는 점이다. 모든 부분품은 일정 크기의 컨테이너에 들어 있는데, 대기 중의 빈 상자가 쌓여 있을 때는 전 공정의 생산이 늦어지고 있는 경우이고, 반대로 부품이 들어 있는데 후 공정에서 인수해 가지 않을 때에는 후 공정의 작업이 늦어지고 있는 것으로 볼 수 있다.

컨테이너마다 한 장씩의 간판이 부착되어 있기 때문에 간판의 수는 수요량, 상자의 크기, 간판 순환시간(cyclc time)의 함수가 된다. 간판 수(N)는 다음 산식과 같이 구할 수 있다.

$N = DT / C$	N : 간판의 수	D : 수요량(개)
	C : 컨테이너 용량(개)	T : 간판의 순환주기

가령 부품의 수요율은 분당 2개, 컨테이너의 용량은 20개라면 컨테이너에 부품을 재보충하는 데 걸리는 순환시간은 100분이 소요된다. 이 경우 컨테이너의 수, 즉 발행되는 간판의 수 N 은 10(장)이다. ($N = DT / C = 2 \times 100 / 20 = 10$)

최대 재고(I_{max})는 컨테이너 크기(C) 와 간판 수를 곱하여 산출하면 되는데, 이 예에서는 최대재고는 200개가 된다.

$$I_{max} = NC$$

만약 현장 재고가 너무 많다고 판단되면 간판의 수를 조금 줄여보면 된다. 이런 식으로 간판은 미세 조정의 수단이 되는 것이다.

전략적 공급자 관계

제조기업의 원재료 조달에 있어서 공급업체들과 어떤 관계를 유지하는가는 중요한 문제이다. 일본 기업이 적시생산 시스템(JIT)으로 성공을 거두면서 공급자와의 협력관계가 관심을 끌게 되었다. 협력관계에 있는 공급자와 제조기업은 서로 도와 주는 동반자로 간주되며, 장기간의 계약과 품질향상을 위한 공동작업 등이 강조된다.

JIT협력업체

개별 구매오더는 가장 일반적인 구매방법으로 여기에는 제품규격, 가격 및 지불조건과 운송조건 등 협력업체가 이행해야 할 사항 등이 포함된다. 이에 비해 JIT환경에서는 조달 간판이 이용된다. 조달간판은 고정발주량, 재발주점 시스템의 특징을 갖는다.

JIT 구매방식을 적용하려면 사전에 협력관계를 유지할 적합한 공급업자를 물색하고 평가, 선정하는 작업이 매우 세심하게 이루어져야 한다. JIT시스템에서는 낮은 재고로 생산이 이루어져야 하기 때문에 현장에 적시에 재고가 보충되어야 한다. 이를 위해서 공급자는 하루에도 몇 번씩 공장에 제품을 납품하도록 요구 받을 수 있다. 그러므로 JIT의 실현을 위해서는 공급자와의 협력관계(partnership) 내지 전략적 제휴관계(strategic alliance)가 중요하다. 일반적으로 JIT구매의 두 가지 기본적인 전략은 1)공급자 수를 줄여서 단일 공급체제(single source)를 지향하는 것과, 2)장기 계약의 장점을 적극 활용하여 협력관계를 만들어 가는 것이다.

JIT 협력업체의 몇 가지 원칙은 다음과 같다.

- 일정계획(scheduling) : 제조업체와 공급자 간에는 일정에 대해 자주 협의하고 품질문제 등 예상되는 문제를 사전에 예방할 수 있도록 협의해야 한다. 선적 일정계획에는 가장 적절한 납품순서와 함께 납품할 수량 및 납품 횟수가 포함되어 있어야 하고, 제조업체가 주문한 물량의 출하 상황이 현재 어떤 상태에 있는지를 신속히 정보제공 할 수 있는 피드백 시스템을 갖추어야 한다.
- 인도(delivery) : JIT 시스템에서는 완충재고(buffer stock)를 최소화하면서 소량주문이라 하더라도 잦은 인도로 지속적인 생산흐름이 유지되도록 해야 한다. 따라서 제조업체와 공급자 간에는 납품수량 및 주기에 관한 정확한 정보교환이 이루어져야 한다.
- 품질(quality) : JIT 환경 하에서는 불량에 대비한 안전재고를 두지 않는 것이 원칙이므로 공급자의 품질수준은 충족될 것으로 전제된다. 또한 품질 문제가 발생했을 경우에는 제조업체의 도움 하에 문제의 근본원인을 파악하고 시정조치 프로그램이 정착되도록 해야 한다. 이는 제조업체와 공급자 간에 품목의 품질사양에 대한 정보가 명확하게 제공되어야 함을 뜻한다.
- 포장(packaging) : 제조업체와 공급자는 지속적인 물류흐름이 용이하고 적재공간을 최소화 하도록 하는 포장 방법에 대해서 서로 협조한다. 재사용이 가능한 포장 용기로 원가 절감에도 기여하고 이동 중의 보호 기능이 조화 있게 충족되도록 하는 포장 설계가 필요하다.
- 운송(transportation) : JIT 시스템에서는 고객의 요구조건을 충족할 수 있는 운송시스템을 갖추도록 서로 합의해야 한다. 운송업체도 역시 납품과 운송일정에 관한 엄격성이 지켜지도록 파트너십의 일원으로 참여시켜야 한다.

수행도 평가

1. 다음 중 옳은 서술은?
   A. 원가를 높이는 일(cost buildup)과 물품을 저장하는 일(storage)은 제품에 가치를 부가한다.
   B. 가치는 시장에서부터 시작된다.
   C. "비용(cost)" 과 "가치(value)"는 동의어(interchangeable terms) 이다.
   D. just-in-time means having product always ready for the customer.

2. 회사가 서로 다른 모델에 사용되는 부품을 표준화 했을 때 일어나는 일은?
   A. 낭비가 줄어든다.
   B. 고객이 선택할 수 있는 제품 옵션이 줄어든다.
   C. 생산에 있어 범용장비가 더 자주 사용된다.
   D. 생산 주정(production run - 로트크기)이 줄어든다.

3. 다음 중 JIT에 관한 서술 중 옳은 말은?
   A. 제조회사가 어떻게 조직되고 운영되는가에 관한 철학이다.
   B. 비용에 관계없이 소비자에게 제품을 가능한 한 빨리 인도하는 것에 관한 것이다.
   C. 경영에 있어서 문화에 기반을 둔 방법이다.
   D. 제품에 비용을 부가하는 일에 관한 것이다.

4.종업원에 대한 권한위임(empowerment)에 대한 설명 중 가장 적합한 것은?
   A. 관리자는 회사의 의사결정에 대한 책임으로부터 풀려나게 된다.
   B. 종업원들이 그들의 봉급 인상률과 근무 시간에 관한 결정을 할 수 있도록 권한을 위임 받는다.

C. 현장 라인 종업원들이 의사결정에 대해서 이전 보다 더 많은 권한을 갖게 된다.
D. 의사결정권은 적은 수의 상위 수준의 경영그룹에 집중된다.

5. 다음 중 작업 셀(work-cells)의 장점은?
A. 장비활용의 극대화
B. 단순화된 생산활동통제
C. 더 큰 뱃치(batch)와 낮은 단위 당 비용
D. 요구되는 작업자 능력의 감소

6. 다음 중 전사적 생산보전(TPM)에 관련하여 옳은 말은?
A. 모든 금형 교체를 할 때마다 숙련된 기계공이 적합한 준비작업을 해야 한다.
B. 언제나 기계가 가동 가능한 상태가 되도록 청결 검사자(cleaner-inspectors)가 필요하다.
C. 작업자는 유지보수의 생산성에 대해서 정기적으로 관리자에 보고한다.
D. 기계 운전자는 대부분의 정형화된 기계 유지보수 업무에 책임을 진다.

7. 다음 중 JIT와 MRP에 관해 옳은 말은?
A. JIT가 착수되었다면 MRP는 더 이상 필요 없다.
B. 자재 명세서(BOM)의 수준의 수를 증가시키면 MRP가 JIT처럼 된다.
C. MRP는 계획에서 사용되고, JIT는 계획을 효과적으로 적용시킬 수 있게 한다.
D. JIT는 '버켓 없는 MRP(bucketless MRP)' 시스템과 같다.

8. JIT에 있어서 끌기 신호(pull signal)인 수량(quantity)에 대한 설명으로 맞는 것은?

A. 언제나 상류(upstream) 끌기 신호와 같다.
B. 언제나 한 개이다.
C. 어떤 수량이라도 된다.
D. 종종 소량의 안전 요인(safety factor)을 포함한다.

9. 다음 중 JIT에서 공급자와의 관계에 대한 설명으로 가장 적절한 것은?
A. 모든 비용 감소 효과가 구매자(buyer)에게 직접적으로 주어진다.
B. 적은 량으로 여러 번 납품하는 방식의 단기 계약이 사용된다.
C. 계획이 더욱 변덕스럽고 어려워 진다.
D. 공급자는 상류 단계의 작업장으로 간주된다.

10. TQM은 다음 중 무엇에 의해 뱃치의 크기를 줄일 수 있는가?
A. 리드타임의 감소
B. 통계적 분석과 파괴검사(destructive testing)
C. 주문 당 비용의 증가
D. 배치 크기 계산에 관계된 고정비용의 감소

11 제약자원이론

1.개요
2.공급체인의 경쟁력을 높이는 제약자원이론
3.전체최적화의 열쇠는 "애로공정"과 "평가기준"
4.TOC의 기법 : 생산개선의 5단계
5.카이젠 생산방식과 TOC의 융합 필요성
6.공급체인의 제약조건 : 시장

제 11 장 제약자원이론

학습 목표

- ✧ 제약자원이론(TOC)의 기본 개념을 이해하고 설명할 수 있다.
- ✧ 시스템 스루풋(throughput)을 극대화 하는 데 있어서 제약자원이 갖는 중요성을 이해한다.
- ✧ 생산성과 재무적 성과를 향상시키는 데 있어서 제약자원이론의 적용을 이해한다.
- ✧ 계획과 일정수립에 있어서 Drum-buffer-rope(DBR)의 목적을 이해한다.
- ✧ 버퍼(buffer)의 유형과 그 역할에 대해 설명한다.

개요

제약자원이론(TOC : theory of constraints)은 골드랫(Eli Goldratt)에 의해서 제창된 것으로 앞의 JIT생산체계를 한 단계 정교화한 것으로 인정되고 있다. 골드랫은 스루풋(throughput)을 내는 데 제약이 되는 애로공정이나 제약자원을 식별하고, 그 제약자원에 초점을 맞추어 전체 생산의 흐름을 동시화해야 한다는 제약자원의 이론을 전개하였다.

공급체인(supply chain) 의 전체최적화를 실현하기 위해서는 어떻게 하면 좋을까. 그 방법으로서 커다란 가능성을 내포하여 주의를 집중시키고 있는 것이 제약자원이론(TOC : theory of constraints)이다. TOC는 "제약조건 이외의 활동을 제약조건에 종속 시킴"으로써 결과적으로 효율과 수익을 최대화한다는 것이다. 이는 모든 시스템이 아무리 복잡하게 구성되어 있다 해도 주어진 시간에 있어서는 단지 몇 개 또는 단 한 개의 제약자원(constraint)만을 갖는다는 데 착안한 것이다. 원래는 공장에서 설비가동률과 생산기간을 최적화하기 위한 기법이었는데, 그 개념은 공급체인에도 잘 들어맞는다. 본 장에서는 TOC의 본질을 생각해보고, JIT 생산방식과의 융합 필요성을 포함하여 그 진정한 가능성을 밝힌다

공급체인의 경쟁력을 높이는 제약자원이론

현재는 변화의 시대라고 하며 변화에 대한 대응력이야말로 기업의 경쟁력을 만들어내는 커다란 요소가 된다. 시장과 수요의 변화에 재빠르게 대응하기 위해서는 조달에서 제조, 물류, 판매의 체인 즉 공급체인이 변화에 동기화하여 신속하게 대응할 것이 요구된다. 단일제품의 제조·판매에 대해서 말하자면, 잘 팔리게 되면 때맞춰서 가속기를 밟고 잘 안 팔리게 되면 바로 브레이크로 바꿔 밟는 것이 효과적인 공급체인 체제이다. 그것이 안되면 방대한 기회손실을 낳거나 대량의 제품·부품·반제품의 사장재고를 끌어안는 사태를 초래한다. 현재의 경쟁은 개별 기업간이 아니라 공급체인 전체의 차원에서 전개되고 있으며, 공급체인관리(supply chain management : SCM)의 능력이 경쟁우위의 원천이 되고 있다고 해도 과언이 아니다.

제약자원이론(theory of constraints : TOC)이란, 이 공급체인을 시스템으로 보고, "시스템의 목적(goal)달성을 저해하는 제약조건을 찾아 그것을 활용·강화하기 위한 경영 기법"을 말한다. 과거의 사고방식에서는 기업 내 모든 구성 요소를 고루 강화하는 노력을 기울였던 데 비해 제약자원이론에서는 시스템 내 약점으로 여겨지는 제약자원을 찾아 이를 우선 강화하는 사고방식이다. 조직 내 제약자원은 다양한 영역에서 발생할 수 있다. 공장 내의 애로공정은 전형적인 제약자원이다. 하지만 TOC에서는 기업 내, 외의 전체 시스템을 대상으로 제약자원을 찾는다. 예를 들어 공급업체(suppliers), 기계, 작업자 능력(skills), 경영자의 사고(지식, 이해 부족), 그리고 낮은 시장수요 등이 모두 제약자원의 예가 될 수 있다.

이들 제약자원은 두 유형으로 나눌 수 있다. 공급업체(suppliers), 기계, 작업자 능력(skills), 그리고 낮은 시장수요 등은 스루풋 기반의 제약자원(throughput-based constraints)이다. 원인-결과(causes and effects)에 대한 이해 부족, 개선의 착수를 어디서부터 해야 하는지에 대한 이해 부족 등

은 행동 기반의 제약자원(behavior-based constraints)이다.

공급체인을 운동회에 있어서 서로 끈을 묶고 달리는 "지네경주"에 비유해 보자. 이 지네경주의 첫 번째 목적은 팀장의 지시에 따라 코스와 속도를 변경하여 다른 팀보다 일정시간에 더 많이 가는 것이라 하자. 그리고 두 번째 목적은 코스 변경 시에 멈추었을 때의 행렬을 가능한 한 짧게 하는 것이며, 끈의 길이는 팀에서 선택할 수 있다고 하자. 각각의 팀이 공급체인에 해당하고 각자가 그 구성원이다. 그리고 첫 번째의 목적이 가속페달을 밟는 장면에 해당하고, 두 번째의 목적이 브레이크를 밟는 장면에 해당한다. 이러한 싸움에 이기기 위해서는 어떻게 하면 좋을까. 또 TOC의 경영기법에 대응시켜서 말하면, 첫 번째 목적은 스루풋(throughput - 매출액에서 원재료비를 차감한 금액)이고 두 번째 목적은 반제품재고에 해당한다.

만약 주력에 문제가 있을 경우, 첫 번째의 목적을 결정하는 것은 팀을 구성하는 각 멤버 주력의 총화 또는 평균치가 아니라, 그 중의 가장 느린 사람의 주력이다. 그리고 또 한가지의 결정요인은 각 멤버의 진행이 잘 동기화 되느냐의 여부이다. 멤버를 결속하는 끈의 길이가 짧을수록 동기화의 요인도 효과가 있다. 또 두 번째의 목적을 달성하기 위해서는 끈의 길이를 짧게 해야 한다.

TOC에서의 시스템에 해당하는 팀의 첫 번째 목적을 결정하는 제약조건은 주력이 문제라면 가장 주력이 뒤떨어지는 사람이다. 제약조건이 틀린 코스를 지시하는 팀장일 가능성도 있다.

TOC에서는 이 제약조건을 찾아 그것이 주력에 있다면 주력이 가장 뒤떨어지는 사람의 걸음에 다른 멤버가 종속·동기화하여 걸음을 진행함으로써 제약조건인 사람의 주력을 최대한 발휘시켜서 첫 번째 목적인 보다 긴 거리를 벌자는 것이다. 그리고 다음으로 제약조건 그 자체의 주력을 강화함으로써 팀 전체의 경쟁력을 높일 수가 있다. 그러면 이번에는 다른 사람이 제약조건이 되고 거기에 착안한 경주가 이루어질 것이다. 이러한 사이클을 돌림으로써 공급체인의 경쟁력이 높아지고 기업의 목적을 달성하기 위한 운용과 강화를 도모할 수 있다.

수요가 공급력을 상회하고 수요의 변화도 그다지 없는 "만들기만 하면 팔렸던" 시대에는 이러한 지네경주는 존재하지 않았다. 단일의 직선코스를 끈의 길이를 충분히 길게 해서 개개인의 멤버가 마음대로 달려서 행렬의 길이가 방대해지더라도 갑자기 호루라기가 울려 행렬의 길이(악성재고)가 평가되거나 갑자기 코스의 변경을 요구 받는 일도 없었다. 또한 경주에서의 목적도 팀 전체의 주행거리가 아니라 개개인의 주행거리(예를 들면 각 공정의 생산성)가 평가되었다. 그러나 앞에 기술했듯이 현재는 변화의 시대이며, 그런 식으로 경영하는 기업은 살아남을 수 없다.

TOC도 이러한 흐름 속에서 탄생했다. 그것은 오로지 생산이라는 제한된 장소에서의 경쟁논리가 아니라 기업전체, 공급체인 전체에서 최적화를 실현하기 위한 경영기법과 평가기준을 훌륭하게 부여하는 것이다.

전체최적화의 열쇠는 "애로공정"과 "평가기준"

전체최적화-애로공정의 발견과 그 활용

TOC의 원천이 되는 생산스케줄링 소프트웨어는 OPT(optimized production technology)라고 불린다. OPT의 합리성은 자동차(작업, 오더) 주행시간의 비유로 쉽게 이해할 수 있다. 도로가 비어 있으면 목적지(완성품)까지 30분이면 가는 거리를 약간 혼잡해지기 시작하면 급격히 정체가 일어나 2시간도 걸리고 3시간도(생산리드타임) 걸린다. 게다가 전체는 2차선의 도로로 순조롭게 주행하고 있더라도 공사 등으로 1차선(애로공정)이 되는 부분이 한 군데라도 있으면 그 앞부분에서 갑자기 정체가 일어나고 그곳을 빠져 나오면 거짓말처럼 길이 비어 있다. 따라서 애로공정의 부분에만 착안하여 조금이라도 그곳을 순조롭게 통과할 수 있는 흐름을 만들고 "거기에 다른 부분을 종속시켜서" 전체의 스케줄을 계획하면 목적지까지 가는 시간을 단축할 수 있고, 동시에 일정시간 내에 목적지에 도착하는 차의 대수(스루풋)를 증가시킬 수도 있다. 이러한 전체성과목표의 성능을 정하고 있는 애로공정에 착안한다는 사고방식은 생산스케줄링에 한하지 않고, 모든 문제의 전체최적화에 적용할 수 있다. 그리고 OPT는 그 후 2가지 방향으로 진화하게 된다.

하나는 "애로공정"을 더욱 일반적인 용어인 "제약조건"으로 바꾸어 놓음으로써 그 적용범위가 생산전체, 나아가 매니지먼트 전반으로 확장되었다. 예를 들면 공장의 제약조건은 무엇인가, 경영 방침상의 제약조건은 무엇인가라는 질문도 할 수 있게 된다. 이러한 원리를 정리한 골드랫의 비즈니스 소설 "더 골(The Goal)"의 독자가 그 사고를 현실적으로 적용하여 극적인 효과를 얻을 수 있었던 점에서 그 유효성이 입증되었으며, 개념으로서의 TOC가 탄생했다. 또 하나는 공급체인 전체의 제약조건을 고려한 계획소프트웨어로서의 SCM제품의 진화이다.

새로운 평가기준

TOC의 핵심부분을 이해하기 위해서는 또 한가지 평가기준에 대해 이해해야 한다. 애로공정, 다시 말해 제약조건을 제외한 비 제약조건을 제약조건에 종속 시킨다는 것은 비 제약조건의 공정에서는 작업중단과 유휴를 발생시키게 된다. 즉 그 공정에서의 가동률, 시간당 또는 1인당 몇 개를 생산했는가 하는 시간생산성 및 노동생산성 같은 종래의 원가계산에 의거하는 능률·비용지표를 저하시키게 된다. 이것들은 지네경주의 끈이 충분히 길어 각자가 빠르고 편하게 달려야 했던 시대의 평가지표이다. 당시는 컴퓨터에서 자동적으로 출력되는 "부서 생산성"이라는 데이터에 의거하여 권한이 세분화된 관리자가 평가 받으며 그렇게 행동해야 했다. 그런 우스꽝스러움을 골드랫은 건초더미에서 바늘을 찾는 것처럼 하찮고 쓸데없는 일이라고 하고 있으며, "건초더미 증후군(hay stack syndrome)"이라고 부르며 비판하고 있다. 이러한 평가시스템이 그대로 유지되는 한 TOC의 사고방식은 기존 관리자로서는 용인하기 어려운 것이 되며, 설령 납득을 하더라도 의욕을 잃게 되고 만다. 그러면 생산성이란 무엇인가. TOC에서는 기업의 목적에 결부되기 위한 최적의 활동이라고 정의되며, 현금흐름의 증대를 기업의 목적으로 하고 그 평가지표로서 스루풋(throughput)이 이용된다. 스루풋이란 기업에 유입되는 실질 현금흐름으로서의 매출액(sales revenue)에서 원재료비 등 변동비(variable cost)를 뺀 것이라고 정의된다.

즉 (Throughput = sales revenue - true variable cost) 로 정의된다.

스루풋이 매출액 척도와 다른 점은 생산력에 여유가 있는 경우에는 스루풋이 플러스인 한(간접비와 고정비를 배분한 표준원가계산에서는 마이너스 일지라도), 판매가를 내려서라도 수주를 증가시키는 것이 현금흐름 증대에 유리하게 작용하기 때문에, 종래의 표준원가계산에서는 발견할 수 없었던 의사결정을 가능케 하는 것이다. 이것은 스루풋(throughput)회계라고 불린다. 스루풋 자체는 새로운 개념은 아니며 관리회계의 한계이익(marginal contribution)에 해당한다. TOC의 공헌은 이 지표의 증대를 기업의 제일 목적으로 하고, 그 개선 방법으로는 제약조건과 결부시킨 것이다. 이 개념을 염두에 두고, 어떤 기계의 증설을 위한 투자의 타당성을 평가해 볼 수 있다. 즉 "이 투자는 스루풋을 증대시킬 것인가? 투자와 재고에 미치는 영향은 어떠한가? 마지막으로 운영 비용에 미치는 영향은 어떠한가?"에 대한 질문을 평가해야 한다.

"비용의 세계"에서 "스루풋(throughput)의 세계"로

이러한 평가기준 전환의 필요성을 강조하기 위해서 전통적 원가계산에 의거하는 "비용의 세계"를 부정하고 "스루풋(throughput)의 세계"로의 이행이 강조된다. 각 공정의 비용을 최소화하면 전체의 비용은 최소가 된다는 논리 하에서 개별공정과 부문마다의 능률, 비용지표를 설정하여 관리·평가되는 것이 "비용의 세계"이다. 잘 팔리는 것을 만들어야만 하는 시대에 비제약조건인 공정에서 부분최적화적 발상으로 비용최소·노동생산성의 최대기준으로 부품을 만들면 그 부품의 재고만이 증가하여 도리어 재고비용을 상승시킨다. 또 그 부품을 사용한 제품의 판매가 중지되면 그것이 결국은 사장재고가 되고 만다. 스루풋(throughput)을 증대 시키기는커녕, 생산전체에서는 결과적으로 대폭적인 비용증대를 초래하고 마는 것이다.

"스루풋(throughput)의 세계"에서는 개별 활동의 생산성 향상과 개선 결과가 모두 합친다고 전체성과가 되지는 않는다. 이것에 대한 설명으로서 사슬의 비유가 TOC에서는 이용된다. 전술한 지네경주의 끈에 해당하는 것이 사슬이다. 기업활동, 생산활동을 사슬에 비유하여 수주에서 부품조달, 제조, 납품을 거쳐 입금이라는, 최종적으로 기업에 돈이 들어오기까지의 각각의 활동이 사슬의 고리에 해당한다. 이른바 공급체인이다. 그리고 스루풋은 사슬의 강도에 대응한다. 사슬 전체의 강도는 가장 약한 부분의 강도로 결정된다. 스루풋도 가장 약한 제약조건의 활동에 영향 받으므로 스루풋 증대를 위해서는 이 제약조건을 찾아내서 그것을 강화하는 것이 유일한 수단이 된다. 한편 "비용의 세계"는 사슬의 중량에 해당하며 각 활동의 비용개선은 "외견"상 그 총화가 전체의 비용에 해당한다. 그렇지만 실제로는 부문지표의 비용개선은 전체로서는 사슬 사이, 즉 부문 사이의 빈 공간에 새로운 여분의 비용을 축적하여 증가시킬 수도 있으며 적어도 스루풋을 증가시킨다는 보장은 없다.

수비보다 공격을 기조로 한 관리기술

이상을 정리하면 TOC에서의 기업 목적은 첫째, "이익을 획득하는 것, 즉 스루풋(throughput)의 증대"이며 둘째로는 재고(inventory)를 포함한 총투자(investment)의 감소, 그리고 셋째는 자재비 이외의 운영비(operating expense)의 감소의 세 요소로 이루어져 있다. 이들 세 평가지표는 그림 11-1과 같은 우선순위를 갖는다.

스루풋 증대에는 이론적인 한계가 없는데 대하여, 재고비용과 고정비는 제로 이하는 불가능하기 때문에, TOC는 비용삭감이라는 "수비"보다도 "공격"을 기조로 한 관리기술임을 알 수 있다.

특히 재고는 운전자금을 소비할 뿐만 아니라 스루풋 증대에도 영향을 미친다. 공정간의 반제품의 존재는 생산리드타임을 지연시키고 필연적으로 스루풋 증대를 저해한다. 그렇지만 재고삭감은 기업의 목적이 아니라 어디까지나 수단이다. 따라서 순서를 두 번째로 하게 된다. 그리고 고정비 감소는 가장 우선순위가 낮다. 이것은 TOC가 단기적으로도 스루풋 증대를 노리고, 고정비는 단기적으로는 통제할 수 없기 때문이라고 생각할 수 있다.

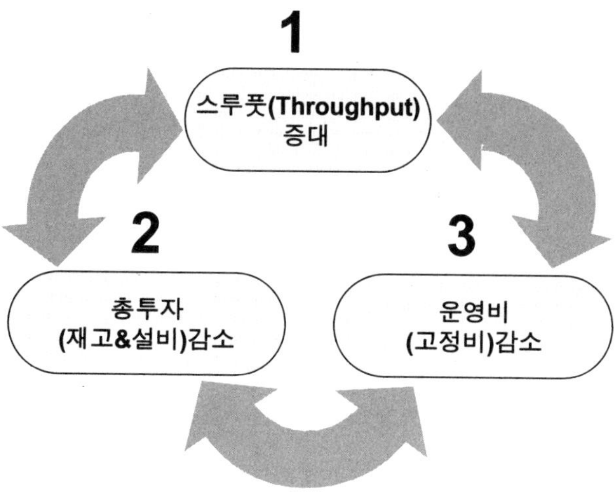

그림 11-1 TOC 평가지표

운영비 감소를 세 번째로 한 것은 리스트럭처링과 리엔지니어링에 의한 레이오프를 회피하는 수단도 의식하고 있다고 생각된다. 스루풋을 증대해 나가다 보면 필연적으로 일손이 부족해진다. 그 때에는 반대로 리엔지니어링에 의한 고정비, 간접비의 슬림화를 통해 잉여인원을 차출하고 이를 활용하는 것이 일손부족이라는 제약조건의 배제수단이 된다. 그리고 그로 인해 다시 스루풋이 증대한다는 바람직한 사이클의 순환이 기대된다.

TOC의 기법 : 생산개선의 5단계

단기와 장기로 실현하는 스루풋 증대 사이클

그런데 TOC는 스루풋을 기업의 목적으로 하여 제약조건을 잘 활용하면서 단기적으로 이것을 최대화한다. 한편으로는 제약조건 자체를 강화하여 다른 제약조건으로 이동시키는 사이클을 돌리는 방법으로 체질강화를 도모하고, 그로 인해 중·장기적으로도 스루풋을 증대시키는 2중 구조를 갖는다고 볼 수가 있다. 그것이 그림 11-2에 나와 있는 "TOC의 생산개선 5단계"라고 불리는 것이다.

제약조건을 찾아낸다.

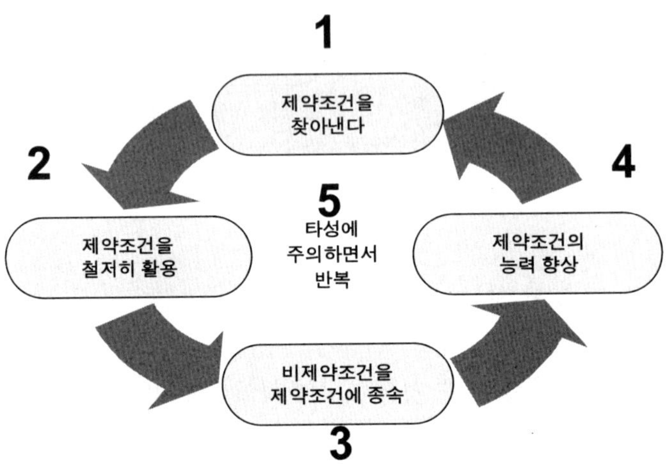

그림 11-2 TOC의 생산개선 5 단계

우선 현재의 스루풋을 결정하고 있는 것은 무엇인가, 그것을 찾아내는 것이 제1단계이다. 제조가 일손이 남는 상태에 있을 경우에는 아무리 생산 자체를 개선하더라도 스루풋은 증대하지 않는다. 그 경우의 제약조건은 시장이며 표준원가의 입장에서는 적자일지라도 또 제품의 가격인하를 해서라도 그 스루풋(매출액 마이너스 자재비)이 마이너스가 되지 않는 한, 주문을 받아들임으로써 스루풋을 증가시킬 수가 있다. 만약 그러한 방책이 경리상 허용되지 않는다면 제약조건은 경영상의 방침에 있으며 우선 이것을 타파하는 것이 문제가 된다. 이러한 대책에 의해 제조가 일손부족상황이 되면 이번에는 제조가 제약조건이 되고 그 중의 어느 공정, 설비, 활동이 제약조건인지를 확인할 필요가 있다. 가동시간이나 속도 같은 공칭적인 설비능력뿐만 아니라, 고장이나 불량 등의 변동요소를 가미하여 제품의 흐름을 횡단한 관점에서 판단할 것이 요구된다. 경우에 따라서는 제조공정이 아니라 조달과 생산계획이 제약조건이 되어 작업중단이나 유휴를 발생시켜 스루풋을 저해하는 경우도 있다.

예제: 어느 생산라인은 5 개의 공정으로 이루어져 있고 각 공정의 생산능력은 A공정(150/hr), B공정(110/hr), C공정(80/hr), D공정(140/hr), E공정(210/hr)이다.

- 만약 시장수요가 500/hr 이라면 C공정은 시스템 제약자원으로서 활동중인 애로공정(active bottleneck)이 된다.
- 만약 시장수요가 80/hr보다 조금 적은 75/hr 수준이라면 C공정은 CCR(capacity-constrained resource)라 한다. CCR은 그 자원에 대한 관리가 조직의 스루풋을 좌우하게 되는 자원이다.
- 만약 시장수요가 50/hr 이라면 제약자원은 외부의 시장 자체가 된다.

C 공정은 CCR로서 TOC 생산개선 단계의 주된 기준이 된다.

제약조건이 발견되면 현 상태의 능력으로 스루풋을 증대 시키는 것이 제2단계와 제3단계이다. 제2단계는 예컨대, 제약조건이 되고 있는 공정에 점심 후 휴식시간의 가동이나 잔업 같은 응급처치로 스루풋을 증대시키는 단계이다. 이에 대하여 제3단계는 생산계획상의 스루풋 향상책으로서 앞에 기술한 OPT의 논리를 적용하는 단계이며 DBR(drum buffer rope)이리고 불린다.

제약조건을 철저히 활용한다.

DBR의 개념을 나타내는 키워드는 "종속"과 "변동"이다. 여기서는 보이스카우트 행진의 비유가 이용된다(그림 11-3참조). 이 그림의 한 사람 한 사람이 제조공정에 해당하며 제일 뒤쪽(최종공정)의 소년이 걸어간 거리가 스루풋, 그리고 행렬의 길이가 생산리드타임(생산에 걸리는 시간), 또는 반제품 재고량(재공품)에 해당한다. 따라서 스루풋을 최대화하고, 또한 재고를 적게 하기 위해서는 행진거리를 연장시키고 동시에 행렬의 길이를 짧게 유지할 필요가 있다. 이 경우의 제약조건은 가장 키가 작은(보행속도가 느린) 소년이며 이 소년이 걷는 거리에 의해 스루풋은 결정된다. 그래서 이 소년에게 드럼을 갖게 하여 이 드럼의 박자에 맞추어(종속시켜서) 전체가 행진(생산)함으로써 행렬의 길이(반제품재고량)를 단축시킬 수가 있다. 이것은 앞에 설명한 지네경주의 원리와 같은 것인데 드럼은 동기화를 위한 보이지 않는 끈이라는 말이 된다. 더욱이 생산에는 고장과 불량 그리고 결근 등, 흔들림과 변동이 따라다니기 마련이다. 제약조건의 앞을 걷는 소년의 보행속도가 빨라도 갑자기 돌에 걸려 넘어지는 일도 있다. 만약 간격이 없으면 제약조건인 소년도 멈추지 않을 수 없게 되어 그것에 의해 스루풋이 저해되고 만다. 이러한 변동으로부터 제약조건만은 지키기 위해서 그 앞에만 간격(완충 재고)을 둔다. 그 때문에 제약조건의 소년과 선두의 소년 사이를 로프로 연결하여 제약조건의 보행에 종속시킴과 동시에 적당한 여유를 갖게 하기 위하여 버퍼를 부여하자는 것이다. 이러한 DBR의 관점에서 제조방식을 바꾸기만 하면 스루풋이 개선될 뿐만 아니라 여분의 반제품이 배제되어 공정 전체에 흐름이 생기며 그 효과는 매우 크다.

예제를 통해서 보면, 제약조건을 철저히 활용한다는 것은 제약자원(CCR)의 생산능력이 최대한으로 이용되도록 해서 생산능력이 75단위/hr 이하로 떨어지지 않도록 하는 것이다. 이를 위해서는 다음과 같은 조처가 필요하다.

- 제약자원으로 투입되는 원재료는 품질이 보증되도록 미리 확실히 한다.
- 작업의 휴식시간은 제약자원이 계속 가동되도록 조정한다.
- 작업에 지장을 주지 않으면서 제약자원의 가용성을 극대화 할 수 있도록 예방점검을 한다.
- 다른 전체 생산라인이 속도를 맞추도록 할 제약자원의 박자(drum)에 해당하는 제한부하 일정(finite schedule)을 만든다.

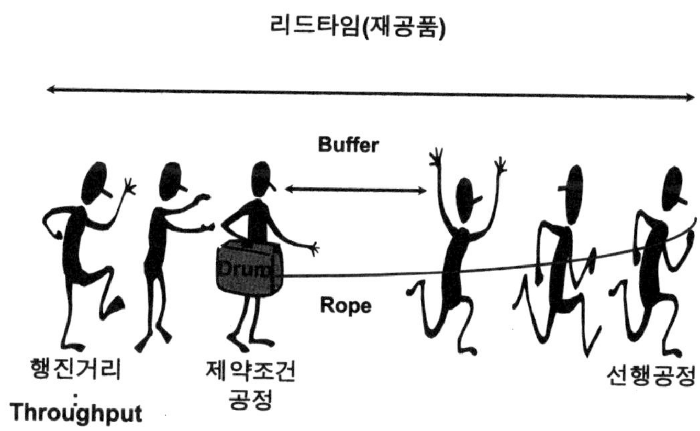

그림 11-3 드럼-버퍼-로프(DBR)의 비유

비제약자건을 제약조건에 종속시킨다.

본 3 단계의 목적은 앞 단계에 작성된 제약자원의 최대능력을 보장하는 일정계획(75단위/hr)이 유지되도록 하는 것이다. C공정의 생산능력은 80단위/hr이지만, 예기하지 못한 일이 발생하거나 평상적인 생산 상의 변동(variation)이 생기면 정해진 일정을 지킬 수 없게 영향을 줄 수 있다. TOC는 제약자원의 일정을 지키기 위해 몇 가지 표준적인 조처를 취한다.

드럼(drum)과 로프(rope) 일정수립

드럼(drum)은 2 단계에서 정해진 제약자원에서의 일정(75 단위/hr)이 전체 생산라인을 구동하는 일정이 되게 하는 것이다.

로프(rope)는 드럼(C 공정)과 원재료 불출 간의 커뮤니케이션 시스템이다. 로프의 목표는 C 의 앞공정인 A 와 B 공정을 거쳐 오는 자재가 C 가 필요로 하는 시점에 맞게 도착하도록 하는 것이다. 만약 너무 일찍 도착하면 C 공정에 너무 많은 재공품(WIP)이 쌓일 것이다. 결국 로프의 역할은 자재 불출 기능과 C 공정 간에 리드타임 내지 타임버퍼(time buffer)를 얼마로 할 것인지 통제하는 것이다. 비제약자원에 대해서는 CCR 을 보호해야 할 때에는 일정조정계(coordinator)에 의해 독촉되겠지만, 그 외에는상세 불출일정이 세워지지 않고 도착순 서비스방식(first-come, first-served basis)으로 운영된다.

버퍼(buffer) 설정

버퍼에는 시간 버퍼(time buffer), 재고 버퍼(stock buffer), 예비 생산능력(protective capacity)의 세 가지 유형이 있다. 시간 버퍼는 CCR 공정의 앞 단에 투입되는 원재료에 여유를 주어 정해진 시간만큼 미리 투입되도록 하는 것이다. 이를 제약 버퍼(constraint buffer)라 한다. 선적 시간버퍼는 CCR 의 뒷 단에서 선적하는 시간에 정해진 시간만큼 리드타임을 주어 지연 선적을 허용하는 것이다. 재고 버퍼는 앞의 시간버퍼와 관련이 있다. 시간 버퍼에 의해 CCR 공정의 앞에는 얼마간의 재공품(WIP)이 쌓이고, 선적 공정 전에는 얼마간의 완제품 재고가 쌓인다. 이런 재고를 전략적으로 인정하여 재고 버퍼를 두는 것이다. 예비 생산능력은 CCR 공정의 뒤에 있는 공정에 두는 여유 생산능력이다. 즉 이들 CCR 공정의 후속 공정에는 시간 버퍼나 재고 버퍼를 두지 않고 대신 여유 생산능력을 둠으로써 어떤 변동이 생기더라도 전체 선적일정이 늦어지는 일이 일어나지 않도록 한다.

제약조건의 능력을 향상시킨다.

계속되는 제4단계는 제약조건 자체의 능력 강화이다. 제약자원을 강화해야 하는 이유는 앞의 2, 3 단계의 노력만으로는 정해진 생산능력을 지속적으로 유지하는 것이 어려울 수도 있고, 외부적으로 수요가 증가해서 현재의 CCR 생산능력을 증대시킬 필요가 있기 때문이다.

생산개선 단계를 반복한다.

제약조건의 능력이 강화되면 그것을 대신하여 다른 공정과 요인이 제약조건이 된다. 그래서 이어지는 제5단계에서는 새로운 제약조건에 대하여 동일한 사이클을 돌릴 필요성을 환기하고 있다. 이 능력강화의 구체적 방책은 도요타 생산방식(TPS : toyota production system, 또는 JIT), 전사적 품질관리 (TQC), 그리고 TPM(total productive maintenance)으로 대표되는 지속적 개선 방법들이다. 이것들은 생산의 개선·개혁을 위한 대표적인 기법으로 인정받고 있다.

제약조건이 제조가 아니라, 경우에 따라서는 제품의 기본적인 요소기술이나 응용기술이 제약조건이 되어 있을 지도 모른다. 또한 공급체인 전체에 미치는 개선은 후술하는 조직의 벽과 같은 조직상의 문제가 제약조건일 경우도 많다. 이러한 경영상의 방침이나 조직상의 문제가 제약조건이 되는 경우에는 그 문제해결의 도구로서 TOC에서는 사고 프로세스(thinking process)라는 것을 준비해두고 있다. 이상 TOC는 스루풋 증대라는 기업의 목적을 내세우며 그것을 제약하고 있는 자원과 활동에 초점을 두어 운영과 개선면에서 기업활동을 그곳에 집약시킴으로써 단기 및 중·장기적인 2중의 사이클을 돌리면서 전체최적화를 도모하는 명쾌한 논리의 틀을 부여하고 있다.

카이젠 생산방식과 TOC의 융합 필요성

카이젠 적 생산방식이란 무엇인가

제조 기업이 경쟁력을 유지, 강화하기 위해서는 '지속적인 개선'을 꾸준히 전개해야 하는데 이를 카이젠(Kaizen)이라 한다. 그 대표적인 예가 TPS, TQC, TPM —합쳐 3T라고 부르기로 한다 — 이다. 이것들은 모두 고도성장과 변화의 시대가 도래하는 데 부응하여 새로운 업무방식을 제기하는 것이었다. 과학적인 생산 경영의 역사는 의외로 오래지 않다. 지금부터 약 100년 전에 테일러가 작업방법을 표준화하고 그것에 따라 업무를 할 때에 걸리는 표준시간을 이용하여 생산의 계획·관리를 가능케 한 것으로 시작된다. 그리고 1920년대에 포드에 의한 3S, 다시 말해 작업만이 아닌 설계도 포함하여 표준화(standardization), 단순화(simplification), 전문화(specialization) (※현재에도 효율적으로 제조를 하기 위한 기본원칙이 되는 요건임)함으로써 대량생산 방식이 확립되었다. 과학적 관리법의 영향은 일설에 의하면 테일러 이전과 비교해서 생산성이 50배나 높아질 정도로 지대한 것이었다. 그렇지만 70년대부터 다품종화가 진행하여 잘 팔리는 물건을 만들 것을 요청 받게 되면서 표준에 따라 일하는 것만으로는 부족하게 되었다. 변화의 시대에 있어서 시스템은 완성된 시점에서부터 진부화 한다고 인식되고 있다. 만드는 제품이 변화하고 그것에 대한 품질(Q), 비용(C), 납기(D) 면에서의 대응력이 중요해지기 시작했다. 다시 말해 변화에 대응하기 위해 항상 개선을 실시하고 더욱이 작업자가 그냥 작업하는 것만이 아니라 품질과 설비에도 책임을 지며 개선해 나가는, 이른바 권한이양(empowerment)을 기초로 한 업무방식이다. 그리고 이러한 조직능력을 구비하는 것이 글로벌 경쟁우위를 유지하는 요건이 되었다. 표준에 따라 업무를 한다는 구미모델을 기초로 그 위에 연속적인 개선 어프로치와 권한이양에 의한 전원참가를 포함한 것이 TQC, TPM, TPS로 이루어진 지속적 개선에 의한 생산방식이다. 이것들은 그림 11-4에 나와있듯이 Q, C, D 각각을 상호보완적으로 개선·강화하기 위한 수단과 방법론을 부여해 왔다.

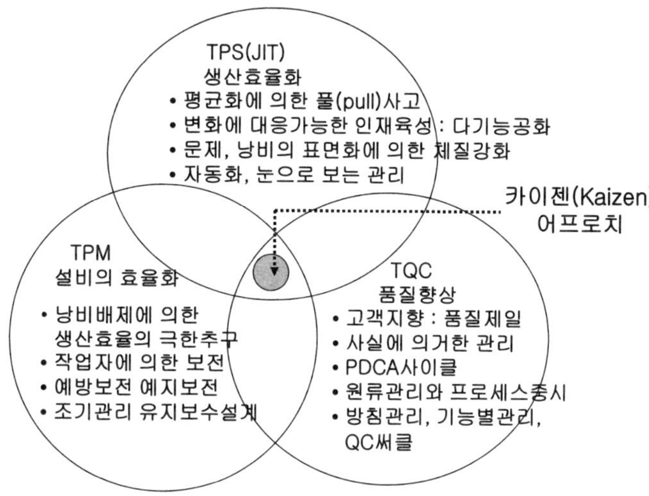

그림 11-4 3T와 그 상호 보완성

효율적 개선지침

과거 고도성장기에는 카이젠 적 생산방식에서의 전원참가와 무차별적인 개선노력은 그대로 경영성과에 결부되었다. 개선을 할 때 제품을 만드는 공장 내에서의 애로공정을 깨뜨리는 사고방식은 확실히 잘 알려져 있다. 그렇지만 그것은 기업 목적과의 관계가 아니라 Q, C, D라는 하나 아래의 하위 목적에서의 관점이다. 현재와 같은 저성장, 마이너스성장 시대에 돌입하면 아무리 제약조건을 떼어낸 개선을 실시해도 그것이 전체적으로 이익과 비용 절감으로는 결부되지 않는 상황이 발생한다. 그래서 TOC는 개선을 효과적으로 성과에 결부시키기 위해서 개선·개혁의 우선순위를 생각할 때의 구체적인 지침을 부여한다.

한편 TOC의 생산개선 5단계에서 제4단계의 "제약조건의 능력을 향상시킨다" 부분에서는 카이젠 적 생산방식이 대부분의 Q, C, D의 각 측면에서 구체적인 수단과 기법을 갖추고 있다. TOC의 스루풋 증대와 그것에 결부되는 제약조건의 활용·강화의 사고방식을 적용하여 그것을 관계자가 공유화 한다면 지금까지의 기법의 효과를 경영성과에 효율적으로 결부시킬 수가 있으며 또 그것에 의해 개선을 한층 활성화할 수 있을 것이다. 이 점을 설명하기 위해 TPM을 예로 들어 논의해 보자.

개선성과와 경영성과

TPM이란 설비를 중심으로 한 모든 낭비를 "바람직한 모습"과 "현실"과의 괴리로 정의하고, 그것을 배제하는 활동을 사업부가 하나가 되어 전개함으로써 생산효율의 극한을 추구하는 것이다. 버블 붕괴 후 장기간 계속되고 있는 현재의 불황 속에서 이 낭비 배제를 비용삭감에 직접적으로 결부시키는 TPM의 유용성이 넓게 인식되고 있다. 그 성과로 매출액감소의 기조가 변하지 않는 환경 하에서도 이익을 유지·확보하고 있는 기업을 많이 볼 수 있다.

TPM의 출발점이라고도 할 수 있는 평가지표에 설비종합효율이 있다. 이것은 설비가 정말로 부가가치를 낳고 있는지의 비율을 나타내는 것으로, 설비의 부하시간 중 고장에 의한 정지 로스(loss), 절차에 의한 정지 로스, 종종 발생하는 잠깐 씩의 작업정지가 반송장치에 걸리는 등으로 일시적으로 멈추는 성능 로스, 공칭 능력에 대한 속도저하 로스, 불량품을 만들어내는 불량 로스를 뺀 지표이다. 고장만을 고려한, 흔히 말하는 가동률이 90%일지라도 설비종합효율을 계산하면 통상 40%이하일 경우가 많다. 이러한 지표는 제조에 제약조건이 있는 경우에는 설비와 공정의 공칭능력이 아닌, TOC에서의 변동도 고려한 제약조건을 찾아내는 논리적·정량적인 평가척도를 부여한다. 또 TPM에서는 설비종합효율을 85%이상으로 하는 개선목표와 그것을 위한 다양한 기법이 준비되어 제약조건 능력강화의 구체적 수단을 부여하고 있다.

이러한 활동의 성과로서 산출된 로스를 금액으로 바꾼 로스 금액에서 실제로 개선에 의해 삭감한 부분이 로스배제 금액으로서 평가된다. 그런데 개선활동이 어느 수준에까지 도달하면 로스배제 금액이 실제의 비용삭감금액과 괴리된 것이 되기 시작한다. 로스배제 금액은 100억원일지라도 경영성과로서는 20억~30억원의 비용삭감, 또는 이익증가밖에 안 된다. DI 비율은 흔히 30%정도밖에 결부되지 않는 예가 많다.

그 이유는 그림 11-5에 설명된 것처럼 개선활동의 진전과 함께 제약조건이 이동하기 때문이다. TPM 도입 후 제조에 제약조건이 있고 동시에 해당 설비가 제약조건이 되고 있는 경우에는(I 의 상황) 정지로스와 성능로스 삭감에 의한 설비종합효율 향상이 그대로 스루풋증대와 직접이익에 결부되는 비용삭감에 직결한다. 그런데 그런 활동을 계속하여 설비종합효율이 개선되면 그 과정에서 제약조건은 다른 설비로 이동하여(I에서 Ⅱ로 추이) 로스를 배제해도 그것은 실제의 스루풋 증대가 되지는 않으며, 비용삭감에도 일부밖에 결부되지 않는다. 비용삭감에 대하여, 예를 들면 절차로스를 삭감하여, 그 삭감공정수를 금액환산으로 계상해도 작업자 1명 공정 분을 다른 방책과 조합하여 통합하고, 실제로 작업자 1명을 삭감하지 못하면 고정비는 감소되지 않는다.

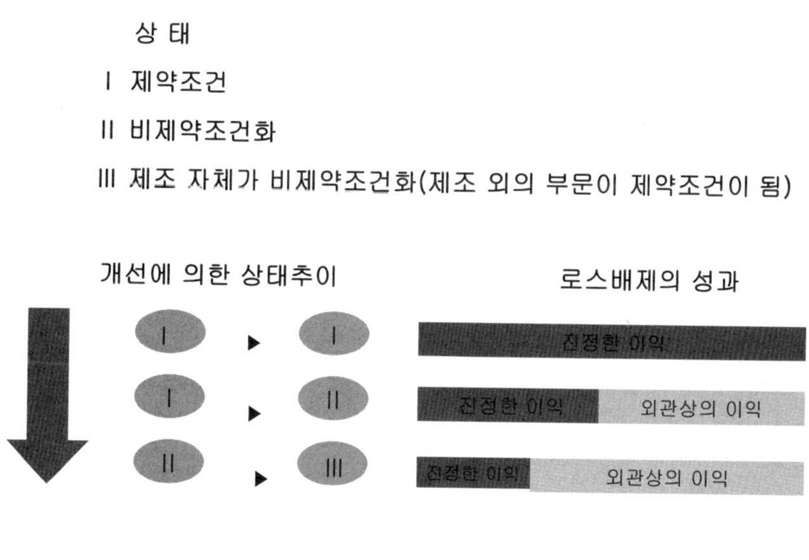

그림 11-5 TOC에 의한 개선활동의 진정한 이익 실현

더욱 활동이 진행하여 제조가 강화되면 현재의 경제상황도 있어 제약조건은 제조 이외의 부문으로 이동한다(Ⅱ에서 Ⅲ으로). 제조공정 속에 애로공정은 있더라도 그것이 제약조건은 아니다. 제약조건은 시장과 수주활동에 있으며 수주증가만이 스루풋증대와 이익증대로 이어진다. 그러한 상황에서의 거듭되는 로스 배제 활동에 의한 배제금액은 거의 "외관상의 비용삭감과 이익"이 된다.

요컨대 로스 배제금액이 30%밖에 이익에 결부되지 않는다는 것은 나머지 70%는 비 제약조건의 개선이며 그 개선금액이 "외관상의 이익"화하고 있음을 의미한다. 그것 자체는 중·장기적인 체질강화 또는 미래에 대한 준비라는 관점에서는 매우 의미가 있다. 그렇지만 단기적으로 성과로서 내놓지 못하면 기술의 변화 등으로 무산되고 말 수도 있다.

TOC에 의한 "진짜 이익"화

K사는 일손부족상황을 해소하기 위해 수년 전부터 TPM을 도입하고 설비종합효율을 높여 경영성과를 거두어 왔다. 그런데 TPM활동을 더욱 가속화하여 공장이 정비되자 로스 배제금액이 실제로 이익에 결부되지 않았고, 그 원인이 수주 이상으로 생산능력이 높아져서 공장에서 일손이 남아돌게 되었다는 사실임을 깨닫기 시작했다. 제약조건이 공장에서 시장으로 이행한 것이다. 그래서 제약조건인 시장에서의 수주증가를 도모하기 위해 수주증가를 저해하고 있는 영업 프로세스 및 평가기준을 재평가하고 그 로스를 금액으로 산정하여 그것을 삭감하는 활동에 주력했다. 우선 표준원가 계산의 결과 이익에 마이너스 효과가 있어 외주로 돌리게 되어 있던 주문에 대해 스루풋의 입장에서는 플러스가 되었기 때문에 다시 내작으로 전환하는 일이 실시되었다. 또 수주에 이르는 프로세스를 드러나게 해서 수주 정확도를 높이는 활동 등이 실시되었다. 이러한 TOC의 사고를 2년 전에 도입했고 이로 인해 공장에서의 개선노력이 "진짜 이익"화 되었다. 현재는 제품에 의해 시장에 제약조건이 있는 것, 제도에 제약조건이 있는 것으로 움직이는 추이

를 보이고 있다. TPM의 개선활동에 TOC의 사고방식을 포함시켜 제약조건을 우선한 개선을 도모함으로써 이익을 대폭적으로 증가시킨 사례이다.

현재와 같은 불황 속에서는 현재의 제약조건을 인식하여 개선에 의한 장래의 추이를 예측하고 적어도 현장의 노력을 확실히 경영성과로서 결실을 맺게 하여 노력에 보답하는 것이 매니지먼트의 책임이며, 또 현장 엔지니어에게 필요한 능력이라고 할 수 있다.

JIT는 생산 공급체인

TOC의 생산개선 5단계는 연속적인 체질강화를 도모하는 TPS 또는 JIT의 사고방식과 아주 비슷하다. TOC의 제2, 제3단계를 건너뛴 제1단계 "제약조건을 찾아낸다"와 제4단계 "제약조건의 강화"의 경로 단축의 사이클은 JIT에서 이상(異狀)이 드러남에 의한 애로공정 발견과 배제의 사이클을 도입한 것이라고 생각할 수 있다. 그렇지만 제약조건에 해당하는 애로공정은 현재의 재고수준과 품질수준 등을 결정하고 있는 제약조건이지만 스루풋이라는 기업전체의 목적에 비해 하위개념에 대한 것이다.

한편 JIT는 앞에 기술한 "지네경주"의 논리를 최초로 도입한 체계로서, "필요한 것만"을 만들기 위해 "간판방식"을 도입하고 있다. 앞에 소개된 생산개선의 5 단계에서 제3단계인 제약조건의 활용과 운용이라는 관점에서 간판방식을 TOC의 DBR을 비교해 보자. 그림 11-6은 그림 11-3의 DBR 비유에 대응시켜서 간판방식을 묘사한 것이다. 드럼은 최종공정에 설정되고, 계속해서 이웃하는 2공정이 간판매수에 해당하는 길이의 로프로 연결되는 것에 대응한다.

JIT의 경우에는 드럼의 박자 자체가 생산품목의 양과 종류에 대한 평준화의 틀에서 일정한 간격일 것이 전제가 되고, 동시에 후공정이 진행되지 않는 한 로프에 의해 전공정은 진척시킬 수 없게(간판이 돌아오지 않는다) 되어 있고, 끈을 간판으로 바꿔놓은 것이므로 "지네경주"의 논리와 동일하다. TOC에서는 제약조건을 강조한 상태에서의 시스템인데 대하여 그림 10-10에서는 제약조건을 인식하고 있지 않다.

이는 간판방식의 지네경주에서는 만약 문제가 없으면 공정간의 간판매수를 순차적으로 줄이고(로프·끈의 길이를 짧게 함으로써 대응), 거기서 문제를 일으킨 공정이 제약조건이며 이것을 찾아내어 강화하는 사이클을 되풀이하는 데 목적이 있기 때문이다. 즉 제약조건을 활용·운용한다기 보다는 항상 연속적으로 체질을 강화(이 경우에 재고삭감)하는 엄격한 시스템이라고 할 수 있다. 바꿔 말하면 TOC와는 달리 JIT의 지네경주는 최종조립라인을 고객으로 하는 어디까지나 생산 공급체인이며 그 엄밀한 운용을 적용할 수 있는 기업은 상당히 한정적이다.

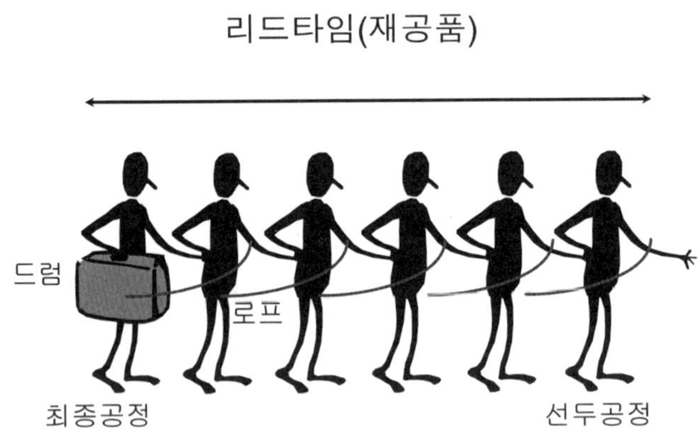

그림 11-6 DBR과 JIT방식의 대응

도요타 계열 기업의 간부들은 "도요타생산방식의 본질은 공정 전체의 실력에서 10%정도 위의 목표를 설정하는 것이다. 그러려면 공장전체의 실력을 파악할 수 있는 사람이 있어야 한다"고 말한다. 이 "공장 전체의 실력 파악"이란 은연중에 기업의 목표와 그 제약조건을 파악하는 것을 의미한다. 이런 의미에서 도요타 생산방식에서는 기업의 관리자에게 암묵지로서 요구하는 것을 TOC에서는 형식지로서 잘 체계화했다고 할 수 있다.

TOC가 와 도요타 생산방식의 차이라면 애로공정을 제약조건으로 바꿔놓은 것으로 그 개념 자체는 특별한 것이 없다. 그렇지만 관리자 개인의 암묵지 차원이 아니라 조직 차원에서 논리적으로 제약조건과 그 개선방법을 공유화 할 수 있다는 점이 TOC의 강점이라 할 수 있다.

공급체인의 제약조건 : 시장

마지막으로 TOC의 과제와 향후의 발전에 대하여 생각해 보자. TOC는 확실히 조달, 제조, 물류, 판매라는 제품 흐름의 관점에서 공급체인의 전체 최적화를 위한 논리적인 사고의 틀을 부여하고 있다. 또 SCM 은 수요예측에서 판매, 생산, 물류계획·관리까지를 연동시킨 운용단계에서의 의사결정지원시스템을 부여하고 있다. 그러나 기본적으로 이것들은 한 기업 입장에서의 SCM 사고이며 동시에 그 속의 시스템이다.

그렇지만 특히 예측제품의 산업에서 "잘 팔리는 것을 만들기" 위해 공급체인을 잘 돌리기 위해서는, 먼저 무엇이 현재 잘 팔리고 있는가에 대한 정보를 볼 수 있어야만 하고, 그것이 촉발한 수요예측, 계획입안에 의거한 제품흐름의 동기화가 요구된다. 그리고 무엇보다 중요한 점은 공급체인의 근원적인 제약조건은 바로 변천하기 쉬운 최종수요, 즉 고객, 시장에 있다는 점이다. 어쨌든 실시간의 실수요 정보를 공급체인 간에 공유화해야 하고 그것에 의해 비즈니스의 속도와 효율은 크게 달라진다.

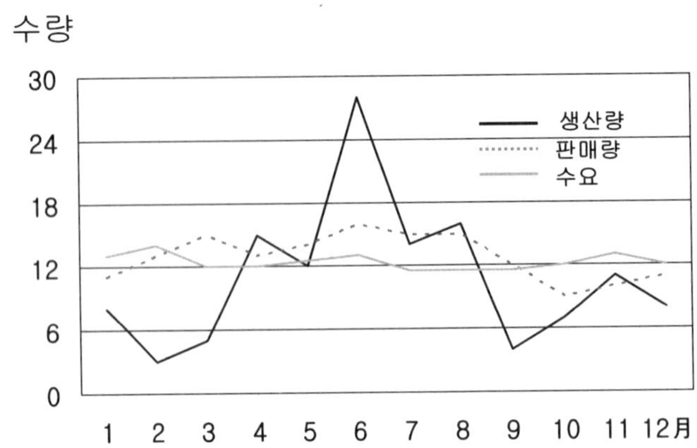

그림 11-7 정보의 비공유에 의한 변동의 증폭 현상

많은 조직으로 이루어지는 공급체인에서는 조직 간의 벽으로 인해 커뮤니케이션이 잘 안 되는 경우가 많다. 이렇게 커뮤니케이션이 단절된 상태에서 자기보다 한 단계 하류에 있는 기업(고객 쪽 기업)의 수요, 발주정보에만 대응하여 생산과 보충의 의사결정을 실시하면 최종수요의 변동이 상류기업으로 감에 따라 기하급수적으로 증폭한다는 것이 알려져 있다. 그림 11-7은 일용잡화품의 실제 예이며, 실수요 정보를 공유하고 있지 못하기 때문에 실수요의 작은 변동이 메이커의 생산단계에서는 크게 증폭하고 있음을 알 수 있다. 거기에 수반하는 재고증가와 생산비용의 증대는 매우 크다. 그리고 무엇보다 실수요 정보의 시간적인 지연에 따르는, 서두에 기술한 SCM의 가속페달, 브레이크의 타이밍을 놓친 영향은 매우 크다.

이러한 관점에서는 TOC의 스루풋 증대의 사고방식과 이른바 SCM이 커버하는 범위는 기본적으로는 그림 11-8의 인바운드(in-bound) SCM의 범위 내이다. 스루풋 증대의 목표는 어디까지나 한 기업의 목표일 뿐이다. 또 수요예측에서 그 예측의 기초데이터인 실수요 정보가 없으면 그 정밀도가 현저히 뒤떨어진다. 공급체인의 구성조직간에 이러한 정보를 공유할 수 있는 진짜 SCM, 다시 말해 그림 11-8에 나와있는 아웃바운드(out-bound) SCM으로 나아가기 위해서는 어떻게 하면 좋을까.

아웃바운드 SCM을 향한 문제점과 대응

이 아웃바운드 SCM을 목표로 한 움직임으로 과거 메이커측에서 판매회사를 계열화하는 데 따른 제판(製販)통합화, 그리고 일부 대형소매점과 메이커가 POS정보를 서로 주고 받는 형식으로 공유화하는 제판동맹 등이 있었다. 그렇지만 메이커든 소매점이든 각각 1대N의 관계에 있었고, 그것들을 모두 커버하는 것은 아니었다.

지금 더욱 발전된 정보 기술의 활용을 전제로 하여 실수요 정보를 포함한 비즈니스 데이터의 공유화가 그 데이터 교환의 디지털화·표준화와 연동하여 업계차원과 국가차원에서 진행되고 있다. 표준화된 EDI(전자데이터교환)에 의거한 어패럴 업계의 QR과 가공식품 업계의 ECR이 거기에 해당한다. 또 통관 등 절차의 간소화·전자화에 있어서, 그에 따른 비즈니스의 스피드화와 효율화는 많은 이점을 가지고 있고, 총론으로서는 모두가 찬성한다. 그런데 기술적인 문제보다는 조직상의 문제에 의해 지지부진해진다.

그 원인 중 하나는 정보공유화 수단으로서의 표준화 문제이며, 또 하나는 공급체인을 구성하는 조직간의 신뢰관계 문제이다. 전자의 문제에 대하여, 예를 들어 EDI의 표준화에 대해서는, 그것을 채용하는 조직들이 크리티컬 매스(critical mass)에 도달하기까지는 그 효과가 적고 현재 사용하고 있는 EDI로부터 이행하는 비용이 문제가 되며 그것이 장벽이 되어 보급이 진행되지 않는다. 크리티컬 매스를 넘으면 효과가 커지고 그것이 참가자를 증가시켜 그로 인해 효과가 더욱 비약적으로 증가한다는 상승사이클로 폭발적인 보급이 일어난다. 문제는 그것에 도달하기까지의 기간이다.

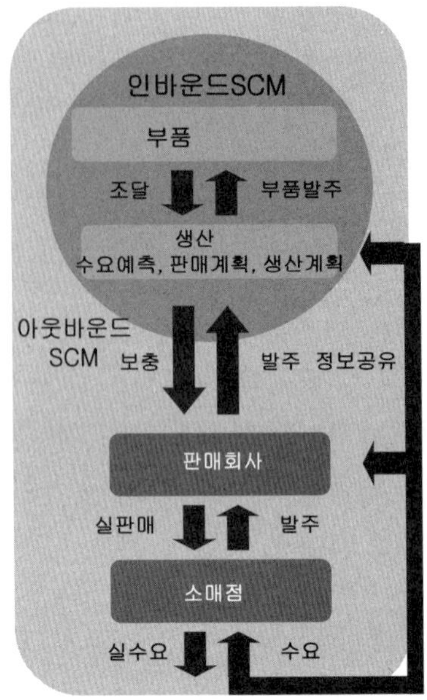

그림 11-8 아웃바운드 SCM에의 적용

TOC의 아웃바운드 SCM에 대한 적용

이것들은 말하자면 필요요건이며, 이러한 요건이 성립하면 SCM을 구성하지 않는 한 살아남을 수 없다. 이런 대응을 게을리하면 해당 산업 자체의 쇠퇴를 초래한다. 그러한 기반구조 속에서 경쟁우위를 지키기 위해서는 생산력이든 기술력이든 판매력이든 타사에 지지 않는 핵심역량을 가지고 있어야 한다. 극복할 수 없는 제약조건은 아웃소싱과 공급체인을 구성함으로써 극복할 수 있다.

그러한 상황에서는 TOC의 논리는 아웃바운드 SCM에서도 잘 기능한다. 공급체인의 목표에서 보면 그것을 구성하는 각 기업의 스루풋 증대의 목표와 그 달성은 아무리 승·승적 제휴를 도모하더라도 다소나마 부분최적화에 빠지지 않을 수 없다. 여기에 일관성을 부여하는 원동력은 근원적인 제약조건인 최종고객의 요구이며 교섭력이다. 아웃바운드 SCM이 구성되면 어느 구성원이라도 최종고객을 볼 수 있게 된다. 그렇게 되면 고객의 요구와 변화, 그리고 협동화의 대응을 발 빠르게 도입할 수 있는 기업이 리더가 되며, 그것을 저해하는 제약조건을 아웃바운드·공급체인의 범위에서 활용·운용하고 강화하는 사이클을 돌림으로써 목표달성이 실현될 것이다.

수행도 평가

1. TOC 회계의 세 가지 평가기준에 해당하지 않는 것은?

A. 스루풋(throughput)　　B. 투자(재고 포함)
C. 운영비　　D. 매출액

2. '지네경주'에서 재고(재공품)가 증가하는 것을 비유하는 현상은 무엇인가?

A. 앞, 뒷 사람을 연결하는 끈의 총 길이가 늘어남
B. 주력이 가장 처지는 사람 뒤에 사람이 엉키는 현상
C. 주력이 가장 처지는 사람에게 드럼을 들려 줌
D. 주력이 가장 처지는 사람과 앞 사람 간에 끈으로 묶음

3. TOC에서 생산개선의 5 단계에서 DBR 기법을 적용하는 단계는 다음 중 어느 것인가?

A. 제약조건을 찾아낸다.
B. 제약조건을 철저히 활용한다.
C. 비제약조건을 제약조건에 종속시킨다.
D. 제약조건의 능력을 향상시킨다.

4. 어느 생산라인은 5 개의 공정으로 이루어져 있고 각 공정의 생산능력은 A공정(150/hr), B공정(110/hr), C공정(80/hr), D공정(140/hr), E공정(210/hr)이다. 이 공정 중에서 CCR(capacity-constrained resource)에 해당하는 공정은 어느 것인가?

A. A공정　　B. B공정
C. C공정　　D. D공정

5. 제약조건을 철저히 활용하여 제약자원(CCR)의 생산능력이 최대한으로 이용되도록 하기 위한 방안으로서 적합하지 않은 것은?

A. 제약자원으로 투입되는 원재료는 품질이 보증되도록 미리 확실히 한다.

B. 작업의 휴식시간은 제약자원이 계속 가동되도록 조정한다.

C. 작업에 지장을 주지 않으면서 제약자원의 가용성을 극대화 할 수 있도록 예방점검을 한다.

D. DBR 방식에 의한 일정을 수립한다.

6. DBR 방식의 개념에 대한 다음 설명 중 적합하지 않은 것은?

A. 드럼(drum)은 정해진 제약자원에서의 스케쥴이 전체 생산라인을 구동하는 일정이 되게 하는 것이다.

B. 로프(rope)는 드럼과 원재료 불출 간의 커뮤니케이션 시스템이다.

C. 버퍼에는 시간 버퍼(time buffer), 재고 버퍼(stock buffer), 예비 생산능력(protective capacity)의 세 가지 유형이 있다.

D. 시간 버퍼는 CCR 공정의 앞에 재공품(WIP)이 쌓이는 것을 예방한다.

7. TOC와 JIT 방식의 근본적인 차이는 무엇인가?

A. JIT에서는 TOC에 비해 제약자원을 중시하지 않는다.

B. JIT는 TOC에 비해 재고의 감소를 더욱 강조한다.

C. JIT는 TOC에 비해 지속적 개선의 접근이 상하나.

D. TOC는 JIT에 비해 스루풋을 더 강조한다.

8. 흔히 현장개선 프로젝트에서 비용절감 요소들을 모두 합치면 실제 이익보다도 더 큰 액수가 나오기도 한다. 그 이유는 무엇인가?

A. 개선 프로젝트를 수행한 사람들이 정직하지 않은 탓이다.

B. 제약조건이 아닌 것을 개선한 비용들이 합산되었기 때문이다.

C. 지속적 개선을 하지 않았기 때문이다.

D. DBR 방법을 적용하지 않았기 때문이다.

9. 어느 어느 생산라인은 5 개의 공정으로 이루어져 있고 각 공정의 생산능력은 A공정(150/hr), B공정(110/hr), C공정(80/hr), D공정(140/hr), E공정(210/hr)이고 제약은 시장에 있다. 이런 경우에 대한 설명으로서 적합하지 않은 것은?

A. 드럼은 출하 부서에 두어야 한다.

B. 시간 버퍼는 출하 부서에 약간의 완제품 재고를 두기 위해 필요하다.

C. 일반적인 로프는 자재 불출쪽으로 연결되지만 이 경우에는 CCR공정인 C에 연결된다.

D. 자원 C는 시장상황의 변화에 따라 현실화한 제약자원이 될 수 있으므로 주의해서 관리해야 한다.

10. 스루풋 회계에서 스루풋(throughput)의 정의로서 맞는 것은?

A. 투자와 재고　　B. 매출액 - 변동비

C. 운영비　　D. 순이익

12 물적 유통

1.물적유통 개요

2.창고업무

3.유통재고의 관리

4.수송

제 12 장 물적 유통

학습 목표

✧ 물적유통(physical distribution) 시스템에 포함되는 동인들이 무엇인지 이해한다.
✧ 물적유통, 마케팅, 생산 간의 관계에 대해서 이해한다.
✧ 창고 관련 활동(warehouse activities)을 열거할 수 있다.
✧ 포장(packaging)의 중요성에 대해서 이해한다.
✧ 끌기(pull), 밀기(push), 그리고 유통망소요계획(distribution requirements planning) 시스템에 대해 이해한다.
✧ 다양한 수송 모드(transportation modes)에 대해 이해한다.
✧ 물품의 이동 시 기본적인 원가구조에 대해 이해한다.

물적유통 개요

물적유통시스템

물적유통(physical distribution)이란 생산자로부터 소비자에게로 물자를 이동시키는 활동을 말한다. 유통은 고객이 원하는 시간과 장소에 물자를 얻을 수 있게 함으로써 시간 및 장소 효용(place value and time value)을 증진시킨다.

물자의 이동은 그림 12-1에 표시된 바와 같이 두 기능으로 나눌 수 있다.

- 물적공급(physical supply) : 공급자(suppliers)로부터 제조기업으로의 이동 및 저장
- 물적유통(physical distribution) : 완제품을 생산한 후 고객으로의 이동 및 저장

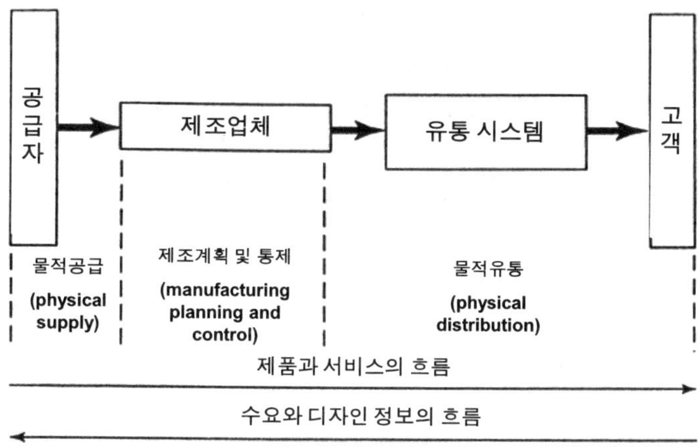

그림 12-1 공급체인(물류)

유통채널과 거래채널

거래채널(transaction channel)은 제품이 유통센터, 도매상, 소매상을 거쳐 소비자에게로 가는 경로를 말한다. 이는 주로 소유권의 이전에 관한 것으로 협상, 판매, 계약 등의 기능을 포함한다. 반면에 유통채널(distribution channel)은 제품과 서비스의 배달 또는 수송과 관련이 있다(그림 11-2).

특정 기업의 제품이 소비자까지 가는 경로는 다음의 여러 요인에 의해서 달라진다.

1. 회사가 이용하는 유통 채널의 종류
2. 시장의 종류
   - 시장의 지리적 분포
   - 고객의 수

- 주문의 크기

3. 제품의 특징 (무게, 밀도, 강도, 부패 여부)
4. 자재를 이동시킬 수 있는 수송 수단의 종류

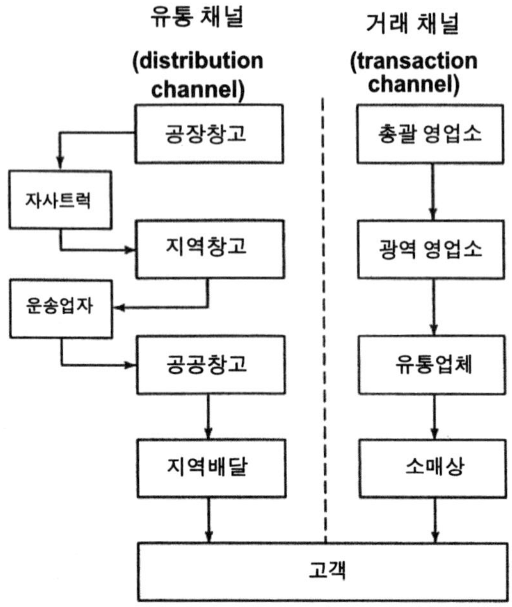

그림 12-2 유통 채널과 거래 채널의 분리

물적유통 활동

수송(transportation)

수송은 제조기업으로부터 물자를 이동시키는 다양한 방법들을 말한다. 유통 비용에 있어서 수송은 보통 30% 내지 60%를 점할 정도로 가장 높은 비중을 차지하며, 제품의 가치에 있어서 장소 효용(place utility)을 증진시기는 기능을 한다.

유통 재고(distribution inventory)

유통 재고는 유통 시스템 내의 임의의 위치에 존재하는 모든 완제품을 포함한다. 유통재고 비용은 유통 비용의 보통 25% 내지 30%를 차지할 정도로 수송에 이어 두 번째로 높은 비중을 차지한다. 유통 재고는 제품을 고객에게 가깝게 위치시킴으로써 시간 효용(time utility)을 창출한다.

창고(물류센터)

창고는 재고를 저장하기 위한 곳이다. 창고관리 업무에는 입지 선택(site selection), 시스템 내의 물류센터의 수(number of distribution centers in the system), 배치(layout), 제품의 수령 방법, 저장, 불출에 관한 의사결정을 포함한다.

자재 취급(material handling)

자재 취급은 물류센터 내에서 제품을 이동시키고 저장하는 활동을 말한다. 사용되는 자재 취급 기기의 종류에 따라 물류센터의 운영에 있어서 자재취급의 비용과 효율에 영향을 미친다.

포장(packaging)

유통시스템 내 저장되거나 움직이는 상품들은 반드시 포장으로 보호되어야 한다. 또한 포장은 수송 수단과 저장 장소의 규격에 부합하도록 하여야 한다.

주문처리와 의사소통(order processing and communication)

주문처리는 고객의 주문을 만족시키는데 필요한 모든 활동을 포함한다. 주문처리 결과는 배송에서 얼마나 걸리는지의 시간 요소로 나타나며, 고객서비스에 중요한 부분이다. 유통시스템 내의 참여자 간 의사소통은 성공적인 유통시스템이 되기 위한 필수조건이다.

타 부문과의 연계

마케팅

물적유통은 마케팅과 가장 밀접한 관계가 있다. 마케팅 믹스(marketing mix)는 제품(product), 촉진(promotion), 가격(price), 장소(place)로 구성되는데, 이 중에서 장소는 물적유통에 의해서 결정된다. 물적유통은 마케팅 부서 및 기업의 경영층에 의해서 결정된 고객서비스 수준을 만족시켜야 할 책임이 있다.

물적유통은 신속한 배송, 재고를 가용하도록 유지하는 일, 그리고 정확한 주문 충족 등의 수단을 통해 수요를 창출하는 기능을 수행한다.

생산

공장 입지 선정에 있어서 중요한 고려사항의 하나는 자재를 공장으로 공급하고, 완제품을 시장으로 보내는 수송 비용이다. 공장에 접수되는 수요는 물류센터로부터의 주문에 의해서 결정된다. 따라서, 공장과 유통시스템 간의 연결관계는 공장운영의 효율성에 영향을 미친다.

창고업무

창고업무의 관리

유통 시스템에 있어서 창고는 공장 창고, 지역 창고, 현지 창고 등으로 구분될 수 있다. 일반창고는 오랫동안 상품을 저장하고 보호하는 목적을 갖는데 비해, 유통창고는 대로트로 들어온 물건들을 고객의 요구에 맞게 다품종 소로트로 조합하는 기능(merging)을 수행한다. 어느 쪽이든 창고업무(warehousing)의 목적은 비용을 최소화하고 고객서비스를 최대화하고자 하는 것이다.

효율적인 유통 창고업무는 다음과 같은 기능을 수행한다.

- 적시에 고객서비스 제공
- 각 상품들의 재고 소재 정보를 필요한 때에 쉽고 정확하게 제공

- 물적 작업을 최소화함(총 입출고 업무)
- 고객에 대한 의사소통 연결고리를 제공

창고를 운영하는 데 따른 비용은 크게 자본비용과 운영비용의 두 가지로 나눌 수 있다.

자본비용

공간과 자재취급장비 구입을 위한 금융비를 말한다. 요구되는 공간의 크기는 최고 저장량, 저장 방법, 부수적인 공간의 요구 등에 의해서 결정된다.

운영비

운영비는 주로 작업자의 인건비를 말한다. 이 비용은 자재취급기기의 종류, 재고의 위치와 접근성, 창고 배치, 재고위치 찾기 시스템, 피킹(picking) 시스템 등에 의해서 결정된다.

창고 운영활동

창고운영에 필요한 주요 활동들은 다음과 같다.

- 제품 수령(receiving)
- 주문(order)과 송장(bill of lading)에 대해서 제품 확인
  - 수량 확인
  - 손상(damage) 확인, 손상이 있을 경우 손상 보고서 작성
  - 필요한 경우 제품 조사
  - 적절한 SKU 번호 별로 제품 찾기
- 제품을 저장소로 배치(dispatch)
- 제품 보관
- 피킹(picking)
- 선적 물량의 정렬
- 선적 물량의 송달
- 정보 시스템의 운영

창고운영에 있어서 생산성과 비용 효율을 높이기 위해서는 다음과 같은 고려가 필요하다.

공간 사용의 극대화

2차원적인 바닥 면적의 활용뿐만 아니라 3차원적인 공간 활용도 포함한다.

노동력과 장비의 효과적인 사용

- 노동력과 장비의 최상의 조합을 선택
- 모든 품목에 즉시적 접근성 제공
- 효율적인 제품 이동

종합하자면, 창고의 효과적인 사용에 영향을 주는 요인은 다음과 같다.

- 공간 활용도(cube utilization)와 접근성(accessibility)
- 재고 위치(stock location)
- 주문 피킹(order picking) 및 조합(assembly)
- 포장(packaging)

창고의 역할

창고는 다음 세 가지의 주요 기능을 수행한다.

수송통합(transportation consolidation)

유통창고는 공급자 또는 공장에서 선적된 LTL(less than truck load) 물량을 모아서 TL(truck load)로 통합하는 기능을 함으로써 수송비를 줄이게 한다. 통합은 물적공급(physical supply)과 물적유통(physical distribution) 시스템 모두에서 일어날 수 있다. 물적 공급에서는 여러 공급자들로부터 수송된 LTL 선적이 TL 물량으로 모아져서 공장으로 출하된다. 물적유통에서는 TL 선적은 제조공장으로부터 광역 유통창고로, LTL선적은 유통창고로부터 지역 고객들에게 이루어진다(그림 12-3 참조). 물적유통에서의 수송통합은 간혹 물량 쪼개기(break-bulk)라고도 한다.

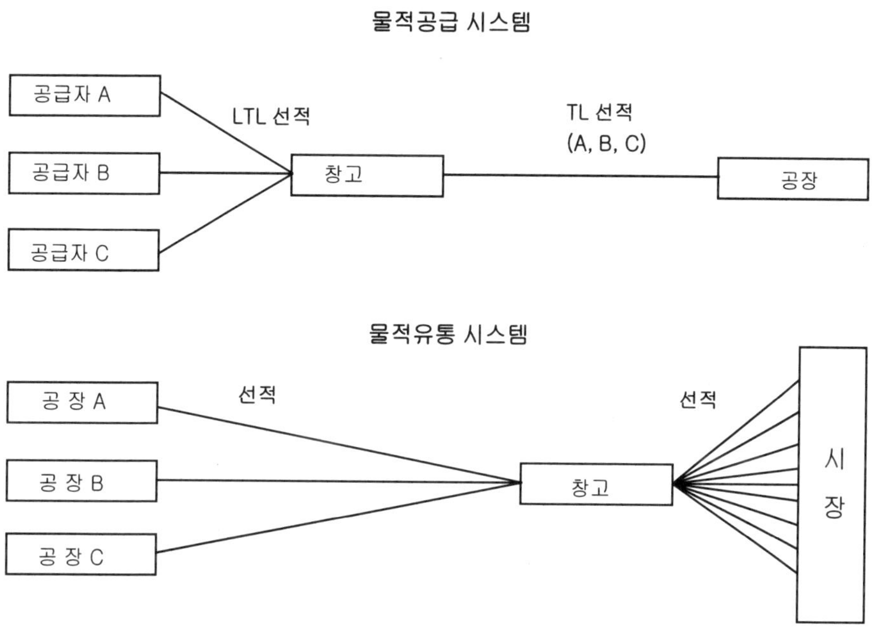

그림 12-3 수송통합(transportation consolidation)

제품혼합(product mixing)

수송통합은 수송비용의 감소에 관심을 두는 데 비해, 제품혼합은 다른 여러 가지 품목들을 하나의 주문으로 그룹화 시키는 것이다(그림 12-4 참조).

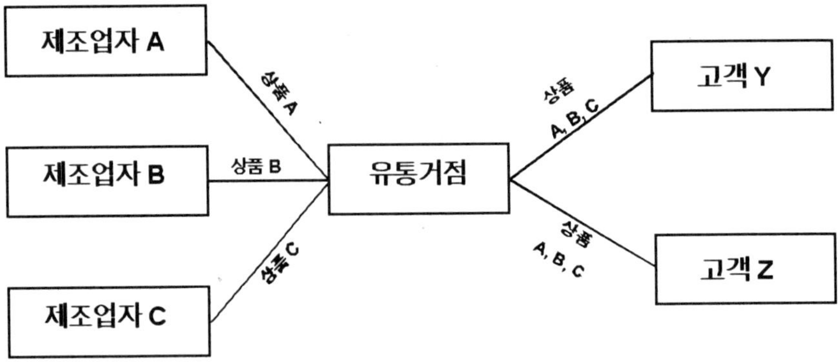

그림 12-4 제품혼합(product mixing)

서비스(service)

유통 센터는 장소 효용을 제공함으로써 고객 서비스를 증진시킨다. 상품이 시장에 더 가깝게 위치됨으로써 고객에 보다 신속하게 대응할 수 있게 된다.

접근성(accessibility)과 공간 활용도(cube utilization)

그림 12-5와 같은 창고 배치에서 바닥에 놓여질 수 있는 팔레트 수를 계산하면 다음과 같다.

□ (120′ × 12″) ÷ 42″ = 34.3, or 34 개

□ 팔레트 개수= 34 개/열 × 3 층 × 2 열 = 204 팔레트

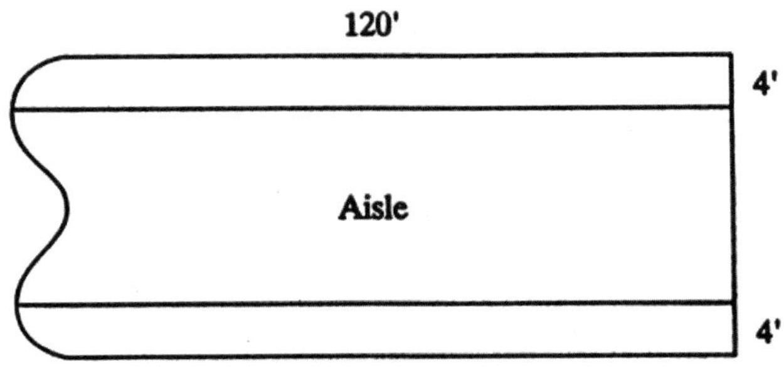

그림 12-5 공간 내 팔레트 수

접근성과 공간 활용도는 다음과 같은 의미로 사용된다.

접근성(accessibility)

접근성은 원하는 상품을 최소한의 일을 해서 가져올 수 있는지 여부를 뜻한다.

공간 활용도(cube utilization)

공간 활용도는 팔레트를 채울 수 있는 용적 중 실제로 팔레트가 몇 퍼센트(%)를 채우고 있는가를 나타내는 척도다.

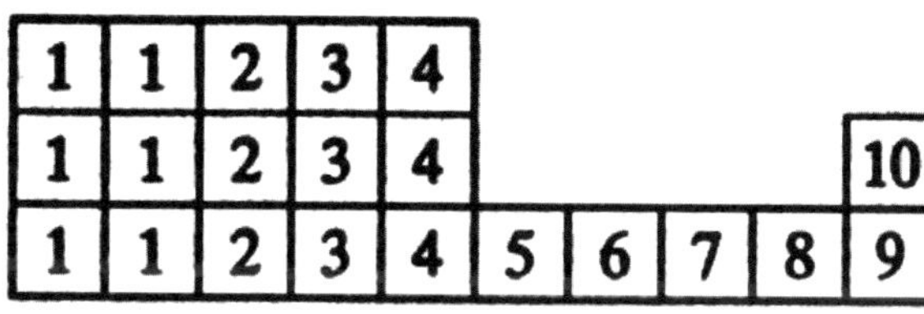

그림 12-6 공간 활용도과 접근성

그림 12-6 은 3층 내지 1층으로 팔레트가 싸여 있는 모습을 나타내고 있다.

- 이 경우, 9번 품목을 제외한 나머지 모든 품목들은 접근성이 양호하다.
- 공간 활용도 = 70% (21 ÷ 30 × 100)
- 높은 접근성을 위해서는 팔레트의 층을 높이되, 상층의 팔레트를 건드리지 않고도 저층 팔레트를 제거할 수 있어야 한다.

보관 위치

각 품목을 창고의 어느 위치에 저장하느냐에 따라 창고 운영의 효율이 영향을 받는다.

보관 위치를 선정하는 데는 다음과 같은 몇 가지 규칙이 적용된다.

- 기능적으로 연관 있는 물품끼리 모음
- 사용율이 큰 물품(fast-moving items)은 함께 모음
- 물리적으로 유사한 물품끼리 모음
- 사용되는 품목(working stock)과 보존용(reserve stock)을 구별해서 위치시킴

개별 품목에 대해서 특정한 위치를 지정하는 방법에는 다음 두 가지 기본 시스템이 있다.

고정 위치(fixed location).

- 하나의 SKU에 영구적 위치가 정해지며 다른 것들은 그곳에 저장될 수 없다.
- 이 시스템은 기록 보존의 양을 최소로 하면서 저장 및 반출을 가능하게 한다.
- 그러나 고정 위치는 보통 공간 사용률(cube utilization)이 안 좋다. 평균적으로 전체의 50% 만 사용된다.
- 고정 위치는 보통 공간이 그리 중요하지 않고 처리량이 적으며, 보관 품목수(SKU)가 적은 작은 창고에 사용된다.

유동 위치(floating location)

- 유동 위치 방식에서 상품은 적절한 공간이 있으면 어디에나 저장된다. 같은 SKU가 여러 곳의 위치에 저장되거나 매번 다른 위치에 저장될 수 있다.
- 이 시스템의 장점은 공간사용율이 높아진다는 점이다.
- 그러나 물품 위치 정보와 사용 가능한 빈 저장 공간에 대한 정확하고도 최신의 정보가 요구된다.
- 보통 컴퓨터 기반의 시스템에 적용 가능하다.

현장 보관

JIT에서와 같이 반복적인 생산 환경에서는 흔히 자재를 현장의 사용처에서 가까운 곳에 저장한다. 이렇게 함으로써 얻을 수 있는 이점은 다음과 같다.

- 사용자들이 원자재에 쉽게 접근이 가능하다.
- 자재 취급(material handling)이 줄어들거나 필요 없게 된다.
- 창고비용이 줄어든다.

만약 현장 재고가 낮게 유지될 수 있고, 현장 작업자들이 재고기록을 정확하게 잘 유지할 수 있다면, 현장 보관(point-of-use storage)은 탁월한 선택이 될 것이다.

창고관리의 측면에서 보자면 이 방법은 대개 C 품목에 적용되며, '현장 재고(floor stock)'로서 지급된다. 재고 기록의 변경은 자재가 사용되는 시점에서가 아니라 불출될 때 이루어진다.

반면에 현장 보관 방법은 재고기록의 정확성 측면에서 창고 보관 방법에 비해서 떨어질 가능성이 있으며, 사용자들이 각기 안전재고를 유지하는 데 관심이 있으므로 전체적으로 더 많은 안전재고가 필요할 수 있다.

오더 피킹

주문이 접수되면 주문 목록에 있는 품목들은 창고에서 집어 낸 후, 오더별로 모아서 출하 준비를 해야 하는데 이를 오더 피킹(order picking)이라 한다. 오더 피킹을 어떻게 조직화 하느냐에 따라 작업량이 달라지고 물품의 움직임에 영향을 미친다. 오더 피킹 방법은 다음과 같이 몇 가지가 있다.

지역 시스템(area system)

- 오더 피커(order picker)는 창고를 돌면서 주문된 물품들을 고른다.
- 그 후에 물품들은 출하를 위한 곳으로 운반된다.
- 오더 피커가 작업을 끝냈을 때, 그 주문은 출고준비가 완료된 상태

가 된다.

구역 시스템(zone system)

- 창고를 구역들로 나누어서, 오더 피커는 자신의 구역에서만 일한다.
- 구역은 보통 관련 있는 부품 별로 구분된다.

멀티 오더 시스템(multi-order system)

- 이 시스템은 구역시스템과 유사하지만, 구역시스템처럼 개별 주문을 하나씩 처리하는 것이 아니라, 여러 개의 주문을 모아서 이것을 구역 별로 피킹해야 할 품목을 재 그룹핑하여 구역 담당자에게 나누어 줌으로써 복수 개의 오더가 동시에 피킹되도록 하는 방법이다.

지역 시스템은 통제 및 관리가 간편하지만 창고 처리량과 규모가 커지면 효율적이지 못하게 된다. 반면에 멀티 오더 품목 수가 많거나, 또는 품목 별 주문량이 조금씩이면서 주문 횟수가 많은 상황에서 잘 동작한다.

포장

포장의 기본 역할은 유통시스템으로부터 고객에게 상품을 안전하게 전달하는 것이다. 또 포장은 유통을 효율화 하므로 포장에 들어가는 순수 비용은 향상된 분배 효율에 의한 비용 절감을 차감해서 생각해야 한다.

포장은 상품의 확인, 상품의 유지 및 보호, 유통 효율에의 기여 등의 기능을 한다. 따라서 포장은 상품을 확인할 수단을 제공해야 하고, 상품을 보호하고 담을 만큼 충분히 튼튼해야 한다.

포장의 수준은 최소한 3 단계로서, 기본 포장(primary package), 출하 용기(shipping container), 유니트 로드(unit load)로 구분된다.

유니트화

유니트화(unitization)란 몇 개의 단위를 유니트 로드(unit load)라고 일컫는 큰 단위로 합쳐서 입출하 시 취급을 간소화 하는 것을 말한다. 유니트 로드는 많은 수량의 품목을 합쳐서 이루어지기도 하고, 또는 부피가 큰 (bulky) 물품을 하나의 단위로 만들어, 수작업으로 직접 처리하기에는 너무 크지만 기계로는 한 번에 들어 옮길 수 있는 단위로 정돈한 것이다. 산업현장에서 볼 때 유니트 로드는 일종의 "쇼핑백" 역할을 한다.

유니트화의 대표적인 예로서는 팔레트(pallets)를 들 수 있고, 그 밖에 랙(racks), 용기(containers) 등의 형태가 있다. 유니트화는 연속적으로 발생한다. 출하자는 상품을 기본 포장 안에 넣고, 기본 포장은 출하용 상자에, 상자는 다시 팔레트 위에, 팔레트는 창고, 트럭, 또는 다른 운반체에 넣는 식이다.

유통재고의 관리

유통계획의 목적

유통시스템은 제품과 서비스를 효율적이고, 적시성 있게, 그리고 원가 효율적으로 고객에 제공하는 것을 목적으로 하는 영역으로 유통부문 공급체인(outbound supply chain) 관리에 속한다. 유통계획은 유통시스템을 통하여 이런 목적을 달성하고자 하는 계획 영역이다.

만약 유통부문 공급체인이 공장이 중앙 물류센터에 공급하고, 중앙 물류센터가 전국에 분포한 지역 물류센터에 공급하는 구조라 할 때, 특정 제품에 대해서 어느 지역에서는 품절이 나고 다른 지역에서는 과잉재고가 될 수 있을 것이다. 이런 문제를 전체 시스템적인 관점에서 관리하고자 하는 것이 유통계획의 목적이다.

유통계획의 구체적인 목표는 다음과 같다.

높은 수준의 고객서비스 유지

- 고객의 기대에 부응하는 적시, 단납기 제공
- 고객 수요의 불확실성에 대한 완충재고 유지
- 상품의 다양성 제공

공급의 효율성 유지
- 수송비의 최소화
- 보충오더에 대한 평준화 생산
- 보관장소의 크기와 장소의 효율화

최소의 재고 투자
- 최소의 안전재고 유지
- 최적의 주문수량 결정

유통시스템의 주요 문제들

유통시스템의 목적을 달성하기 위해서 다음과 같이 상호 연관된 주요 문제들에 대한 의사결정이 적절히 이루어져야 한다.

- 유통망의 계층 수
- 유통망의 계층 별로 물류시설을 얼마나 둘 것인가?
- 물류시설의 지리적 위치
- 수송수단의 유형
- 재고보충 방식

유통망계획의 방법

1) 발주점 방식

초기 유통망계획은 발주점 방식이 주종을 이루었다. 발주점 방식은 각 물류센터에서 제품의 재고수준을 모니터링 하다가, 재고 수준이 정해져 있는 발주점 이하로 떨어지면 보충을 위해 미리 정해진 발주량만큼 주문되는 방식으로서 일종의 끌기(pull) 시스템이다.

발주점(reorder point)은 보충발주에 걸리는 리드타임 동안의 수요량과 안전재고를 합한 수량으로 계산된다. 발주점 방식에서는 고객들로부터의 수요가 일정하다 할지라도, 중앙 창고의 입장에서는 변덕스러운 주문을 받게 되는 경우가 생긴다. 왜냐하면 중앙 창고는 유통 센터들이 보충주문을 하는 시점이 임의로 몰릴 수 있기 때문이다(그림 12-7). 이런 현상은 일반적으로 끌기(pull) 생산시스템이 생산공정과 재고보충을 동기화하여 재고를 감소시킬 수 있다는 장점과 함께, 앞 공정(제조 공장)에서 일시에 수요가 몰리는 형상이 생길 수 있다는 문제점이 있다.

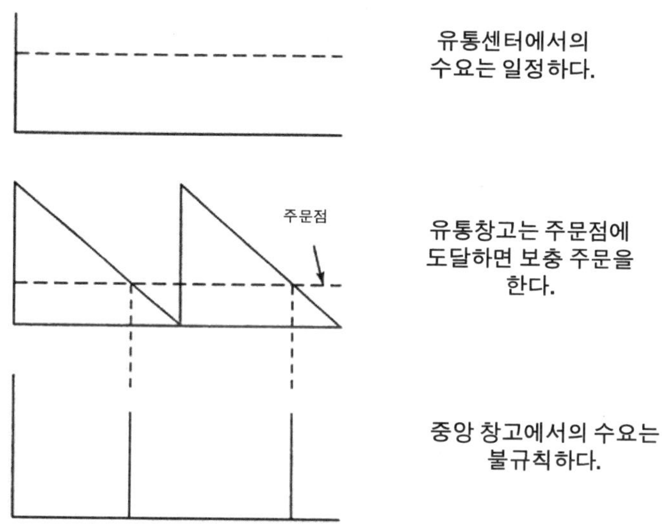

그림 12-7 유통창고에서의 수요와 중앙창고에서의 수요

발주점 방식에서는 재고가 발주점 이하로 떨어졌는지 항상 모니터링해야 하기 때문에 계속실사법이 이용된다. 또한 공급하는 측에서 보면 언제 주문이 들어 올지 모르기 때문에 안전재고를 두어 대처하는 수 밖에 없다. 그러나 만약 여러 주문처로부터 주문이 같은 시기에 몰려서 들어 온다면 얼마간의 안전재고에도 불구하고 결품이 되어 고객요구에 대응하지 못하는 일이 생길 수 있다. 이런 문제를 해소하기 위한 대안이 바로 유통망소요계획이다.

2) 유통망소요계획

유통망소요계획(DRP : distribution requirements planning) 방식은 전체

유통망의 재고를 통합관리하는 틀을 제공한다. 유통망소요계획은 자재소요량계획의 계산 로직을 그대로 유통망에 적용함으로써 발주점 방식에서 불가능했던 밀기(push) 방식의 통합관리의 효과를 얻을 수 있게 한다. 이와 같이 유통망소요계획은 밀기 생산시스템의 장점인 전방향 계획기능(forward scheduling)에는 유용한 반면, 수요의 변화와 무관하게 작업 또는 출하 오더가 발급되는 등 실행의 조정에 약점이 있다.

그림 12-8은 유통망소요계획의 원리를 보이고 있는데, 이 회사의 경우 중부 물류센터(distribution center) 밑에 네 군데의 지역 물류센터가 있어서, 자체의 재고수준을 보고 발주해야 할 때가 되면 중부 물류센터에 보충 발주를 한다. 이렇게 공급체인 네트워크의 구조를 데이터베이스로 구성한 것을 유통망구성표(BOD : bill of distribution)라 한다.

유통망구성표(Bill of Distribution)

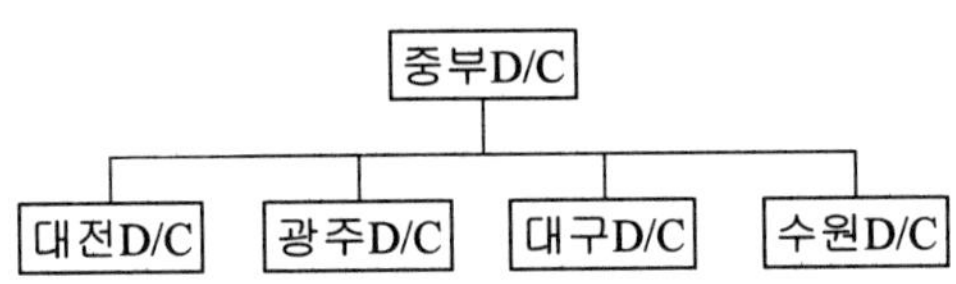

DRP 데이터

현 재고 : 500
안전재고 : 200
리드타임 : 2주
오더수량 : 300

Color TV 29"(광주D/C)

		주(Week)							
	Past Due	1	2	3	4	5	6	7	8
수요예측		100	120	90	110	120	100	80	120
수송중 재고									
기간 별 예측재고	500	400	280	190/490	380	260	460	380	260
보충주문량 : 입고일				300			300		
보충주문량 : 주문일		300			300				

그림 12-8 DRP 데이터 구조와 유통망소요계획의 원리

그림 11-8에 예시되어 있듯이, 광주 물류센터(D/C)의 유통망수요가 계산되어 있다. 광주물류센터의 재고는 초기에 500 단위인데 이 수량은 매주 수요예측 수량만큼씩 차감되면서 기간별 예상재고 수량은 점차 줄어 든다.

이 수량이 안전재고수량보다 적어지는 시점이 생기는데, 그 시점에 맞추어 보충재고가 도착하면 문제가 없을 것이다. 3주차의 기초 예상재고는 190단위인데 이 수량은 안전재고(200단위)보다 낮은 수준이다. 따라서 3주차에 보충주문이 입고되도록 계획하면 되는데, 안전재고수준을 맞추려면 10단위만큼만 보충하면 되지만 보충주문의 경제성을 고려한 일회 주문량이 정해져 있는 경우가 많다. 이런 경우는 꼭 필요한 수량을 충족시키면서 일회 주문량의 배수가 되도록 주문한다. 위 예에서는 300단위가 입고되도록 계획하면 된다. 주문의 착수시점은 보충 리드타임 2주만큼 선행하여 1주차에 중부 물류센터로 보충주문을 하게 된다. 이상 설명한 대로 시점 별로 소요량을 산출하여 보충발주를 산출하는 방식은 자재소요량계획(MRP)의 로직과 매우 유사하다.

이와 똑 같은 로직이 다른 물류센터에서도 적용되어 모든 물류센터의 기간 별 예상재고와 중앙 물류센터에 청구될 보충발주량이 구해진다. 그리고 나서 각 지역 물류센터의 주문내역이 기간 별로 합쳐지면 이것은 중앙 물류센터가 전체적으로 공급해야 할 총 물량이 된다(그림 12-9). 이런 식으로 전체 유통망의 수요가 관리된다. 이 경우, 중부 물류센터의 입장에서는 전국의 수요에 대해서 언제 몇 단위의 제품이 소요될 것인지 미리 총괄적으로 파악할 수 있으며, 더 나아가 이 수량을 공장의 기준생산일정에 연결하여 미리 대비할 수 있게 할 수 있다.

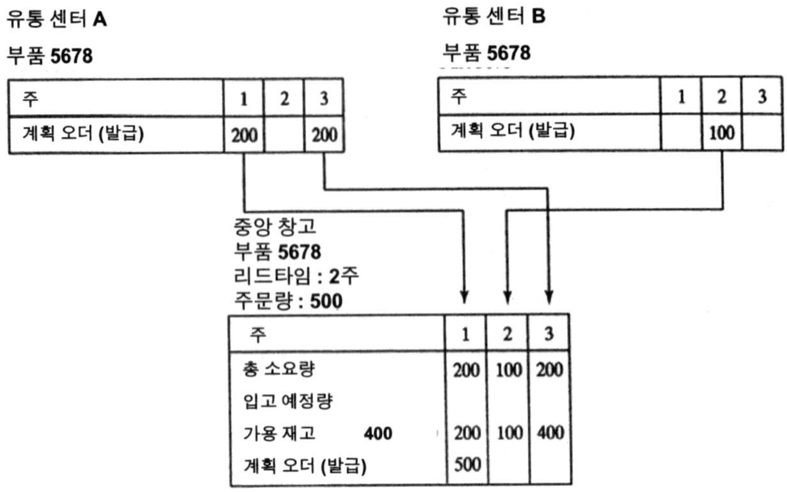

그림 11-9 유통망 소요계획(DRP)

유통망 소요계획은 유통망과 공장과의 상호 작용을 할 수 있게 하여 일정상의 문제를 해결하고, 고객에 대한 서비스 수준을 향상하며, 수송 및 자재처리 비용을 최소화할 수 있게 한다.

종래의 발주점 방식은 각 유통 센터가 독립적으로 발수함으로써 공장 일정에 혼란을 가져 왔던 데 비해 유통망 소요계획은 중앙의 공급시스템에서 통합된 수요 계획을 함으로써 지역 고객의 수요에 대응하면서 계획과 통제를 협업시킬 수 있다.

수송

산업화된 사회에서는 효율적인 수송이 필수 요건이다. 수송은 상품을 생산된 곳에서 사용될 곳으로 옮기는 활동으로서, 시간과 비용 면에서 효율적이어야 하는 것이 전제되어 있다.

수송은 장소 효용(place utility)을 높임으로써 가치를 창출한다. 시간 효용(time utility)은 주로 창고에서 창출되기는 하지만 수송도 상품을 얼마나 신속하고 일관성 있게 옮기느냐의 측면에서 시간효용과도 관련이 된다.

수송 모드

수송 모드(transportation modes)는 철도, 도로(트럭), 항공, 해운(선박), 파이프라인 등이 있다.

철도(rail) 수송
- 대량 수송에 적합
- 운행 빈도가 트럭보다는 적음
- 장거리 수송에 있어서 속도가 빠름
- 신뢰성이 높음
- 다양한 종류의 제품을 수송할 수 있음
- 대량 수송 시 자동차보다 비용이 낮음

도로(road) 수송
- 철도보다 자본이 적게 필요
- 문 앞에서 문 앞까지 배달 가능(door-to-door)
- 빠르고 탄력적인 서비스.
- 소량의 단거리 수송에 적합

항공(air) 수송
- 장거리 수송에 있어 가장 빠른 수송 속도 제공
- 수송기 뿐 아니라 여객용 항공기를 이용해 화물수송이 가능
- 착륙 가능한 시설만 있으면 어디라도 수송 가능
- 높은 비용
- 높은 가치의 경량 화물이나 급한 화물에 적합함

해운(water) 수송
- 톤·마일(ton-mile) 당 수송 비용이 저렴

- 느리고 대개는 문 앞까지의 배송은 안 됨
- 항로가 개설된 원거리 수송으로서 저가의 대용량 화물에 적합

파이프라인(pipeline) 수송

- 낮은 운영 비용
- 날씨에 영향 받지 않음
- 대용량을 연속적으로 수송

수송비용

출하 패턴

그림 12-10에서 만약 선적량이 모두 찼다면(full load), 화물은 화주(shipper)로부터 인수자(consignee)에게 바로 보내어질 것이다. 그러나 만약 선적량이 차지 않았다면, 그 선적은 터미널(terminal)을 통해서 화물을 채운 후 이동한다.

출하비용

1. 터미널간 수송비용(line-haul costs) - 주행비용은 수송할 거리에 따라 정해지는 비용이다.
2. 집배 및 배송 비용(pickup and delivery costs) - 운송업자는 각각의 픽업(pickup) 수와 물품의 중량에 따라 비용을 매긴다.
3. 터미널 사용비용(terminal handling costs) - 터미널 사용비용은 선적이 몇 번 이루어졌고, 선적과 하역이 일어났는지에 의해 결정된다.
4. 청구서 및 수금 비용(billing and collecting costs) - 선적이 이루어질 때마다 사무처리가 완료되어야 한다.

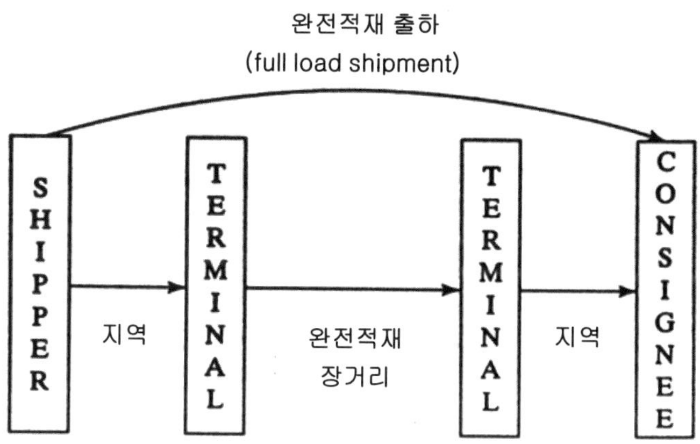

그림 12-10 출하 패턴(shipping patterns)

총 수송 비용은 이들 비용의 총합으로 나타난다. 총 수송 비용을 줄이기 위해서는 다음과 같은 방법이 있다.

- 선적중량을 늘려서 터미널간 수송비용을 줄임
- 화물의 통합(consolidation)에 의해 배송 당 중량을 증가시켜 집배/배송 횟수를 줄여서 관련 비용을 줄임.
- 화물 수를 통합하여 소하불의 수를 줄임으로써 터미널 조작 비용을 줄임
- 선적 통합으로 선적 회수를 줄임으로써 시류 처리 비용을 줄임

터미널 간 비용은 거리에 따라 달라지지만, 그 외의 비용은 고정 비용이다. 따라서 전체 선적 원가는 고정비와 변동비로 구성되어 그림 12-11과 같은 패턴을 따른다.

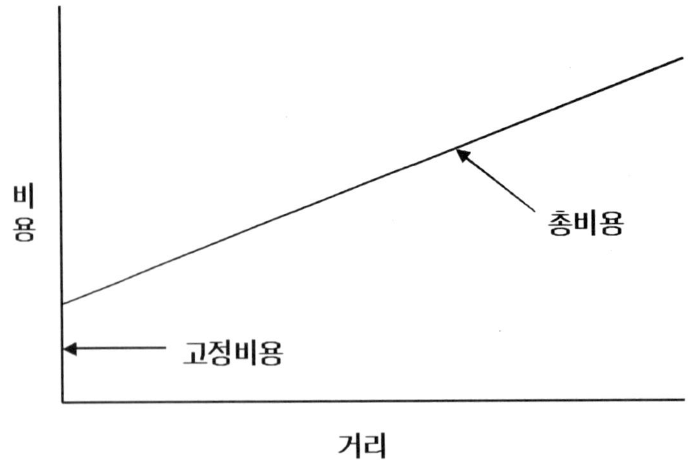

그림 12-11 거리 대 수송비용

운송업자는 이 관계를 고려하여 고정비와 거리당 비용을 청구할 것이다.

예제 1)

어떤 일용재에 대하여 터미널간 수송비는 마일(mile) 당 $2.50 이다. 거리가 500마일이고 부피가 600 cwt인 경우 cwt당 수송비는 얼마인가? 만약 출하물량이 1,000cwt로 증가한다면 cwt당 원가절감분은 얼마나 되는가?

풀이)

총 터미널간 비용(total line-haul cost) = $2.5 × 500 = $1250

cwt 당 비용(Cost per cwt.) = $1250 ÷ 600 = $2.083

만약 1,000 cwt 이 선적된다면

cwt 당 비용(cost per cwt.) = $1250 ÷ 1000 = $1.25

cwt 당 비용절감액 = $2.08 - $1.25 = $0.83

예제 2)

어느 회사는 바베큐(barbecues)를 완제품으로 출하해 오고 있다. 평균 터미널간 비용은 출하 당 $12.50/마일 이고, 트럭은 100개분의 완제품 바베큐를 싣는다. 그 회사는 수송비를 줄일 목적으로 바베큐를 포장 전 상태로 수송하기로 했더니 대략 500개분의 바비큐를 한 트럭에 적재할 수 있었다. 바베큐 하나당 300마일 기준의 터미널간 수송비 절감분을 산정하시오.

풀이)

완제품의 터미널간 비용(line-haul cost assembled) = $12.50 ÷ 100 = $0.125 per barbecue per mile

포장 전 바베큐의 터미널간 비용(line-haul cost unassembled) = $12.50 ÷ 500 = $0.025 per barbecue per mile

마일 당 절감액(saving per mile) = $0.125 - $0.025 = $0.10

300마일 기준의 절감액(trip saving) = 300 miles × $0.10/mile = $ 30.00 per barbecue

한편 운송되는 상품에 따라 운송 요율이 달라지기도 한다. 여기에는 다음과 같은 내용이 고려된다.

1. 가치(value) : 파손이 발생했을 때 운송자의 책임은 귀중한 물품일수록 더 커지게 되므로 상품의 가격이 고려된다.
2. 비중(density) : 무거운 물건일수록 수송 수단에 걸리는 하중이 커지게 된다.
3. 소멸성(perishability) : 깨지기 쉬운 물건은 흔히 특별한 장비와 다루는 방법이 필요하다.
4. 포장(packaging) : 포장 방법은 손상 및 파손 위험에 영향을 끼친다.

수행도 평가

1. 다음 중 가장 적절한 말은?
   A. 약 20%의 물품이 보통 전체 가치의 80%를 차지 한다.
   B. "A" 품목은 가장 느슨한 통제(loosest possible control)를 해야 하는 품목이다.
   C. ABC 방법은 결국 모든 품목에 대해 풍부한 재고를 가지는 것이다.
   D. "C" 품목은 전체 가치의 50%를 차지한다.

2. 다음 중 가장 적절한 말은?
   A. “A” 품목은 사용 가치의 약 50%를 차지한다.
   B. 약 50%의 품목이 보통 전체 가치의 5%를 차지한다.
   C. "C" 품목은 재고 관리에 있어서 최고의 우선순위를 부여해야 한다.
   D. 모든 재고품은 똑 같은 방법으로 관리되어야 한다.

3. 유동위치 시스템(floating location system)에 대한 설명으로 가장 적절한 것은?
   A. 상품은 언제나 똑 같은 위치에 저장된다.
   B. 똑 같은 SKU가 동시에 여러 위치에 저장된다.
   C. 비공식적 정보시스템이 사용된다.
   D. 모든 창고에 적절한 시스템이다.

4. 유통 재고 관리의 주요 목적은 다음 중 무엇인가?
   A. 요구되는 고객 서비스 수준을 제공하기 위해서
   B. 창고 공간 비용을 최소화하기 위해서
   C. 재고 부족을 막기 위해 언제나 충분한 재고를 가지기 위해서
   D. 인건비를 최소화하기 위해서

5. 다음 중 물적 유통 시스템(physical distribution system)의 활동에 포함되지 않는 것은?

A. 유통재고 B. 보호 포장
C. 생산현장관리 D. 주문 처리

6. 다음 중 물적유통의 기능이 아닌 것은?
   A. 수송 B. 생산 통제
   C. 유통재고 D. 웨어하우징(warehousing)

7. 다음 중 가장 적절한 말은?
   A. 물적유통은 마케팅과 생산을 연계해 주는 역할을 한다.
   B. 물적유통은 고객 수요를 창출하는 요소이다.
   C. 창고의 재고를 대체하기 위한 보충주문은 생산에 영향을 끼치지 않는다.
   D. A와 B 둘 다 맞다.

8. 원하는 서비스 수준과 상대적인 비용을 고려할 때 다음 중 트럭에 의해서 수송해야 할 물품의 종류는?
   A. 꽃가게로 정기적으로 운반되는 꽃
   B. 정기적으로 운반되는 철광석
   C. 정기적으로 운반되는 곡물
   D. 시급한 보수유지 부품

9. 터미널간 비용은 무엇에 따라 변하게 되는가?
   A. 이동 거리 B. 포장
   C. 고객에 대한 할인 D. 상품의 소멸성

10. 몇 개의 단위를 한 개의 단위로 통합하여 물품 취급을 줄이는 것을 뭐라고 하는가?
   A. 단위화(unitization) B. 통합(consolidation)
   C. 공간 활용도(cube utilization) D. 포장(packaging)

13 품질경영

1. 품질의 정의
2. 산포의 개념
3. 통계적 품질관리와 공정관리
4. 공정능력의 분석
5. 품질개념의 확장
6. 전사적 품질관리와 품질경영
7. 품질원가 개념

제 13 장 품질경영

학습 목표

- ✧ 품질의 여러 정의에 대해서 서술한다.
- ✧ 품질원가(cost of quality)에 대해서 설명한다.
- ✧ 통계적 품질관리(statistical quality control : SQC)의 주요 내용과 방법에 대해서 이해한다.
- ✧ 품질의 확장된 정의에 대해서 이해한다.
- ✧ 품질기능전개(QFD)의 목적과 이용 방법을 이해한다.
- ✧ 다구찌 품질공학의 원리를 이해한다.

품질의 정의

품질의 정의는 다양하지만 일반적으로 고객의 기대에 맞거나 기대를 초과하는 것으로 품질을 정의할 수 있다. 그러나 품질을 관리하기 위해서 보다 구체적인 정의가 필요하다.

적합품질과 사용품질

품질을 생산자의 관점에서 보면 시방이나 표준에 맞추어 합격·불합격을 판정하는 것, 즉 사양 일치성(conformance to requirements)으로 정의할 수 있는데, 이를 적합품질이라 한다. 그런데 시방과의 일치만으로 고객의 요구나 기대를 충분히 만족시켰는지는 알 수 없다. 쥬란(J. M. Juran)은 소비자 관점에서 품질을 정의하였는데, "품질은 사용 적합성(fitness for use)"이라 하였다. 이를 사용품질이라 한다.

품질의 사이클

한편, 품질이 만들어지는 라이프사이클에 따라 정의해 볼 수 있다. 이는 제품을 설계하여 소비자에 판매될 때까지의 사이클에 따른 것이다. 최초 고객의 요구를 파악하여 정의한 품질을 목표품질이라 하고, 목표품질의 내용을 제품설계에 반영한 단계의 품질을 설계품질, 그리고 설계에 따라 제조를 했는지 여부를 가리는 품질을 제조품질, 마지막으로 고객에 판매되어 사용시에 용도에 잘 부합했는지의 품질을 사용품질이라 한다.

ISO의 정의

그 밖에도 최근 생산의 영역이 제조 뿐 아니라 서비스 등으로 확대되면서 국제표준기구(ISO)는 품질을 보다 넓게 정의하고 있다. ISO는 품질을 "실체(제품, 서비스)가 지니고 있는 명시적 내지 묵시적 요구를 충족시키는 능력에 관계된 특성의 전체"라고 정의한다. 이렇게 볼 때 품질은 제품의 품질 뿐 아니라, 병원 서비스의 질, 소프트웨어의 무결성 등, 제공되는 재화나 서비스에 따라 적절하게 적용 된다.

품질의 통계적 관리

품질경영의 중요성에 대해서는 이미 앞에서 논의한 바 있다. 본 12장에서는 역사적으로 품질경영의 기반을 이루었던 통계적 품질관리에 대해서 논의한다. 통계적 품질관리는 테일러의 과학적 관리법 이래 작업자들이 대량생산 시스템의 일부분을 구성하는 소극적 위치를 벗어나, 적극적으로 생산시스템을 개선하는 도구를 제공하게 하였다. 작업자를 원래의 위치인 주도적인 인간으로서의 역할을 하게 한 것이다.

공정에서의 작업은 산포가 있기 마련이다. 똑 같은 원재료와 기계를 가지고 작업을 한 제품인데도 불구하고, 완벽하게 균일한 제품이 나오지는 않는다. 다행히 공정의 산포에는 통계적인 규칙성이 있기 때문에 품질의 분포를 통계적으로 파악하여 통계적인 추리를 할 수 있다. 여기에 이용되는 것이 통계적 품질관리 방법들이다.

품질 관점

품질에 대한 정의는 다양하다. 생산경영에 있어서 폭 넓게 받아들여지고 있는 정의는 "품질은 고객 만족이다."라는 것이다. 이 개념을 명확히 하기 위해서는 먼저 "고객"을 정의할 필요가 있다.

고객에는 외부고객과 내부고객의 두 가지 형태가 있다. 첫째, 외부고객은 제품의 최종 사용자 뿐 아니라 공급체인의 상·하류에 존재하는 모든 프로세스와 중간상을 포함한다. 그리고 제품 또는 프로세스와 관련되어 품질 수준에 대한 규제를 하는 정부 기관 등도 외부고객에 속한다. 내부고객은 회사 내 타 부서로서 내가 속한 부서로부터 제품이나 서비스를 공급 받는 부서를 말한다.

이와 같이 정의된 고객을 만족시킨다 했을 때 요구되는 두 가지 요소는 다음과 같다.

제품 속성

제품속성은 설계품질에서 나오는 것인데, 일반적으로 높은 기능을 포함하는 설계는 높은 원가를 야기한다. 하지만 아울러 고객만족 수준을 높여 높은 가격을 가능하게 한다. 일반적으로 고객은 제품속성에 의해서 여러 계층의 층으로 세분화된다.

부합 품질

스크랩, 재작업, 사용 상의 불만, 기타 결함으로 야기되는 문제가 없어야만 고객 만족을 실현할 수 있다. 부합품질은 불량으로부터의 자유를 말하는 것으로, 부합품질 수준을 높이는 것은 일반적으로 원가의 절감을 가져온다.

품질에 대한 관점은 기업 내 어떤 기능에 종사하는가에 따라 약간씩 다르게 나타나기도 한다. 부서에 따라서 기본적으로 다음과 같이 네 가지 품질 관점이 관찰된다.

① 마케팅 - 고객의 욕구와 필요, 기대를 만족시키는 능력

② 설계 - 이해할 수 있고 실질적이며 완전하고 사용이 용이한 제품을 설계하는 일
③ 제조 : 불량을 방지하고 생산 공정에서 산포를 최소화하는 일
④ 서비스 : 제품을 인도하고 판매 후 서비스하는 일에서 고객을 만족시킴

위에 열거된 품질 관점 중 제품속성(설계품질)은 제품개발 내지 설계 기능을 통해서 달성된다. 그리고 부합품질은 일단 설계된 제품을 생산하는 데 있어서 설계에 부합하고 고장이 나지 않게 관리하는 일로서 산포를 관리하는 일을 통해서 달성된다.

산포란 공정 내의 관리, 기계, 자재, 방법, 사람, 측정 등 많은 요인으로부터 기인한다. 공정 내의 산포 요인들이 총체적으로 작용하여 제품의 산포, 즉 품질불량으로 이어지는 것이다.

산포의 개념

세상의 모든 공정이나 제품은 완벽하게 동일한 것은 없다. 그 이유는 모든 공정 중에 많은 변동요인을 포함하기 때문이다. 이와 같이 공정 데이터가 평균에서 이탈되는 현상을 산포(variation)라 한다. 기계의 노후, 도구의 마모, 자재의 강도, 작업자의 기술, 온도 등은 제품의 규격에 산포를 갖게 한다. 예를 들어 스낵 과자를 봉지에 넣어 포장하는 공정의 경우, 매 봉지에 들어가는 과자의 무게는 조금씩 변동을 보인다.

이 포장기계가 과자를 넣은 봉지의 무게를 많이 측정하여 이를 도표로 그렸다면 이는 하나의 패턴을 보일 것이다. 이러한 패턴을 분포(distribution)라 한다. 이러한 분포는 평균, 표준편차(또는 범위), 모양 등에 의해서 특징지워진다.

산포의 원인

산포(variation - 변동)에는 공통요인(common/random/chance cause)과

특별요인(special/assignable cause)이 있다. 특별요인이란 공정상에 예측 불가능한 변화를 유발하여 공정분포를 변경시키는 요인으로서 계속해서 산출물의 품질에 영향을 준다. 반면에 공통요인은 완전히 확률적이고 우연적인 변동의 원천으로 현재의 공정으로는 이를 회피할 수 없는 요인이다.

공통요인

공통요인만을 가지고 있는 공정을 "통계적 관리 상태에 있다."고 한다. 공통요인에 의한 산포는 통제가 불가능한 다양한 일상 요인에 의해서 영향받는다. 예를 들면, 온도, 습도, 도구의 마모 등 일상적인 요인에 의한 산포를 말한다.

공정의 변동이 공통요인에만 기인하는 경우 이때의 분포는 대칭이며 가장 많은 관찰 값이 평균치 근처에 모이게 되는 정규분포의 모양을 갖는다. 공통요인만 존재하는 안정된 상태의 공정에 대해서는 작업방법의 개선, 작업자 훈련, 작업환경의 균일화, 계측기의 정도 향상 등 시스템적 접근을 통하여 품질변동의 크기를 축소시켜 가는 활동이 전개된다. 그러나 공통요인만 있는 공정에 불필요하게 손을 대어 정상상태에 있던 공정을 이상상태에 빠지게 할 수도 있다. 그래서 산포에 대처하기 전에 산포의 원인을 확실히 아는 것이 중요하다.

특별요인

변동의 원인 중 특별요인은 그 변동의 원인을 파악해 제거해야만 하는 요인이다. 예를 들어 훈련이 부족한 작업자나 수리가 필요한 기계, 불량자재의 사용, 재료의 변경 등과 같은 원인을 들 수 있다. 과자의 포장 예를 다시 생각해 보자. 특별요인이 있을 경우, 분포의 전체 평균이 정해진 값에서 벗어날 수도 있고, 어떤 경우는 전체 평균은 같지만 포장된 봉지마다 변동이 심해서 산포가 크게 된 경우, 또 포장된 봉지의 중량이 평균의 좌우에 고르게 분포되지 못하고 한 쪽에 치우칠 수도 있다.

통계적 품질관리와 공정관리

통계적 품질관리(statistical quality control - SQC)는 "품질을 관리하기 위해서 통계적 기법을 응용하는 것"으로, 공정과 제품 상의 산포를 분석하고 이해하여 산포를 줄여 나가고 통제하는 활동을 하는 것이다. 통계적 품질관리를 하기 위해서는 일단 공정의 산포에 관한 데이터를 수집하는 일이 선행되어야 하며, 이를 분석하고 이해함으로써 산포를 줄이기 위한 활동에 들어간다.

통계적 품질관리는 흔히 통계적 공정관리라는 용어와 혼용되기도 하지만, 통계적 품질관리는 통계적 공정관리와 함께 표본검사를 포함하여 일컫는다.

검사(inspection)란 다음 공정이나 고객에 대한 품질보증을 위해 검사표준을 정하고 품질을 측정하여 그 결과를 표준과 비교하여, 각각의 제품 또는 로트 단위로 합격·불합격의 판정을 내리는 활동이다. 검사는 전수검사와 샘플링 검사로 나눌 수 있는데, 로트의 크기가 클 경우 전수검사는 비현실적이므로 샘플링 검사를 하는 경우가 많다.

샘플링검사는 표본을 추출하여 검사하며, 그 결과를 가지고 전체 로트에 대해서 합격, 불합격을 판단한다. 검사는 제품에 기반하며 불량을 가려내는 활동이라는 점에서 통계적 공정관리와는 구별된다. 즉 원인을 찾아서 대처하는 것이 아니라 증상을 보는 결과를 가져온다. 한편 통계적 공정관리는 공정품질이라는 원인을 관리함으로써 결과적으로 제품의 품질을 관리하고자 하는 것이다.

통계적 공정관리(statistical process control - SPC)의 목적은 통계적 방법을 이용하여 공정 내에서의 산포를 측정, 분석하는 것으로 궁극적으로는 별도의 검사를 할 필요 없이 품질의 안정을 도모하고자 하는 것이다. 즉, 생산이 완료되고 나서 검사하는 것이 아니라, 생산이 진행되는 중에 불량의 원인을 감지하고, 공정의 문제가 발견되면 그 시정 책임을 공정에서 지게 하는 것이다. 이는 통계적 공정관리의 중요한 특징 중의 하나이다. 즉, 제품이 완성되어 납품되는 시점에 이루어지는 검사(inspection)와는 달리 품질에 대한 책임이 공정의 원류로 이동된 것이다. 기본적인 가정은, 만약 원류공정의 관리가 잘 되었다면 거기서 나온 제품의 품질은 양호할 것이고, 따라서 검사는 불필요하다는 것이다. 이는 장기적인 '지속적 개선'의 첫걸음이다.

통계적 공정관리(SPC : statistical process control)는 공정 내에서 산포를 측정하고 분석하는 데 통계적 방법을 응용한다.

통계적 공정관리는 다음의 가정에 바탕을 두고 있다.

- 품질이란 "사양에의 적합(부합품질)"을 말한다.
- 공정이 제품의 산포를 야기한다.
- 공정과 제품의 산포는 측정될 수 있다.
- 공통요인의 산포는 표준적이고, 예측가능한 패턴의 측정치를 산출한다.
- 특별요인의 산포는 예측 가능한 패턴을 붕괴시킨다.
- 산포의 원인은 분리되어 질 수 있고 찾아내어질 수 있다.

통계적 공정관리는 제품이 아닌 공정에 초점을 맞춘다. 제품을 만드는 공정이 불량한 부품을 생산하지 않도록 하는 것이다.

품질관리와 데이더

1) 계량치와 계수치

통계란 데이터의 과학이다. 데이터는 색상, 남녀의 구분 등 속성데이터(attributes)와 변수데이터(variables)로 구분된다. 변수데이터에는 계량치와 계수치가 있다.

계량치(continuous data,연속형 데이터). 연속량으로서 측정되는 품질특성의 값 길이, 질량, 시간 등 일반적으로 측정되는 대부분의 값은 계량치이다. 계측기의 정밀도에 따라 측정값의 정밀도가 연속적으로 늘어난다.

계수치(discrete data,이산형 데이터). 불량품의 수, 결점의 수 등과 같이 개수를 세어 얻어지는 품질특성의 값 등, 특정한 정수값으로 표현되는 데이터를 말한다.

계량치는 연속량으로 측정되며 연속적인 값을 갖는다. 이에 반하여 계수치는 불량품수나 결점수와 같이 불연속적인 값을 갖는 측정치로서 대개 정수로 표시된다. 그래서 계수치의 분포는 이산분포(discrete distribution), 계량치의 분포를 연속분포(continuous distribution)를 따른다.

데이터의 정리

품질의 변동, 즉 산포를 가져오는 원인을 파악하여 이것을 관리하기 위해서는 그 변동의 상태를 우선 쉽게 식별이 되도록 정리할 필요가 있다. 제품이나 제조공정으로부터 얻어진 다수의 데이터를 정리하여 이를 통계적으로 해석하는 원리는 다음과 같다.

협력사로부터 10,000개의 제품이 납품되어 왔다. 이 전체를 모집단이라 한다. 그 중에서 100개를 샘플링하여 데이터를 얻었다. 이 표본으로부터 평균, 표준편차 등 통계량을 구하면 이를 이용하여 모집단의 성격(모수)에 대한 추정을 할 수 있다.

이렇게 통계학적인 추정 이전에 데이터의 분포로부터 데이터의 분포상태를 눈으로 확인할 수 있도록 정리할 필요가 있다. 데이터를 정리하는 방법은 다음과 같이 두 가지가 있다.

① 눈으로 보기 쉽게 그래프/ 테이블로 정리
② 하나의 숫자로 요약 : 평균, 표준편차/ 분산

데이터를 그래프로 정리하는 방법에는 도수분포표, 파레토도, 특성요인도 등이 많이 이용된다.

1) 도수분포표(히스토그램)

어떤 조건아래 취해진 데이터가 여러 개 있을 때, 데이터가 어떤 값을 중심으로 어떤 분포를 하고 있는가 조사하는 데 사용하는 그림이다.

도수분포표(히스토그램)

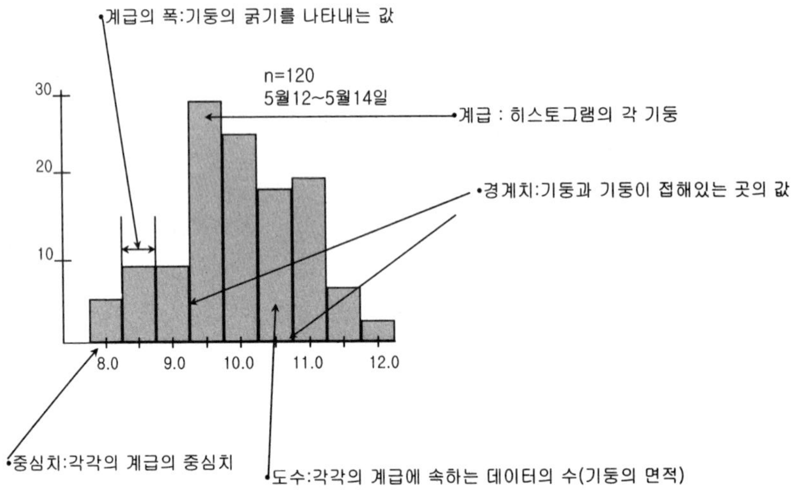

그림 13-1 도수분포표 작성 예

그림 13-1은 선풍기 모터축의 내경을 측정한 값(n=120)을 이용하여 도수분포표를 만든 예를 보이고 있다.

측정치를 이용하여 히스토그램을 작성하는 순서는 그림 13-2에 나타나 있는 바와 같이 다음의 네 단계로 이루어진다.

1. 계급의 폭을 결정

데이터의 총수 n 을 구한다. 본 예에서 n=120 이다. 그리고 데이터의 각 구분마다 최대치(L)최소치(S)를 구한다.

L과 S차를 구하여 10으로 나눈다. (11.1 − 8.5) / 10 = 0.16

계급의 폭(h)을 결정한다. 데이터를 보면 측정최소단위가 0.1이므로 0.1의 정수배(0.3, 0.4 등) 중 0.5를 h로 선택했다.

2. 계급의 경계치 결정

계급의 경계치 단위를 결정한다. 측정단위가 0.1 이므로 0.1 의 1/2, 즉 0.05 를 선택한다. 이어서 경계치를 결정한다. 경계치는 그 구간 데이터의 최소치가 그 계급의 거의 중앙에 오도록 한다.

3. 조정도수표 작성

결정된 계급의 경계를 바탕으로 조정도수표를 작성한다. 조정도수표는 그림 12-2와 같이 각 계급 구간 별 데이터를 다시 세어서 작성한다.

4.히스토그램 작성

가로축에 계급경계눈금, 세로축에 돗수 f 를 기록하고, 그림 여백에 자료조사를 한 날짜 등 이력과 총수 n 을 기입한다.

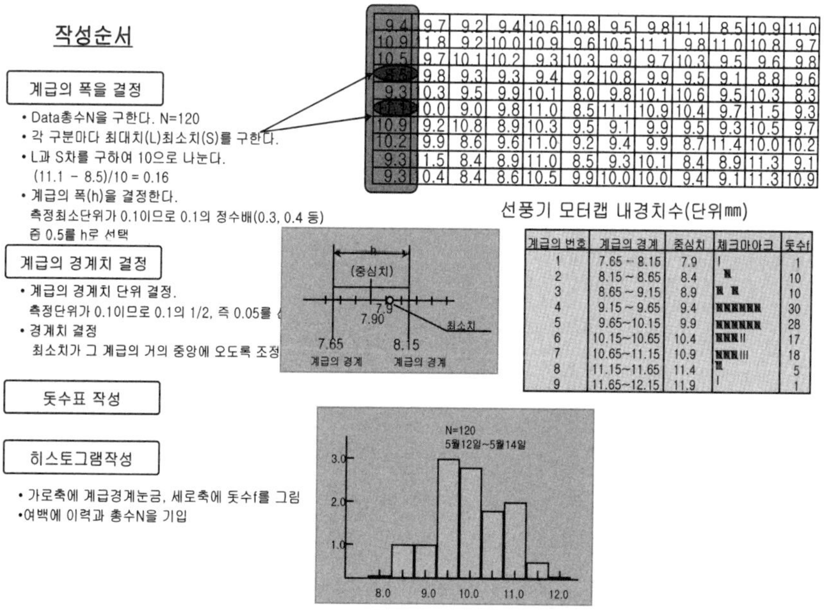

그림 13-2 도수분포표 작성 순서

도수분포표를 보면 품질에 관한 데이터의 분포 상태를 쉽게 알 수 있을 뿐 아니라, 공정능력을 파악할 수 있고 공정의 해석이나 관리를 위한 직관을 얻을 수 있다.

2) 파레토도

품질에 문제가 생기면 제조현장에서 원인을 찾아서 대책을 세우고 조처를 취하는 일을 하지 않으면 안된다. 이때 무엇부터 먼저 착수할 것인가의 선택 문제가 생긴다. 파레토도(Pareto graph)는 문제의 발생 빈도가 높거나 중요도가 큰 것을 쉽게 알도록 해 준다. 불량품의 원인이나 불량상황 별로 층별하여 데이터를 취함으로써 그 영향이 큰 순(빈도수가 높거나 금액이 큰 것)으로 표시한다. 파레토도를 작성하는 순서는 그림 13-3과 같다.

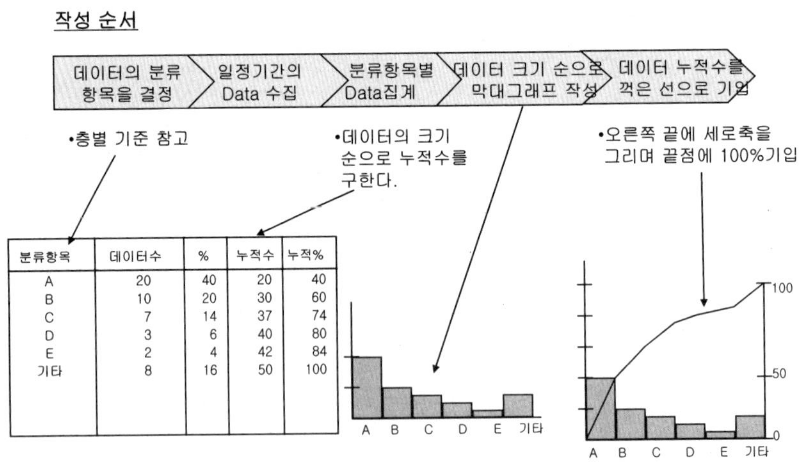

분류항목	데이터수	%	누적수	누적%
A	20	40	20	40
B	10	20	30	60
C	7	14	37	74
D	3	6	40	80
E	2	4	42	84
기타	8	16	50	100

그림 13-3 파레토도 작성 순서

파레토도는 우리가 흔히 '2 : 8 의 법칙'이라고 부르는 현상을 알 수 있게 해 준다. 예컨대 공정분량의 가장 큰 부분은 전체 항목 수의 20% 이내에 해당하는 소수의 항목에 기인하는 것을 알 수 있다.

3) 특성요인도

문제가 되는 특성(결과)과 이에 영향을 미치는 요인(원인)과의 관계를 추정하여 알기 쉽게 도표화 한 것을 특성요인도(cause and effect diagram)라 한다. 특성요인도는 문제점에 대한 원인을 계통적으로 나타내어 원인에 대한 대책, 예방, 불량제거, 작업이나 공정의 관리, 개선 등에 이용될 수 있다.

플라스틱 성형의 불량에 대한 원인분석

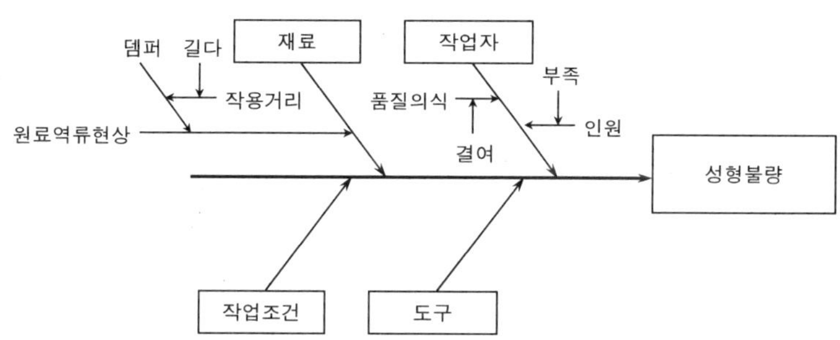

그림 13-4 특성요인도(cause & effect diagram)

그림 13-4는 플라스틱 성형의 불량에 대한 원인을 4M(man, material, method, machine)을 토대로 분석해 나가는 과정을 보인 것이다. 중요한 원인에 대해서 세부요인이 가지를 치는 형식으로 계통적인 접근을 하는 것이 특성요인도의 특징이다.

공정능력의 분석

공정을 관리하고 개선하려면 공정의 관리상태와 능력을 알아야 한다. 공정의 관리상태와 능력을 파악하는 데 이용되는 것이 관리도와 공정능력분석이다. 관리도의 관리한계는 표본분포의 평균과 분산에 기초하여 그 공정이 통계적으로 관리되고 있는지 보여준다. 그러나 관리도는 그 제품이 설계사양에 맞게 생산되고 있는지를 보이는 것은 아니다.

공정능력 분석은 생산공정의 품질변동 정도를 측정하여 이들 변동폭을 줄이기 위해 규격과 비교, 분석하는 것이다. 예를 들어 전구의 수명에 대한 설계사양이 1,000시간을 목표(명목치)로 하고 허용오차는 200이라 한다면, 이 사양에 의하여 상한값 1,200시간과 하한값 800시간 이내에 들어오는 전구는 합격품이 된다.

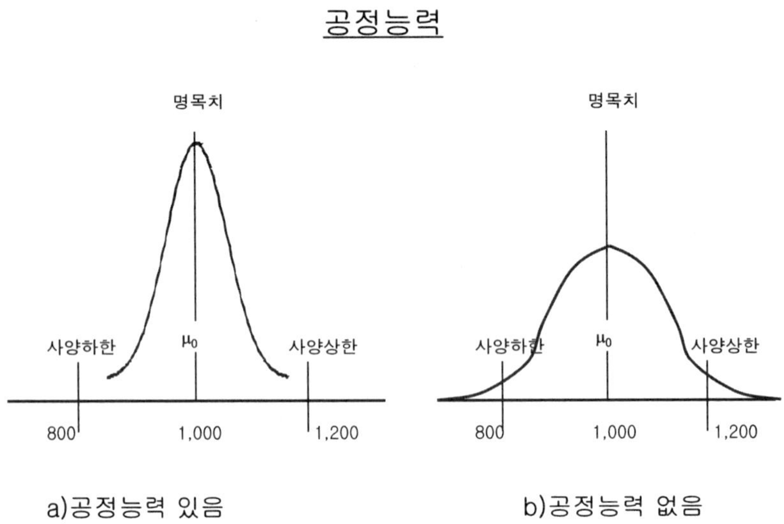

그림 13-5 공정분포와 사양의 관계

그림 13-5를 보면 왜 제조기업들이 왜 공정의 변동을 줄이는 데 그렇게 큰 노력을 기울이는지 알 수 있다. 산포가 작으면, 즉 표준편차가 작으면 불

량의 산출이 줄어드는 것이다. 그림에서 a)의 경우는 공정분포의 대부분이 사양의 상하한 값 사이에 위치하므로 불량이 날 확률이 극히 적다. 이런 공정을 공정능력이 있다고 한다. b)의 경우는 관리한계를 벗어나는 불량이 많이 나오고 있으므로 공정능력이 떨어지는 공정이다.

공정능력비율은 생산공정이 얼마나 균일한 품질의 제품을 생산할 수 있는지를 반영하는 공정의 고유 능력 척도로서 평균의 상하 3σ 구간인 6σ를 사용한다. 정규분포에서 상하 3σ 내에 분포할 확률은 99/73%이므로 대부분의 값은 이 범위 내에 분포한다. 이를 이용하여 허용범위의 상·하한 값의 차이(규격공차)가 공정의 변동인 6σ보다 크다면 그 공정은 안정된 공정으로서 공정능력이 있다고 할 수 있다. C_p 로 표기하는 공정능력비율은 이러한 관계를 이용하여 다음과 같이 정의한다(그림 13-6 참조).

공정능력비율 C_p

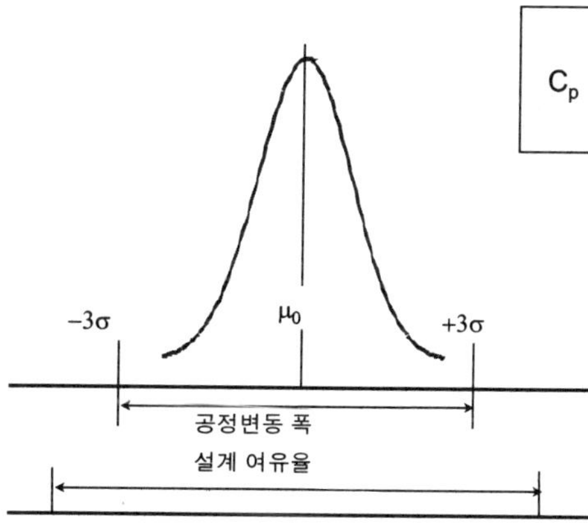

$$C_p = \frac{\text{특성치의 최대 허용 범위}}{\text{공정의 정규 변동}}$$

$$C_p = \frac{|USL - LSL|}{6\sigma}$$

그림 13-6 공정능력비율

Cp = 규격공차 / 공정변동 = (USL − LSL) / 6σ

USL : 규격 상한(upper standard limit)

LSL : 규격 하한(lower standard limit)

위 식에서 Cp 값이 1.0 이하이면 시방의 상하한에 의한 크기보다 6σ로 나타낸 공정의 산포가 더 큰 것이므로 공정능력이 떨어지는 것이다.

공정능력지수

공정능력을 확보하였다는 것은 공정능력비율이 그 기업에서 정한 기준값(예를 들어 1.33)보다 커야 할 뿐 아니라 공정의 분포가 설계사양의 명목값을 중심으로 분포하고 있음을 의미한다. 만약 분포의 평균이 규격의 상한값이나 하한값에 가까이 치우쳐 있다면 불량을 낼 가능성이 그만큼 많은 것이므로 공정능력지수에서는 불량품을 생산할 잠재력을 측정하기 위해서 평균의 치우침을 고려한다.

C_{pk}로 표기하는 공정능력지수(process capability index)는 다음과 같이 정의한다.

$$C_{pk} = \text{최소값}[(\overline{\overline{x}} - \text{하한값}) / 3\sigma, (\text{상한값} - \overline{\overline{x}}) / 3\sigma]$$

$\overline{\overline{x}}$: 공정 산출물의 분포의 평균치

위 식에서 두 값의 최소값을 택하는 이유는 공정능력지수를 보수적으로 잡기 위해서다. C_{pk}가 1.0보다 큰 기준값(예 1.33)보다 크고 공정능력비율 역시 기준값보다 크다면 공정능력을 확보했다고 할 수 있다. 그러나 C_{pk}값이 1.0보다 작다면 공정의 평균이 어느 쪽이든 허용한계에 가깝게 치우쳐 있는 분포이므로 불량을 생산할 가능성이 크다.

위에서 정의된 식을 보면 공정분포가 치우침이 없을 경우 외에는 언제나 C_{pk}값이 C_p값보다 작게 나타남을 알 수 있다.

공정능력의 분석은 우선 공정이 안정된 뒤에 이루어져야 한다. 공정이 안정되어 있지만 만약 공정능력이 낮다면 초점은 공통요인의 산포를 줄이는

쪽으로 이동한다.

모든 통계적 예측은 통계적으로 안정된 상태를 가정한다. 따라서 공정능력의 예측도 공정이 관리상태에 있기 전에는 해서는 안 된다. 그러나 실무에서는 특별요인을 해결하지 않은 채(즉, 안정되지 않은 공정에 대해서) 공정능력을 측정하기도 하는데, 이는 공정능력을 측정해서 특별요인을 신속히 잡아 내기 위해서다. 그러나 이 경우 공정능력의 문제가 설계와 생산 중 어디에 있는지 모호할 수 있다.

관리도

관리도란 관찰한 변동이 비정상적인지 판단하기 위하여 품질의 변동상황을 시간대별로 도표에 표시한 것이다. 관리도에는 공정이 달성하고자 하는 목표치가 되는 명목치를 중앙선으로 하고, 상·하에 관리한계를 준다. 관리한계는 조치가 필요한지를 평가하기 위한 것으로 이 중 큰 값을 관리상한(upper control limit : UCL)이라 하고 작은 값을 관리하한(lower control limit : LCL)이라 한다.

관리도를 이용하는 목적은 다음과 같다.

- 공정을 관리상태로 유지한다. 통계량이 관리한계 밖에 나타난다면 변동의 특별요인이 있는 것이므로 이 요인을 찾아 해결해야 한다. 공정에 특별요인이 발생하였을 경우 가능한 빨리 이를 탐지하여 수정조치를 취함으로써 불량제품의 발생을 사전에 억제할 수 있다.
- 특별요인이 제거된 후에 품질이 개선되는가를 확인하기 위해서 다시 관리도를 작성한다.
- 위 절차를 주기적으로 반복하여 지속적 개선을 꾀한다.

1) 변량관리도

변량관리도($\overline{x}$-R 관리도)는 공정분포의 평균과 변동을 감시하기 위한 것이다. 분포가 중심선과 일치하려는 경향의 여부와 변동의 크기를 표시하기 때문에 평균과 범위의 관리도($\overline{x}$-R관리도)라고도 한다. 이 관리도는 제품과 공정의 변동을 일으키는 요인을 찾고 추적하는 데 있어서 가장 강력하고, 많이 사용된다.

그림 13-7은 관리도를 그리는 순서를 정리한 것이다. 관리도를 그리기 위해서는 먼저 데이터를 수집하고 자료를 표본 번호별로 조직화해야 한다. 그림 13-7의 예에서는 3개의 군에 대해서 각각 10개씩의 표본을 추출하였다.

(1) R-관리도

R-관리도는 범위관리도라고도 하는데 공정의 변동을 관리하기 위한 것이다. R-관리도를 그리기 위해서 각 표본 별로 범위 R을 계산한다. 특정 표본의 범위는 표본 내 관찰값의 가장 큰 값에서 가장 작은 값을 뺀 것이다. 그림 12-7에 제시된 예에서 R 는 0.1로 계산되었다.

R-관리도의 관리한계는 다음과 같다.

$UCL_R = D_4R$, $LCL_R = D_3R$

단,

$\overline{R}$ = 표본 군 별 R값의 평균, 관리도의 중앙선

D_3, D_4 = 표본규모가 주어졌을 때 3σ 관리한계를 결정하는 상수

여기서 D3, D4는 표본규모에 따라 달라지는 상수로서 그림 13-7의 표에 제시되어 있다.

• $\bar{x}$ – R 관리도

1) Data 수집
2) 군 구분 : n=3, k=10

3) Data 계산

k	x_1	x_2	x_3	$\sum_{i=1}^{n} x_i$	$\bar{x}$	R	비고
1	131.0	130.9	130.9	392.8	130.93	0.1	
2	131.3	131.3	131.3	393.9	131.30	0.0	
3	131.2	131.2	131.2	393.6	131.20	0.0	
4	131.1	131.3	131.2	393.6	131.20	0.2	
5	131.3	131.3	131.3	393.9	131.30	0.0	
6	131.2	131.2	131.2	393.6	131.20	0.0	
7	131.3	131.2	131.2	393.7	131.23	0.1	
8	131.6	131.3	131.2	394.1	131.37	0.4	
9	131.2	131.3	131.2	393.7	131.23	0.1	
10	131.2	131.1	131.2	393.5	131.17	0.1	
Total				3936.4	1312.13	1.0	

4) 각 열의 총합 계산

5) $\bar{\bar{x}} = \bar{x}/k = 131.213 \quad \bar{R} = R/k = 0.1$

관리도

6) 관리한계의 계산

$\bar{x}$ 관리도

$CL = \bar{\bar{x}} = 131.213$

$UCL = \bar{\bar{x}} + A_2\bar{R} = 131.213 + 1.023 \times 0.1 = \underline{131.315}$

$LCL = \bar{\bar{x}} - A_2\bar{R} = 131.213 - 1.023 \times 0.1 = \underline{131.111}$

R 관리도

$CL = \bar{R} = 0.1$

$UCL = D_4\bar{R} = 2.575 \times 0.1 = \underline{0.258}$

$LCL = D_3\bar{R} = 0$

N	A_2	D_3	D_4
2	1.880	0	3.267
3	1.023	0	2.575
4	0.729	0	2.282

7) 관리선 기입
- 중심선(직선), 한계선(파선)

8) 점의 기입
- $\bar{x}$값들을 타점하고 그 점들을 잇는 선을 그린다.
- R 값들을 타점하고 그 점들을 잇는 선을 그린다.

그림 13-7 $\bar{x}$ – R 관리도 그리는 순서

(2) $\overline{x}$ 관리도

$\overline{x}$ 관리도는 평균을 관측하기 위한 것이다. 공정변동의 특별요인이 밝혀지고 공정변동이 통계적으로 관리되면 공정의 평균을 관리하기 위해 $\overline{x}$ - 관리도를 작성할 수 있다. $\overline{x}$- 관리도의 관리한계는 다음과 같다.

$$UCL_{\overline{x}} = \overline{x} + A_2\overline{R}, \quad LCL_{\overline{x}} = \overline{x} - A_2\overline{R}$$

단,

x = 관리도의 중앙선, 표본평균 또는 목표치

A_2 = 공정평균 3σ를 계산하기 위한 상수, 그림 13-7의 표 참조

여기서 $\overline{x}$ - 관리도에는 관리한계를 계산하기 위해서 $\overline{R}$값이 필요함을 유의해야 한다. 그러므로 $\overline{x}$- 관리도는 $\overline{R}$-관리도를 작성한 후에 작성된다.

이상 계산된 값들을 이용하여 관리도를 작성하는 순서는 그림 13-7의 1)부터 8)의 절차에 따른다.

관리도 결과의 해석

관리도 결과를 보고, 공정의 관리 상태를 해석하는 방법을 보기 위해서 그림 13-8 을 보자.

그림 13-8 에 표시된 각 번호 영역의 관리상태에 대한 해석의 예는 다음과 같다.

① 관리이탈 - 관리한계선 상이나 밖으로 점이 벗어 났을 때 : 그대로 보아 넘기기 어려운 특별요인이 있는 것이므로 그 원인을 조사하여 다시 발생하지 않도록 조치한다.

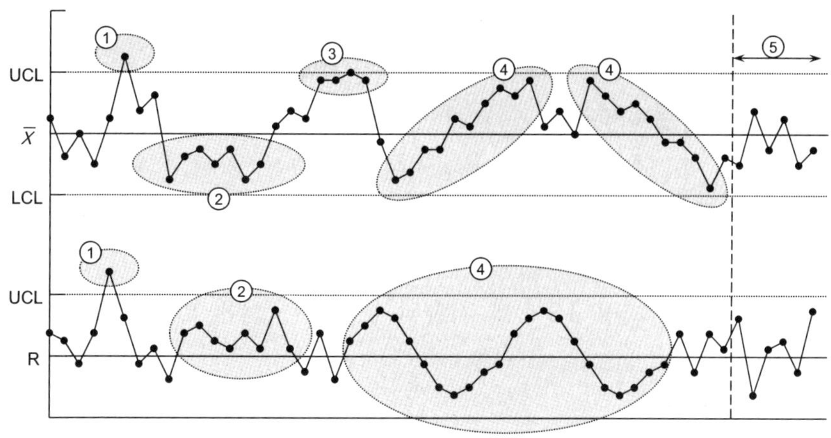

그림 13-8 관리도의 해석방법

② 크기 7 이상의 런(run) - 중심선의 한쪽으로만 연속하여 7개 이상의 점이 있을 때 : 공정의 평균 또는 산포가 조금씩 변화하고 있는 것으로 원인을 찾아보면 기술상 유익한 정보가 얻어진다.

③ 한계 가까이의 점 - 점이 관리한계에 들어있고 2σ와 3σ 사이에 연속 3개의 점 중 2점이 있을 때 : 공정의 산포가 증가하고 무엇인가 이상이 있으므로 조치가 필요하다.

④ 경향과 주기성 빈도 - 점이 계속 위로 또는 아래로만 향하고 있을 때, 또는 주기적 변동이 보일 때 : 공정에 그와 같은 경향 또는 주기적 변동의 원인이 있을 것이므로 그것을 찾아내면 공정관리상 유익한 정보가 얻어진다.

⑤ 안정상태 (관리상태) - 연속 25점 이상에서 위와 같은 이상상태가 없는 상태로서 관리된 공정 상태를 나타낸다.

2) p관리도(불량률 관리도)

p-관리도는 공정에서 사용되는 불량률을 관리하기 위한 것이다. 앞의 x-관리도에서는 품질속성을 측정한 데이터를 이용했었는데, p-관리도에서는 제품이나 서비스가 불량인지 아닌지를 판정한 데이터를 쓴다. 예를 들어 어떤 부품에 대한 수입검사 결과 그림 12-9와 같은 군 별 불량률을 구했다고 한다면 이것을 이용하여 p-관리도를 만들 수 있다.

속성의 표본추출은 합격-불합격이라는 값을 가지게 되므로 이항분포를 기초로 하고 있다. 그러나 표본의 수가 큰 경우에는 정규분포를 근사치로 이용할 수 있다.

p-관리도는 그림 13-9에 기술되어 있는 순서에 따라 다음과 같이 작성한다.

① 불량률로 나타나는 데이터를 수집하여 군으로 구분한다. 이때 데이터는 검사개수 n과 불량개수 Pn이 알려져 있어야 한다.
② 각 군의 불량률 p를 계산한다.
③ 평균 불량률 $\overline{p}$ 를 계산한다.
④ 관리도 용지에 평균불량률, 관리상한선, 관리하한선을 그린다.
⑤ 관리도에 불량률 p를 검사순으로 타점한다.

위 순서 상 요구되는 계산식은 그림 13-9에 제시되어 있다.

1) Data 수집

2) 불량률 계산 $P = \frac{\text{불량개수}}{\text{검사개수}} = P_n/n$

군번호	군의 크기 (n)	불량개수 (P_n)	불량률 (P)	UCL	LCL
1	200	7	3.5%	7.6%	0.0%
2	100	2	2.0%	9.2%	0.0%
3	150	0	0.0%	8.2%	0.0%
4	170	6	3.5%	7.9%	0.0%
5	170	3	1.8%	7.9%	0.0%
6	200	5	2.5%	7.6%	0.0%
7	100	4	4.0%	9.2%	0.0%
8	100	3	3.0%	9.2%	0.0%
9	200	10	5.0%	7.6%	0.0%
10	200	6	3.0%	7.6%	0.0%
11	170	7	4.1%	7.9%	0.0%
12	150	4	2.7%	8.2%	0.0%
13	160	5	3.1%	8.0%	0.0%
14	100	0	0.0%	9.2%	0.0%
15	100	2	2.0%	9.2%	0.0%
16	100	5	5.0%	9.2%	0.0%
17	200	11	5.5%	7.6%	0.0%
18	220	10	4.5%	7.4%	0.0%
19	250	15	6.0%	7.1%	0.1%
20	250	9	3.6%	7.1%	0.1%
21	180	7	3.9%	7.8%	0.0%
22	200	4	2.0%	7.6%	0.0%
23	200	10	5.0%	7.6%	0.0%
24	200	7	3.5%	7.6%	0.0%
25	200	12	6.0%	7.6%	0.0%
	ⓐ 4270	ⓑ 154	ⓒ 3.6%		

3) 평균불량률 계산

ⓐ 총검사개수 $\sum n$

ⓑ 총불량개수 $\sum P_n$

ⓒ 총불량률

$$\overline{P} = \sum P_n / \sum n$$

4) 각 열의 총합 계산

- 중심선

$$CL = \overline{P} = 3.6$$

- 관리상한선

$$UCL = \overline{P} + 3\sqrt{\frac{\overline{P}(1-\overline{P})}{n}}$$

- 관리하한선

$$LCL = \overline{P} - 3\sqrt{\frac{\overline{P}(1-\overline{P})}{n}}$$

※ LCL이 (-)인 경우는 **0** 으로...

5) 관리도 그린다.

- 점을 기입한다.
- 군의 크기(n)가 다른 경우, UCL, LCL이 군마다 다름.

그림 13-9 불량률 관리도(P-관리도) 작성 순서

p-관리도를 이용하면 불량률 발생이 정상적인지 혹은 이상 요인에 의해 발생한 것인지 판단할 수 있다. p-관리도를 이용하기 위해서는 먼저 규모 n의 무작위 표본을 추출하여 불량품의 수를 센다. 이를 표본규모로 나누면 표본 불량률 p를 얻는다. 이 값이 관리한계선 밖에 위치하면 표본이 추출된 공정의 불량률이 변경되었다고 가정할 수 있다. 이 경우 변동의 특별요인을 찾아 조처해야 한다.

품질개념의 확장

품질은 그 성취도에 따라 몇 가지 개념으로 구성된다. 첫 단계는 품질검사로서 단지 결함을 발견하거나 불합격품을 발견하려는 목적으로 제품을 검사(inspection)하는 수준의 활동이다.

둘째 단계는 프로세스 측정과 개선의 단계로서 주로 통계적 공정관리의 방법을 이용하여 문제의 근본원인을 발견하고 수정하기 위한 품질활동으로 이루어진다.

셋째 단계는 품질을 위한 설계(design for quality)로서 이 단계에는 제품 설계에서부터 고객의 요구를 최대한 반영하고, 고품질의 제품을 생산하기 위해 협력설계나 참여설계 방식이 이용되고, 특히 고객의 요구와 필요를 이해하기 위해서 QFD 방법이 사용된다.

이런 단계를 거쳐 마지막에는 전사적 품질경영(TQM)의 단계로 이행하는데, 여기서는 모든 종업원이 품질과 고객을 염두에 두고 생각하고 행동하며, 일을 하는 방식이 품질시스템으로 체계화되어 있다.

설계품질과 품질기능전개(QFD)

특정 제품을 생산하기에 앞서 소비자가 요구하는 품질, 자사의 생산 역량, 경쟁사의 제품품질을 종합적으로 고려하여 설계품질을 정한다. 이 때 이용되는 유용한 방법이 품질기능전개(QFD:quality function deployment)다.

QFD는 고객의 주요 요구사항(requirements)이 확인되고, 이것이 달성 혹은 초과달성 되는 것을 확실히 하는 방법으로 개발되었다. 즉 고객의 요구사항을 조사, 분석하여 제품의 설계특성(품질특성)을 설정하고 이것을 다시 각 기능부품의 품질 및 공정요소에 대한 계획에 이르기까지 전개해나가는 과정에서 고객의 요구가 반영될 수 있도록 이들의 관련성을 중심으로 전개해나가는 과정이다. QFD 전개를 위해서는 '품질의 집(house of quality)'이라는 틀을 사용하는데, 그림 13-10은 품질의 집을 써서 품질기능전개의 흐름을 보이고 있다. 즉 품질의 집은 고객이 정의한 특성을 바탕으로 이를 지원하고 창출하기 위해 필요한 제품의 기술적 특성으로 연관시키는 구조화된 절차(structured process)를 말한다. 고객은 제품에 대해서 늘 자신들의 언어로 그 요구사항을 말하는데, 이 고객의 요구를 설계자의 언어인 품질특성으로 바꾸고 각 특성치의 중요도를 평가하는 등의 절차를 거쳐 설계품질을 설정하는 식으로 QFD는 고객의 세계와 기술의 세계를 서로 연결한다. 품질의 집을 이용한 품질기능전개의 순서는 다음과 같다.

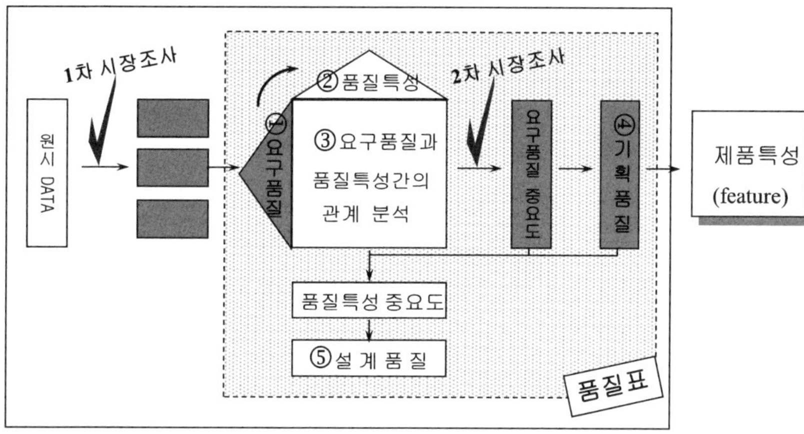

그림 13-10 품질기능전개 흐름

1. 고객요구사항(customer requirements, 요구품질) 정리

고객의 니드에 대한 설문조사 자료나 고객서비스 등의 업무에서 정리된 자료를 이용하여 제품에 대한 소비자의 요구사항을 분석하는 단계다. 소비자의 요구사항을 정리한 것을 '요구품질'이라 하는데, 이 단계에서는 소비자가 그 제품을 사용하면서 느낀 니드가 '소비자의 언어'로 기술된다. 예를 들어 휴대용 전화기에 대해서 고객의 요구를 정리하면 그림 13-11 과 같이 될 수 있다.

2. 기술적 설계 요구조건(design requirements, 품질특성)의 정리

이는 추상적인 고객 요구(요구품질)를 기술적 언어로 변환시키는 단계이다. 앞에 정리된 요구품질을 평가하여, 설계에 반영 하기 위해 요구되는 설계항목, 즉 품질특성을 추출 하여 정리한다. 앞의 예에서 추출된 고객요구 - "조작이 용이하다."라는 고객의 요구를 평가하여 설계자의 언어인 품질특성으로 정리한 예가 그림 13-12에 기술되어 있다. 품질특성도 앞의 요구품질과 동일한 방법으로 1 내지 3차 수준 정도로 그룹핑 하여 품질표에 기입

한다.

조작이 용이하다	휴대하기 간편하다	가지고 다니기 좋다
		작아서 편리하다
		가벼워서 편리하다
		안전하게 들 수 있다.
	조작중 피곤하지 않다	무게가 적당하다
		크기다 알맞다.
	조작법이 간단하다.	사용방법이 알기 쉽다
		초보자도 조종하기 쉽다

그림 13-11 요구품질의 정리

조작성			
조작편의성		휴대성	
버튼수	기능구현동작수	형상	중량

그림 13-12 품질특성의 추출

3. 고객요구와 설계요구를 대조하여 관련도(relationship rating)를 부여함

요구품질과 품질특성의 추출이 완료되면 품질특성과 요구품질 각 항목을 품질표 매트릭스 상에서 상호 관련정도에 대한 평가를 하여 점수화한다. 관련정도는 대개 '절대적으로 높은 관련-⊙', '관련 있음-○', '약한 관련-△', '관련 없음-무표시'의 네 가지로 구분하여 표시한다.(그림 13-13 참조)

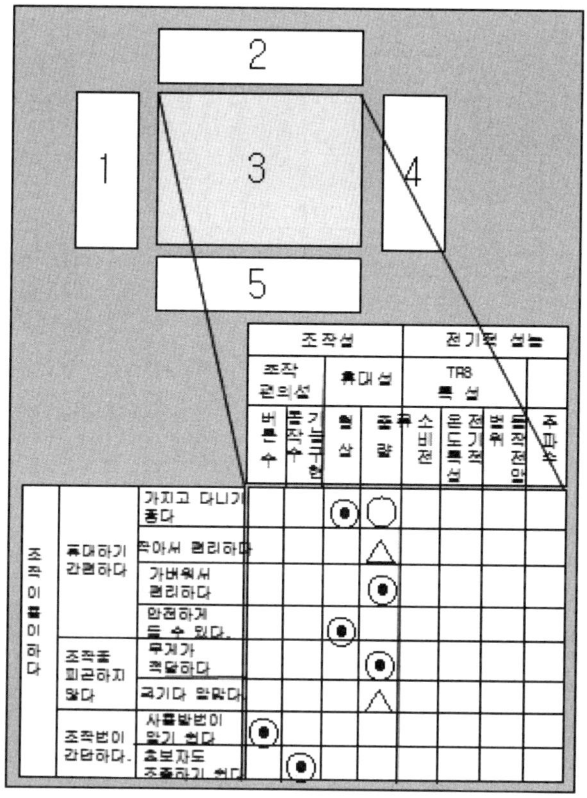

그림 13-13 요구품질과 품질특성 간의 대응관계

4. 고객 요구사항의 중요도 평가 및 경쟁자 분석(품질기획)

요구품질 중요도와 경쟁사 수준의 비교평가결과를 참고로 하여 차기 개발제품에 요구되는 품질수준을 전략적으로 설정하는 단계로, 요구품질의 중요도, 경쟁사와 자사의 비교평가 결과, 제품의 차별화 포인트가 되어야 할 항목 등을 고려하여 각 요구품질 항목의 점수를 계산한다.(그림 13-14)

품질기획									
중요도	비교분석				기 획			가중치	
	자사	타 사			기획품질	레벨업률	세일즈포인트	가중치	절대가중치
		X 사	Y 사	Z 사					
3	3	4	4	2	5	1.67	⊙	7.5	
3	4	5	4	5	5	1.25		3.8	
4	4	5	3	3	5	1.25	○	4.5	
3	3	3	3	2	3	1		4.0	
3	4	4	3	3	4	1	○	3.9	
2	3	3	2	4	3	1		4.5	

그림 13-14 품질기획

그림 13-14에서 요구품질 중요도는 정리된 요구품질 목록을 바탕으로 다시 고객에게 설문하는 2차 고객조사를 통해 평가 받은 결과이다. 고객조사가 현실적으로 어려운 경우에는 영업사원 등 내부 전문가에 의한 간접평가도 가능하다. 경쟁사 분석은 요구품질 각 항목에 대해서 자사 및 경쟁사들의 제품이 고객을 만족시키는 수준을 조사한 것이다. 이것 역시 고객으로부터 직접 평가를 받을 수 있으면 보다 객관적인 평가가 가능하다. 기획품질은 요구품질의 중요도와 경쟁사 분석 결과를 참고로 하여 차기 개발제품의 품질수준을 전략적으로 설정한 수준이다. 세일즈포인트는 어떤 요구품질을 만족시켰을 때 경쟁에서 차별적 우위를 얻을 수 있는가, 고객이 중요하게 평가한 요구품질은 무엇인가, 그리고 자사의 수준이 타사에 비해 만족도가 높은 요구 품질은 무엇인가 등을 고려해서 3~5개정도의 요구품질 항목을 선정한 것으로 이 항목에는 높은 가중치가 부여되도록 한다. 이들 중요도, 기획품질, 세일즈포인트 점수를 모두 곱하여 요구품질의 중요도에 대한 가중치를 구한다.

5. 품질특성의 중요도 평가 및 설계품질 설정

4 단계에서 산출한 요구품질 중요도(가중치)와 요구품질-품질특성 간의 관련성 정도를 곱하여 품질특성의 중요도를 구한다. 이때에도 앞서 요구품질에서와 같이 경쟁사와의 비교를 통해서 중요한 품질특성이 어떤 수준인지 파악해야 한다. 경쟁사 비교는 기존에 가지고 있던 자료를 참고하거나 경쟁사 제품을 직접 분석, 시험하여 비교하고, 비교 대상이 없는 신제품에 대해서는 현재의 기술 수준을 바탕으로 추정하여 비교한다. 설계품질은 이상의 분석결과를 종합하여 각 품질특성의 수준을 어느 정도로 설계할 것인지를 정하는 항목이다. 여기서도 역시 앞서 구해진 품질특성의 중요도 및 경쟁사 비교 결과 등을 참고해서 설계의 목표수준을 설정한다. 만약 설계품질의 목표 수준이 자사의 현재 기술 수준으로 볼 때 실현이 매우 어려운 경우는 애로기술로 선정하여 특별관리가 되도록 한다.(그림 13-15 참조)

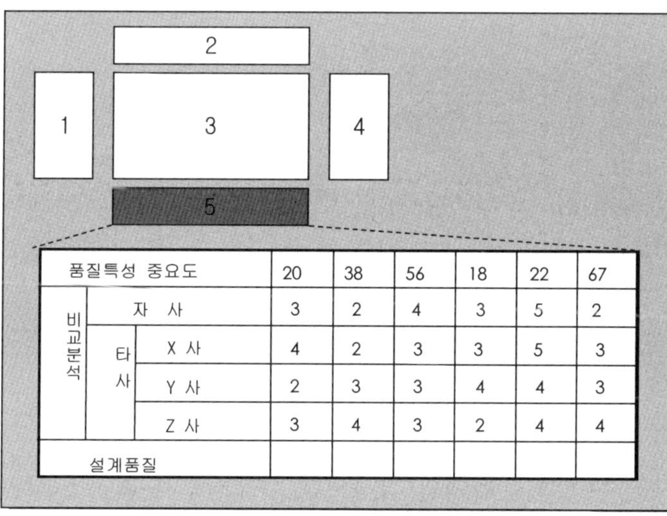

품질특성 중요도			20	38	56	18	22	67
비교분석	자 사		3	2	4	3	5	2
	타사	X 사	4	2	3	3	5	3
		Y 사	2	3	3	4	4	3
		Z 사	3	4	3	2	4	4
설계품질								

그림 13-15 품질특성의 중요도 및 설계품질

다구찌 품질공학

전통적으로 생산공장에서는 설계자가 정한 규격에 맞느냐 안 맞느냐에 따라 합격, 불합격을 가렸다. 그러나 합격이라 하여도 이 제품의 품질이 얼마나 높은 수준의 신뢰성을 가지고 있는지는 알 수가 없었다. 다구찌 품질공학은 사용자가 제품을 어떠한 조건에서 사용하든 제품이 제대로 성능을 발휘할 수 있도록 신뢰성이 높은 제품을 설계하는 기법이다.

사용자가 제품을 사용하는 환경은 천차만별이다. 예컨대 자동차를 설계했을 때는 보통 기후의 포장도로에서 이용하는 것으로 생각했는데, 고객 중에는 비포장 사냥터에 그 차를 타고 달리는 사람도 있다. 이런 악조건에도 불구하고 다른 제품에 비해서 고장이 거의 나지 않는 제품이 있다면 이를 '강한 설계(robust design)'가 된 제품이라고 한다.

다구찌(田口)는 품질손실함수(quality loss function)라는 개념을 제시하여 품질의 신뢰성을 정량화 하였다. 품질손실함수(quality loss function : QLF)는 품질이 목표치를 벗어날 때의 경제적 손실을 나타내는 함수로서 다음 식과 같이 표현된다.

$$\text{손실함수} = \text{손실계수} \times (\text{품질특성치}-\text{목표치})^2$$
$$\text{또는, } L(x) = k(x-m)^2$$

손실을 최소로 하기 위해서는 x 의 분산을 줄여야 하며(1 단계), 또한 x의 평균치를 가능한 한 목표치, m에 접근 시켜야 한다(2단계).

다구찌 품질공학 접근의 주요 절차는 다음과 같다.

① 품질특성치의 산포를 줄인다.

제품의 성능변동이 잡음에 둔감하도록 설계변수의 최적조건을 도출한다. 잡음에 최소의 영향을 받는 생산 및 공정조건의 설계로 품질의 안정성을 높이기 위해서 산포의 특성치로 손실함수 또는 신호대 잡음비(SN 비)를 사용한다.

②평균치가 설계 목표치에 접근하도록 한다.

평균치에 유의하게 영향을 주는 설계변수들을 선택하여 평균치가 목표치에 근접하도록 하는 설계변수의 조건을 계산하고 최적값을 설정한다.

③ 비용을 최소화하고 재현성을 검토한다.

최적수준과 큰 영향이 없는 인자에 대해서는 실현하는 비용이 적게 드는 것을 선택하여 전체 비용을 최소화 한다. 또한 위 단계에서 구한 최적치가 재현성이 있는지 확인하는 실험을 한다.

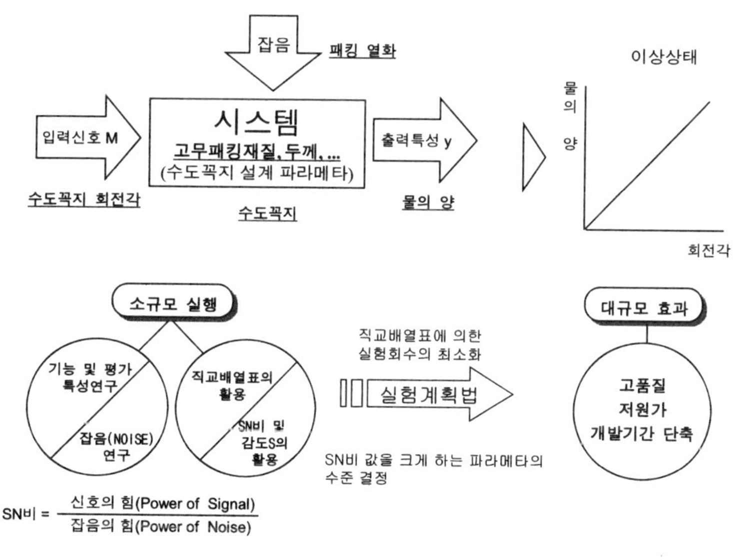

그림 13-16 다구찌 품질공학에 의한 품질설계의 개념

다구찌 품질공학에서 품질의 평가는 손실함수를 근간으로 하여 전개되며, 품질의 개선은 SN비를 최대로 하는 파라메타 설계와 허용차 설계를 함으로써 전개된다. 다구찌 접근방법은 품질변동의 영향요인을 제어가 가능한 설계변수와 제어가 불가능한 잡음(noise)으로 나누어 이를 SN비라는 특성치

로 모델화하여 이들의 최적조건을 품질손실함수 개념에서 발견해 낸 것이다. SN비를 이용하여 출력특성을 최대화하는 파라메터 값을 구하기 위해서 직교배열법을 이용한 실험계획법이 이용된다.(그림 13-16 참조)

다구찌 접근법은 기술개발, 제품 및 공정에 대하여 사용자(고객)의 어떠한 환경에서도 제품의 사용품질이 만족되도록 제품을 안정화 시킬 수 있도록 각종 설계 파라메터(Parameter)의 조건을 최적화하고, 가장 경제적이 되도록 허용치를 주는 설계를 가능케 한다.

전사적 품질관리와 품질경영

전사적 품질관리(TQC : total quality control)의 개념은 1956년 파이겐바움(A. V. Feigenbaum)에 의해서 최초로 소개되었다. 그는 검사 방식의 품질관리로는 품질에 대한 근본적인 관리에 한계가 있다고 보고, 조직 전체가 참여하는 차원으로 품질관리가 변화되어야 한다고 주장했다. 파이겐바움은 전사적 품질관리(TQC)를 "고객에게 최대의 만족을 주는 가장 경제적 품질수준으로 생산하고 서비스할 수 있도록, 품질의 생성, 유지 및 개선의 업무를 기업 내 모든 조직부서의 유기적 노력으로 총괄하는 하나의 효과적 시스템"이라고 정의하고 있다. 그 동안 제조현장의 종업원이나 품질관리 담당관의 일로만 생각되었던 품질관리의 책임을 회사의 전체 구성원으로 확대하여 '참여에 의한 경영' 체제를 이룩하자는 것이다.

경영진의 리더십에 따라 전사적 품질관리의 꽃을 피운 나라는 일본이다. 일본의 품질관리는 두 가지의 특징을 가지고 있는데, 그 하나는 품질관리가 전사적 차원에서 전개된다는 것이고, 또 하나는 현장중심 품질관리 활동의 전개를 들 수 있다. 일본의 기업들은 일찍부터 경영진의 전폭적인 지지 하에 전사적 활동으로 품질관리를 전개해 오고 있다. 이렇게 된 데는 일본 기업의 경영자들이 일찍부터 품질의 중요성을 깨닫고 솔선수범하여 품질운동에 앞장 서 리더십을 발휘한 점이 중요한 요인이 되고 있다. 또 한가지 요인은 미국이 전문가에 의한 QC, 즉 관리중심의 품질관리로 간 데 비하여, 일본은 작업 일선에 있는 사람에 의해서 품질관리가 전개되는 전통이 쌓였다는 점이다. 이는 자신의 전문분야에서 끊임 없는 개선을 추구하는 일본의 문화적 전통과 관계 있는 것으로 보인다.

읽기 - 일본의 TQC (출처 : 어느 일본인 컨설턴트의 강의에서)

일본의 TQC 는 그 이론적 바탕은 미국으로부터 받아들여진 것이기는 하지만 자신의 문화적 토양에 맞게 발전시켜 오늘날 일본 제조기업 경쟁력의 토대를 형성하고 있다. 일본의 TQC 는 미국에 비한다면 '心(마음)'중심의 전개라고 볼 수 있고, 미국은 '體(체계, 시스템)'중심이다. 각기 장단점이 있겠으나 '심'이라는 것은 '정신' 즉 그 나라의 문화, 파라다임(paradigm) 내지 지혜를 바탕으로 하는 것이므로 이론적으로 배우기는 어려운 부분이다. 한국 기업들의 경우는 TQC 를 '마음'보다는 기법 중심으로 받아들였던 것으로 보인다. 일본 TQC 의 겉 모습을 배우는 것은 기법이다. 그러나 현장활동에 내재화 되는 데는 마음이 뒷받침되어야 한다. 일본에서는 TQC 를 통하여 공장 작업자들이 단지 손발로 열심히 하는 수준을 넘어 머리를 써서 회사에 기여할 수 있게 한다는 의미를 깨닫고 실천하였다. 일본에 있어서 TQC 는 작업자들로 하여금 스스로 자부심을 갖고 회사에 기여하게 하는 매개체의 역할을 한 것으로 볼 수 있는데, 이는 오늘날 조직설계 개념에서 중요하게 생각하는 권한위양(empowerment)의 개념이다.

전사적 품질관리는 생산현장에서의 원천적인 품질보증을 강조한다. 품질은 불량품이 발생한 뒤에 고쳐지는 것이 아니라 생산의 원친인 공정에서 발생한다는 원칙에 따라, "제품을 애초에 잘 만들 것"을 강조하는 것이다.

이상의 전사적 품질관리(TQC) 사고는 더 나아가 전사적 품질경영(TQM)으로 발전하였다. 전사적 품질경영(TQM : total quality management)은 최고경영자의 리더십 아래 품질향상(quality improvement)과 고객만족(customer satisfaction)을 최우선 과제로 하고, 이를 통하여 기업의 장기적인 성공(long-term success)을 도모한다. 이 단계에서는 조직의 모든 구성원이 참여하는 전사적인 품질시스템을 구축하는 것이 목적이다. 품질 시스템에는 공정, 제품, 서비스, 그리고 조직문화의 변화를 모두 포함한다. 즉,

회계는 내부 고객에게 오류가 없는 정보를 제공해야 하며, 인사는 종업원으로 하여금 품질의 중요성을 알도록 동기부여하고, 교육훈련을 제공해야 한다. 마케팅은 고객이 요구하는 품질 수준을 모니터링하고, 자사 제품의 품질을 판촉에 이용한다. 이 단계에서의 품질은 이제 생산현장의 문제가 아니라 기업 전체의 시스템 차원으로 확대되며, 중단 없는 지속적 개선(continuous improvement) 과정이 된다. 지속적 개선이 요구되는 이유는 경쟁자 역시 그들의 공정을 지속적으로 개선할 것이기 때문이다.

전사적 품질경영은 1980년대 초반, 미국이 일본 기업에게 제조업의 많은 분야에서 경쟁우위를 빼앗겨 시장점유율을 상실하는 현실에서 태동하였다. 미국산 자동차의 점유율은 1980년 71%에서 91년 62%로 감소하고, 기계, 전자, 철강 등 많은 산업이 황폐화 되는 등 미국 사람들의 위기 의식을 일깨웠다.

미국의 품질혁명을 더욱 부추긴 것은 1980년 NBC방송의 프로그램이다. "일본이 한다면 왜 우리가 못하겠는가?"라는 제목의 이 프로그램은 일본이 데밍(W. E. Deming) 박사의 지도 하에 어떻게 품질관리를 발전시켜 왔는가를 미국 전역에 알리는 계기가 되었다. 미국 기업가들은 그 때 비로소 데밍의 업적을 이해하고, 앞 다투어 데밍 박사를 자사의 품질경영 혁신에 자문을 해 주도록 요청하였다.

이런 분위기에 발 맞추어 미 의회는 1987년 말콤 볼드리지 품질상(Malcolm Baldrige National Quality Award)을 제정하였다. 당시 레이건 행정부와 의회는「미국병」에 빠진 기업들에게 자극을 주려고 이 상을 만들었다. 말콤 볼드리지는 이 상을 제안했던 당시 상무장관의 이름이다. 그는 미국기업의 경쟁력 하락에 위기의식을 느끼고 분발할 수 있도록 품질경영상을 제정해 시상하기 시작했다. 상의 권위를 높이기 위해 백악관에서 대통령이 상을 직접 주고 있다. 미국기업들은영예로운 이 상을 받기 위해 노력했다. 수많은 기업들이 볼드리지 평가항목에 근거해 자사의 품질경영 수준을 점검하고 문제점을 보완했다. 이런 과정을 거쳐 품질의 '관리(control)'는 품질의 '경영(management)'이라는 보다 넓은 차원으로 발전하게 되었다.

전사적 품질경영의 단계에서는 문제해결도구(problem-solving tools), 품질원가(costs of quality), 품질기능전개(quality function deployment), 임파워먼트(employee empowerment), 지속적 개선(continuous improvement), 식스 시그마(six sigma), 통계적 공정관리에 대한 이해, 벤치마킹(benchmarking) 등 다양한 방법들이 사용된다.

품질원가 개념

품질수준과 품질원가

품질원가는 크게 실패비용(cost of failure : F-cost)과 통제비용(cost of controlling)으로 나누어진다. 실패비용은 사양에 맞지 않는 제품을 생산함으로써 생기는 비용이다. 여기에는 아직 제품이 회사 내에 있을 때 발생하는 내부실패비용(internal failure cost)으로서, 폐기, 재작업, 손상(scrap, rework, and spoilage) 등과, 제품이 인도된 후에 고객을 만족시키기 위해 발생하는 외부실패비용(external failure cost)으로서 품질보증비용(warranty cost) 현장 서비스(field servicing) 비용 등이 있다.

통제비용은 예방비용(prevention costs)과 평가비용(appraisal costs)으로 구성된다. 예방비용은 처음부터 원천적으로 문제가 일어나지 않도록 하기 위한 교육, 통계적 품질관리, 기계의 유지보수, 품질계획(training, statistical process control, machine maintenance, and quality planning) 등에 들어가는 비용을 말한다. 평가비용은 조직 내에서 품질을 검사하고 체크하는 데 들어가는 비용으로 제품검사, 품질감사, 시험, 기기의 조정(product inspection, quality audits, testing, and calibration) 등에 수반되는 비용이다.

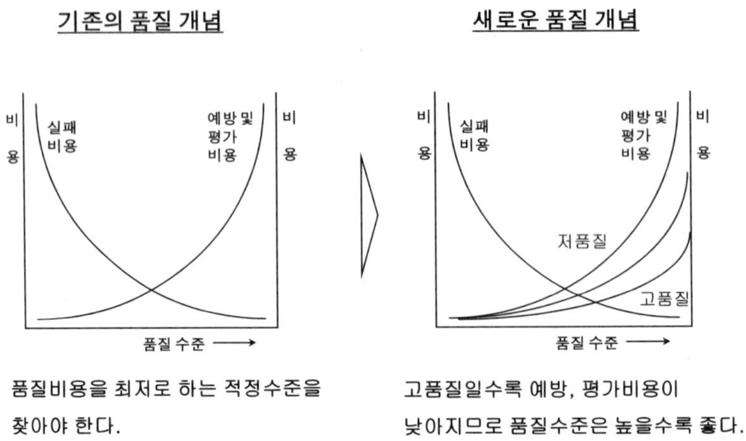

그림 13-17 품질수준에 대한 새로운 사고

그림 13-17은 제조품질을 어떤 수준으로 해야 총비용이 최저가 될 것인지를 보이고 있다. 기본적으로 제조품질을 좋게 하면 불량으로 인한 손실은 적게 되지만 예방 및 평가 비용은 올라간다. 따라서 총 비용이 최저가 되는 품질수준은 그림 13-17의 좌측에 나타나 있듯이 두 곡선이 만나는 점에서 결정된다.

그러나 품질경영에 탁월한 성과를 낸 선진 기업들의 경험을 보면 이러한 생각을 바꾸어야 함을 알 수 있다. 이들 기업의 총 품질원가는 그림 13-17의 우측에 그려져 있는데, 기업의 품질 수준이 올라갈수록 총 품질원가가 내려간다는 경향을 나타낸다. 이는 원류에서부터의 품질관리가 이루어짐으로써 품질검사의 필요성이 사라지기 때문이다.

물론 개선 활동 직후에는 아직 여러 시스템이 정착되기 전이므로 그림 13-18과 같이 오히려 품질비용이 약간 올라갈 수도 있다.

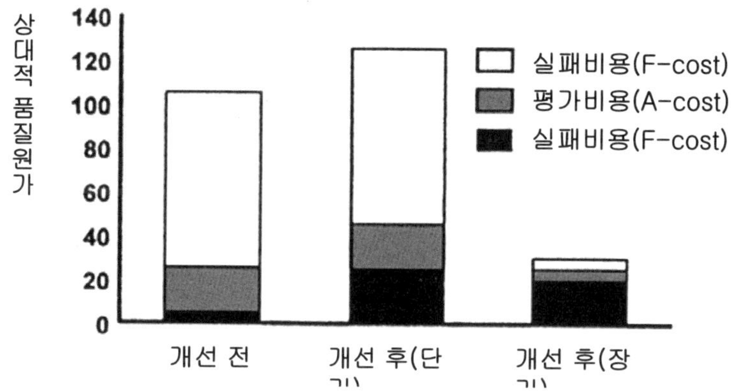

그림 13-18 개선 후 총품질비용

수행도 평가

1. 인과분석(cause-and-effect analyses)에 도움을 주는 것은 다음 중 어느 것인가?

A. 피시본 차트(fishbone chart, 어골도)
B. 통계적 공정관리(statistical process control) 방법
C. 임계경로법(critical path method : CPM)
D. 파레토(Pareto) 분석

2. 원천에서의 품질(quality at the source)은 '제품의 품질이 결정되는 것은 바로 그 제품이 만들어지는 그 순간'이라는 점을 강조한다. 이것이 사실이라면 다음 중 역시 사실로 볼 수 있는 것은?

A. 외부 고객의 아이디어는 원천에서의 품질 개념으로 발전했다.
B. 검사(inspection)는 불필요하다.
C. 품질은 생산자의 책임이 아니다.
D. 품질은 회사 내의 한 부서가 책임을 져야 한다.

3. 다음 중 옳은 것은?

A. 품질은 경쟁우위 요소이다.
B. 품질비용(cost of quality)은 회사가 품질관련 전략과제(initiatives)를 실행하는 것은 막는다.
C. 품질은 생존을 위한 필수 요소이다.
D. 높은 시장점유율은 높은 품질 표준의 결과가 아니다.

4. 지속적 개선 노력을 해야 할 사람은 다음 중 누구인가?

A. 상위 경영진
B. 생산라인 종업원
C. 상위 경영진과 중간 경영진
D. 모든 구성원

5. 지속적 개선 프로그램을 시작하기 전에, 먼저 산업, 생산라인, 공급자, 인적자원의 능력, 고객 기업의 조직풍토 등을 고려해야 한다. 이외에 고려해야 할 사항은 다음 중 무엇인가?

A. 재고수준

B. 일정수립 능력

C. 기술적 능력

D. 일일 작업시간

6. 다음 중 낭비(waste)의 정의는?

A. 자원의 효과적인 활용

B. 다기능 종업원(cross-trained employees)의 개발

C. 재고를 제거하는 절차

D. 이론적인 최소값을 초과하는 자원의 사용

7. 종업원에 대한 권한위임(empowerment)은 다음 중 무엇을 실천하는 것인가?

A. 자신의 실수에 책임지는 비관리직 종업원(nonmanagerial employees)을 유지함

B. 관리자들에게 비관리직 종업원들을 통제할 수 있는 절대적인 권한을 부여하는 것

C. 비관리직 종업원들에게 의사결정을 하는 책임을 부여하는 것

D. 비관리직 종업원을 목적에 따라 고용하는 것

8. 같은 조로 일하며, 자신들이 생산하는 품목의 품질문제 등을 해결하기 위해 자주 만나서 문제해결을 하는 사람들의 그룹을 무엇이라 하는가?

A. 품질 패러다임(quality paradigm)

B. 품질 분임조(quality circle)

C. 공정개선 대학(process improvement collage)

D. 자주적 작업 위원회(self-directed work committee)

9. 다음 중 품질관리를 위한 계획용 도구가 아닌 것은?
   A. 자산 도표(asset diagram)
   B. 친화도(affinity diagram)
   C. 계통도(tree diagram)
   D. 화살도(arrow diagram)

10. 다음 중 파레토 차트가 사용될 수 있는 곳은?
   A. 품질문제가 외부적인지 내부적인지 분류
   B. 품질문제의 근본적 원인 결정
   C. 품질문제의 중요도의 순위 결정
   D. 결함이 있는 부품을 경고하는 시각적 신호를 제거함

14 제조기업의 성과측정

1. 성과측정 개요
2. 측정의 종류와 특성
3. 전략적 성과측정 시스템
4. 성과측정 시스템 구축의 예

제 14 장 제조기업의 성과측정

학습 목표

- ✧ 효과적인 성과측정 시스템의 특성을 설명할 수 있다.
- ✧ 조직의 목적, 전략과 성과측정과의 연계 필요성을 설명할 수 있다.
- ✧ 다양한 종류의 성과척도에 대한 장점에 대해서 설명할 수 있다.
- ✧ 성과측정이 어떻게 오더획득기준(order winning criteria)을 지원하는지 각각의 패턴을 설명한다.
- ✧ 특정 오더획득기준과 부합하는 성과척도를 인식한다.

성과측정 개요

정의

기업 경영에 있어서 "측정하지 않으면 관리하지 못한다."는 것은 정설로 받아들여진다. 실상 우리가 말하고 있는 것을 측정해서 숫자로 표현할 수 있다면 그 분야에 대해 무엇인가를 알고 있는 것이다. 그렇지 못하다면 그 지식이라는 것은 초보적인 것이며 객관화할 수 있는 수준에 이르지 못한 것으로 볼 수 있다.

활동은 성과를 낳는다. 성과측정은 바로 경영활동의 결과인 성과(performance)를 정량화하는 프로세스다. 이 때 성과측정의 잣대를 무엇으로 할 것인가에 따라 다양한 성과척도(performance measure)가 이용될 수 있다. 성과측정 시스템(performance measurement system)은 경영의 목적과 목표 달성을 위해서 선택된 적합한 성과척도의 집합으로 정의될 수 있다.

성과측정의 전략성

굴드와 퀸(Goold & Quinn)은 통제시스템의 목적을 세가지로 요약한 바, 첫째는 조직구성원을 전략이 요구하는 방향으로 몰아가는 기능이며, 둘째는 동기부여의 역할과 조직구성원들의 다양한 이해를 조화시키는 기능이고, 셋째는 전략수행의 모니터링기능을 수행한다고 하였다.

조직의 목표달성은 고객을 경쟁자보다 더 효율적, 효과적으로 만족시킴으로써 이루어진다. 여기서 효과성(effectiveness)이란 고객의 요구를 만족시키는 것을 뜻하며, 효율성은 기업이 주어진 수준의 고객만족을 위해서 자원을 얼마나 경제적으로 사용하는가의 척도이다. 이와 같이 성과는 항상 내부와 외부의 두 차원으로 구성된다. 예를 들어 품질과 관련된 성과척도의 하나인 제품 신뢰성을 보자. 효과성의 면에서 볼 때, 높은 수준의 제품신뢰성 수준을 달성하면 높은 고객만족으로 이어질 수 있다. 효율성 측면에서 제품 신뢰성은 제품의 고장을 줄이고 보증 비용을 줄여서 기업의 원가를 낮게 할 것이다. 이렇게 볼 때, 기업성과의 수준은 기업이 행하는 활동으로부터 나오는 효율성과 효과성의 함수다.

일반적으로 통제시스템은 성과측정에 의해서 조직 내에서 일어난 일을 전달하는 기능과, 전달된 내용을 이미 설정된 전략 또는 표준과 비교하고, 의미 있는 차이가 있을 때 이를 시정하는 조치로 구성되어지는데 측정된 정보를 조직구성원이 어떻게 지각(perceive)하느냐라는 해석과정을 거치면서 궁극적으로 조직구성원에 대한 동기부여를 통해서 조직의 목표에 부합되는 방향으로 몰아가는 기능을 수행하게 된다. 그러나 전략론자들의 관점에서 볼 때, 성과측정은 전략적 통제(strategic control)의 수단으로서 조직구성원의 행동을 전략의 방향에 맞추는 역할을 하는 점이 보다 강조된다.

이런 관점에서 드러커(P. Drucker)도 통제수단이 본질적으로 가치중립적인 것이 아니기 때문에 이것을 통해서 조직이 비전(vision)을 창출할 수 있도록 해야 하며, 통제수단은 기업내부의 능률보다는 고객을 향한 성과에 초점을 두어야 한다고 하여 통제의 근본 목적을 일깨우고 있다. 요컨대, 통제시스템은 이것을 통해서 전략을 수행하는 것이 목적이고 더 나아가 전략과 비전을 형성하는 기능을 수행한다는 점에서 본질적으로 전략성을 내포하는 것으로 보아야 한다.

고객에 초점을 둔 성과척도

생산에 있어서 가장 기본적인 전략은 고객의 기대를 만족시키고 이를 능가하는 것이다. 여기서 고객은 자사의 제품이나 서비스를 구입하는 측을 일컬으며, 최종고객(end-user) 또는 제조기업과 같은 납품처가 될 수 있으며, 내부고객(internal customer)도 될 수 있다. 일반적으로 고객이 공급자에게 요구하는 사항은 다음과 같다.

- 높은 품질(quality) 수준
- 물량, 사양, 납기 측면의 변화에 대한 신축성(flexibility)
- 높은 서비스(service) 수준
- 신속한 리드타임(lead time)
- 낮은 변동성(variability)
- 낮은 원가(cost)

측정의 종류와 특성

폐로경로 성과측정 시스템

피드백 체계에 의해 완벽하게 작동하는 측정 시스템을 폐쇄경로 성과측정시스템(closed-loop performance measurement system) 이라 한다. 이 체계에서는 측정결과는 행동이 성공적으로 수행되었는지, 전략이 완수되었는지를 결정할 수 있는 주요 피드백을 제공한다.

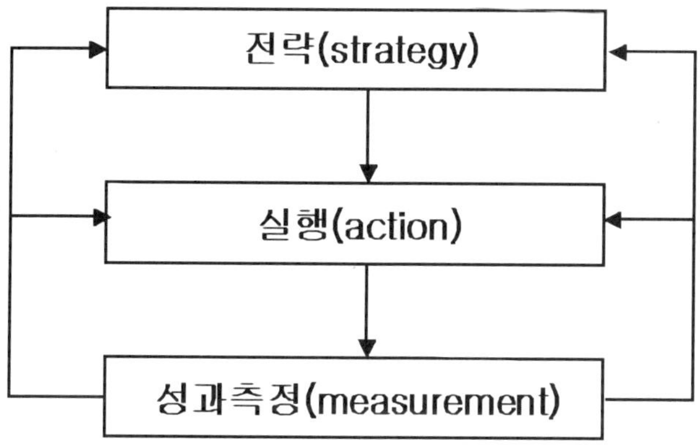

그림 14-1 폐로경로 성과측정 시스템(closed-loop measurement system)

척도의 특성

제조기업에서 일반적으로 발견되는 성과측정의 척도들은 다음과 같은 범주들로 나누어진다.

평가 척도들의 범주

- 재무 vs. 비재무(financial vs. nonfinancial)
- 부서 vs. 글로벌(local vs. global)
- 공정의 수행능력 vs. 작업자의 수행능력(performance of process vs. performance of worker)
- 정보 vs. 동기(information vs. motivation)
- 전략 vs. 전술(strategic vs. tactical)
- 협동 vs. 단독(coordinated vs. isolated)

성과측정과 평가는 전통적으로 원가(cost)와 관련된 평가가 주류를 이루어 왔다. 특히 원가의 변동(cost variation)은 중요한 평가 영역으로 고려되고 있다.

원가변동에 관한 척도들

- 작업률 또는 인건비 편차(labor rate or labor price variance)
- 종업원 수 편차(labor quantity variance)
- 자재비용 편차(material price variance)
- 자재수량 편차(material quantity variance)
- 제조 간접비용 편차(factory overhead variance)
  - 고정 간접비(fixed overhead cost)
  - 변동 간접비(variable overhead cost)
- 간접비 효율 변동(overhead efficiency variance)
  - 고정 작업(fixed tasks)
  - 가변 작업(variable tasks)

회계에 기반한 재무적 측정

1. 생산성(productivity) 관련 척도

제조기업의 성과측정에 있어서 생산성 측정은 가장 대표적인 분야라 할 수 있다. 여기에는 단독 요소생산성과 총 요소생산성이 중요하다. 생산성을 측정하는 예가 아래에 제시되어 있다.

예제 1. 단독 요소생산성(single-factor productivity)의 계산

자료 :

산출물 = 50 개

사용된 자재 = 40 파운드

작업시간 = 65 시간

기계가동시간 = 20 시간

요소 생산성 :

50/40 = 1.25 개 / 1 파운드의 자재

50/60 = 0.769 개 / 작업 시간

50/20 = 2.5 개 / 기계 작동 시간

예제 2. 요소 생산성의 변화

둘째 기간의 자료 :

산출물 = 72 개

자재 사용 = 48 파운드

작업시간 = 100 시간

기계가동시간 = 30 시간

생산성	1분기	2분기	차이	% 변화율
자재	1.25	1.5	+ 0.25	+ 20 %
작업시간	0.769	0.720	-0.049	- 6.5 %
기계	2.5	2.4	-0.1	- 4.0 %

예제 3. 총 요소생산성(total-factor productivity) 계산

1. 가격 단위로 환산
2. 각 생산성 요소에 가중치 부여

자료 :

자재 = 제품 비용의 60 %

작업시간 = 제품 비용의 10 %

기계가동시간 = 제품 비용의 30 %

총 요소 생산성 변화량 =

(자재 가중치)(자재 생산성 변화량) +

(작업시간 가중치)(작업시간 생산성 변화량) +

(기계가동시간 가중치)(기계가동시간 생산성 변화량)

= (0.6)(20) + (0.1)(-6.5) + (0.3)(-0.4)

= 10.16 % 총 요소 생산성 증가

2. 재고 관련 척도
   - 재고 수준(inventory levels)
     원자재 및 부품(raw material and components)
     재공품(work in process)
     완제품(finished goods)
   - 재고회전율(inventory turns)

3. 품질비용 척도
   - 내부실패비용(internal failure costs) : 불량, 재작업, 실패 분석, 분류 검사, 재조사
   - 외부실패비용(external failure costs) : 선적 후 발견된 결함 비용, 보증 비용, 불만 조정 비용, 반품 비용, 할인
   - 평가 비용(appraisal costs) : 생산의 모든 단계에서의 검사와 평가 비용, 품질 검사 비용, 검사 장비 유지 비용
   - 예방 비용(prevention costs) : 품질 계획, 공정 계획, 공정 제어, 품질 관련 교육훈련

비재무적 측정

1. 사이클타임(cycle time) 비용 척도
   - 주문 접수 시간(order entry time)
   - 주생산일정 준비 시간(master schedule preparation time)
   - 설비 교환 시간(machine change over time)
   - 포장 및 선적 시간(packaging-to-ship time)
   - 신제품 개발 시간(new product development time)
   - 공급자 선정 시간(supplier selection time)
   - 연간 예산 작업 시간(time to prepare annual budgets)
   - 재고기록 갱신 시간(time to update inventory files)

- 자재 수령 시간(time to receive materials)
- 회의 시간(time to hold meetings)

2. 낭비 줄이기 척도

제 10 장에서 살펴본 바와 같이 JIT는 시스템의 지속적인 개선과 낭비를 줄이는 것에 초점을 맞춘다. 낭비를 줄이기 위해 자주 사용되는 척도에는 다음과 같은 것들이 있다.

- 시간 낭비(waste of time)
- 공간 낭비(waste of space)
- 에너지 낭비(waste of energy)
- 설비 낭비(waste of equipment)
- 자재 낭비(waste of materials)

3. 판매에 관한 품질 측정

- 주문 처리 오류(order-entry errors)
- 현 생산일정에 대한 변화요구(changes demanded of current production schedules)
- 고객에게 응답되지 않은 전화문의(phone calls not returned to customers)
- 약속일자의 지연(late appointments)
- 견적 오류(errors in quotes)
- 적절하지 않은 판매 교육(inadequate sales training)
- 지키지 못한 인도 약속(poor delivery promise)
- 주일정에 대한 입력 오류(errors in inputs to the master schedule)
- 고객에 대한 조처 미 이행(missed follow-up problems with customers)

4. 제품 설계와 설계 엔지니어링에 대한 품질 측정

- 요구된 설계변경(engineering changes)의 수와 형태
- 설계 공차(engineering tolerances)와 제조 공차 (manufacturing tolerances)의 관계(C_{pk}).
- 사양이 결정된 신규 부품의 수
- 설계에 고객의 니드와 요구사항이 반영되어 있는 정도
- 설계의 신뢰도(the reliability of the design)
- 설계의 제조성(manufacturability of the design)

5. 유연성 척도

생산량 유연성(volume Flexibility)

- 공급자 리드타임(supplier lead times)
- 초과 생산능력(excess capacity)
- 다기능 작업자(cross-trained workers)
- 산출률(yields)
- 구매 부품의 품질(quality of purchased parts)
- 현금 가용성(cash availability)
- 현 재고수준(current inventory position)

품종 유연성(variety flexibility)

- 생산 주기(product cycle times)
- 신제품 출시 속도(new product introduction speed)
- 일정 변경 소요시간(time required to plan schedule changes)
- 다기능 작업자(cross-trained workers)
- 주문처리 시간(order-entry time)
- 기계당 다른 종류의 부품 수(number of different part per machine)
- 설계변경 속도(speed of engineering change)

성과측정의 일반적인 원칙

- 측정은 회사의 전략(strategy)과 운영 목표(operational goal)에 초점을 맞추어야 한다.
- 모든 척도는 서로 상충되지 않는지 확인해야 한다.
- 모든 척도는 목표 값이 있어야 한다.
- 글로벌 척도와 부서 내 척도는 공히 전략적 실천과제(strategic initiatives)를 반영해야 한다.
- 사람과 공정의 측정 사이에 발생되는 혼란이 있기 때문에 이 둘을 분리 시키기 위해 노력해야 한다.
- 사람들은 보통 성과척도가 종업원 자신 또는 공정 담당자에 초점을 두기 보다는 작업자 자신에 의해 선택된 척도일 때 더 잘하는 경향이 있다
- 기업활동을 감시하는 다수의 측정이 동시에 이루어질 경우 많은 혼란을 초래할 수 있다.
- 모든 회사는 넓고 다양한 자료를 수집해야 한다.

전략적 성과측정 시스템

기존 성과측정 체계의 문제점

존슨과 카플란(Jonson & Kaplan)은 관리회계가 역사적으로 어떤 발전단계를 거쳐오고 있는가 심층적으로 분석하면서 새로운 생산환경에서 관리회계가 적합성을 상실하게 된 배경을 상세히 분석하였다.

과거 전통적인 생산환경에 있어서 재무적 측정치에 의존하는 전통적인 관리회계는 그런대로 적합한 것이었다. 기업의 대규모, 대자본화에 따라 외부 자본을 조달해야 하는 필요가 커지면서 기업들은 외부투자가에게 가장 공인된 방법으로 기간별 이익을 보고할 것이 요구되었고, 이에 따라 경영자들은 점차 일반적으로 인정된 회계원칙에 따라 작성된 재무적 지표를 업적 측정치로서 사용하기 시작했다. 특히 대량생산 환경의 안정된 경쟁여건 하에서 재고자산의 평가를 중심으로 하는 원가계산과 재무적 측정치는 측정

치의 정확성에 있어서도 적절한 업적측정치가 될 수 있었다.

또한 전통적인 생산시스템에서는 당시의 경쟁 사정에 따라 생산과업의 주 목적을 원가우위에 두었다. 따라서 일회생산량을 크게 하여 생산효율을 올리고, 높은 공정 공정가 허용되고, 각 공정 별 가동률을 극대화하는 생산환경 하에서 품질을 엄격히 한다든지 납기를 단축하고 제품을 다양하게 하는 노력은 상대적으로 원가우위에 비해서 시급하지 않은 것으로 인식되었다.

그러나 생산환경의 변화와 더불어 재무적 측정치에 의한 통제는 점차 그 부적절성이 문제시 되기 시작한다. 예컨대, 새로운 생산체계와 전통적 생산체계는 생산전략의 의사결정에 있어서 몇 가지 차이를 보인다. 전통적인 생산체계는 다량의 재고를 보유함으로써 품질문제와 공정 간의 불균형한 산출률로 야기되는 문제를 극복한다. 동시에 가능한 한 일회생산량(lot size)을 크게 함으로써 개별 공정의 가동률을 올리고자 한다. 전통적인 생산체계에서의 이러한 생산전략상의 의사결정은 생산제품을 수요에 따라 교체하는데 소요되는 준비시간(set-up time)이 크다는 점 등, 생산체계 능력 상의 한계에 따른 것이다. 따라서 전통적인 생산체계에서는 부분적정화를 유발할지라도 단위 공정의 효율을 극대화하는 가동률 지표 등이 나름대로 적합한 통제수단이 될 수 있었다. 또한 전통적 생산체계 하에서는 대량생산의 안정된 생산환경을 반영하여 재고자산 평가를 중심으로 하는 원가회계와 재무적 측정치가 효과적으로 사용될 수 있었다. 전통적 생산체계 하에서는 생산의 전략적 관점이 초보적 수준으로서, 생산은 문제를 일으키지 않고 정상적으로 운영되면 족한 것으로 인식되었다. 따라서 생산과업에 의한 전체 의사결정의 조정보다는 단위부서의 생산효율 위주의 통제가 나름대로 타당성을 가진다.

그러나 생산체계가 발전되면서 전통적인 재무회계로부터의 측정치가 갖는 신뢰성 저하와 왜곡현상, 원가효율 뿐 아니라 다양한 경쟁우위를 지속적으로 향상시켜야 하는 동기가 커지면서 전통적인 재무적 측정치에 의한 업적평가보다는 운영적 측정치를 더욱 중요시할 필요가 커지게 되었다. 또한 과거 다량의 재고를 보유하면서 가동률 중심의 성과측정으로도 문제될 것이 없었던 '분리된 공정'으로부터 새로운 생산체계에서는 공정 간의 상호연계에 의해서 전체 목표를 효과적으로 달성해야 하는 시스템으로 변화함에 따라, 부분적정화를 유발하는 가동률이나 원가효율 지표보다는 보다 종합적이고 전사적인 지표가 상대적으로 더욱 중요하게 되었다. 그리고 생산체계의 발달에 따라 경쟁환경을 반영하면서 생산의 전략적 역할이 커지면서, 생산전략의 관리적 의사결정 영역으로서의 성과측정이 생산과업에 맞추어 일치되도록 수립되는 일치성 수준은 보다 강화될 것이다.

이상의 논의와 같이 새로운 생산환경에 부합하도록 성과측정 시스템의 변화가 요구되는데, 성과측정과 관련하여 자주 제기되는 이슈를 정리하면 다음과 같다.

- 재무적측정치 위주로 평가되어 단기 성과지향적 경향은 없는가?
- 실제 원가 및 현금흐름을 왜곡하는, 가동률, 노무 생산성, 물량 중심의 평가에 치우치지 않는가?
- 가격이 유일한 전략적인 이슈는 아니다.
- 비용에 기반한 척도들이 좀 더 현실을 반영할 수 있도록 고려하고 있는가?
- 모든 적절한 요소(내부, 외부, 재무적, 비재무적)들이 고려되고 있는가?
- 고객이 중요하다고 생각하는 생각할 경쟁력 지표를 균형 있게 반영하고 있는가?
- 측정과 통제 프로세스는 고객이 실질적인 차이를 느끼게 하는 전략적으로 가장 중요한 부분을 명료하게 정의해 주고 있는가?
- 조직의 경계를 넘어서는 일관성 있는 측정이 이루어지는가?
- 부서간 장벽을 성과측정체계가 구조적으로 조장하고 있지는 않는가?
- 지속적 개선, 개선의 속도와 관계된 척도가 포함되어 있는가?
- 기업의 장기 및 단기 목표, 핵심 자원의 역량, 고객·시장과의 연계에 관계된 척도가 포함되어 있는가?
- 성과지표 간에 모순은 없는가?
- 척도들이 기업의 전략을 강화하는가?
- 척도들이 조직문화와 일치하는가?

- 척도들이 조직의 기존 보상 체계와 일관되어 있는가?
- 고객만족에 초점을 둔 척도가 포함되어 있는가?
- 경쟁에 관하여 초점을 둔 척도가 포함되어 있는가?
- 측정결과의 절대치 뿐 아니라 경향성(trend)도 관리하는가?

위에 제기된 내용 중에서 근래 성과측정 시스템의 방향으로 강조되는 점은 성과측정의 전략적 기능이다. 새로운 성과측정 체계가 갖추어야 할 모습으로 강조되는 방향은 다음과 같다.

- 기업의 전략적 지향과 연계된 성과 평가 체계 수립
- 기업의 경쟁우선순위 및 전략적 목표와 연결된 성과측정체계
- 효율성보다는 효과성 중심의 성과척도로 구성
- 구성원들에 대한 동기 부여 장치이자 부서간 의사소통수단 제공
- 균형 잡힌 종합적 계기판으로서의 성과측정 체계
- 재무적 지표와 비재무적 지표의 균형
- 장기적 성과와 단기적 성과의 균형
- 내부역량성과와 외부 시장 성과의 균형
- 수평적 균형과 수직적 균형의 통합
- 가치사슬(value chain) 전체의 통합 성과 지향

새로운 성과측정 시스템의 틀

성과측정 시스템을 구축할 때의 주제는 무엇보다도 전략적 과제의 달성에 의미 있는 어떤 중요 지표를 선별하여 관리할 것인가의 의사결정이 될 것이다. 즉, 어떤 지표를 중심으로 성과측정 시스템을 구성해야 기업의 목표 달성에 타당할 것인지에 관한 것이다.

성과측정 시스템의 구축과 관련하여, 성과측정 척도의 선택방법과 성과측정 척도를 분류하는 방법은 다양하게 제시되고 있다. 카플란과 노턴(Kaplan & Norton)의 균형성과표(balanced scorecard)는 성과지표를 재무적 관점, 고객관점, 내부 경영관점, 혁신과 학습관점의 네 가지 영역으로 종합하여

제시한다. 균형성과표는 또한 단기 성과로서의 이익, 중기 성과로서의 시장, 그리고 장기적 성과로서 혁신의 균형 잡힌 시각을 제공하도록 되어 있다. 이 성과측정 방법은 현재 전략적 경영을 위한 중요한 도구로 활용되고 있는데, 예를 들면 비전의 해석, 의사소통, 목표설정, 보상체계, 사업계획편성, 피드백과 학습의 전략관리 사이클과 연계될 수 있도록 상위 전략 목표선정에서부터 프로세스, 기능부서, 조직계층별로 적용하는 단계 별 프로세스를 제시하고 있다.

피저랄드 등은 성과측정 시스템을 사업 기능의 주요 3요소로서 자원부문, 고객부문, 재무부문으로 제시하면서 이들 상호간의 결과와 결정요인(results and determinants)으로서의 작용을 제시하고 있다. 이들이 제안한 성과측정 시스템의 틀은 실제 현금흐름을 반영하는 관리 회계지표로부터 출발하여 활동기반 경영(activity-based management) 및 제약조건이론(theory of constraint : TOC)의 개념을 수용하고 있으며, 경쟁능력 지표와 고객만족 지수를 개발하는 시도를 보이고 있다.

이들이 제시한 성과측정 시스템의 틀은 그림 14-2와 같다.

이와 같이 성과측정 시스템은 성과 지표들이 단기 회계적 지표에만 치우치지 않고, 기업의 전략적 차원에서 장기적 목표 달성에 중요한 지침을 제공하고 관리하는 도구가 될 수 있도록 고려되어야 한다.

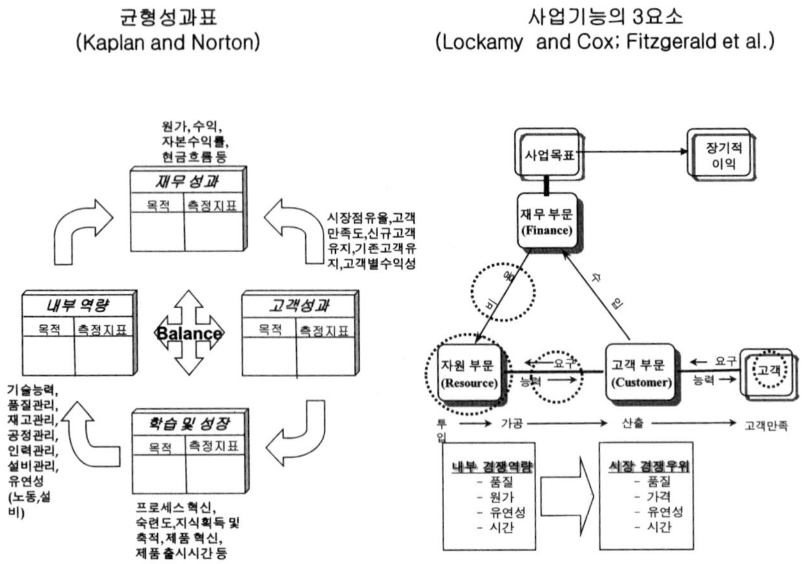

그림 14-2 성과측정 시스템의 예

성과측정 시스템 구축의 예

본 예에서는 전략적 성과측정 시스템을 구축하는 사례를 제시한다. 전략적 평가시스템은 경영자를 위한 의사결정 지원용 평가체계로서 기업의 전략적 지향과 핵심 경쟁역량을 모니터링할 수 있게 설계되어야 한다. 이러한 성과측정 체계 하에 경영자는 기업의 경쟁력 평가 내지 조직역량의 진단 결과를 주기적으로 제공받음으로써 경영 활동을 보다 전략적이고 장기적인 안목에서 수행할 수 있게 된다.

본 예에서 제시되는 전략적 성과측정 시스템의 성과척도는 그림 14-2와 같이 네 가지 차원으로 구성되어 있다. 첫째, 성과동인(drivers)은 성과향상을 위한 조직적 역량 또는 잠재적인 능력으로서 장기적인 성과를 반영한다. 둘째, 경쟁역량(manufacturing competencies)은 제조부문의 역량으로 내부적인 관점에서의 성과이자 시장성과의 동인으로 작용하는 차원의 척도들로 구성되어 있다. 셋째, 시장성과(market competitiveness)는 시장에서 발현되는 성과로 궁극적으로 재무적인 성과의 기반이 되는 성과지표들이다. 마지막으로 재무성과는 단기적인 성과로 제조부문의 역량이 기반이 되고 또한 전체 조직에서의 성과에 의한 결과를 반영하는 성과 지표라 할 수 있다.

성과동인

성과동인(performance drivers)은 제조업의 경쟁력 지표로 측정되는 경쟁역량의 기반이 되는 역량을 의미한다. 경쟁역량은 품질, 시간, 유연성, 비용 등 네 가지 차원의 성과지표로 구성되어 있는데, 성과동인은 각각의 개별 역량이 아닌 전체적인 경쟁역량에 영향을 미치는 요인들이다. 성과가 좋은 기업과 성과가 떨어지는 기업들을 관찰해보면 조직문화적인 측면에서 일반적으로 발견되는 차이가 있다. 예컨대, 최고경영자의 리더십이나 조직구성원들의 업무몰입 정도, 인적자원의 능력, 노사관계의 협력적 수준 등 일반적 성과지표로는 파악할 수 없는 요인들이 성과의 차이를 가져오는 근본 원인이 되는 것을 발견하게 된다. 이렇게 직접적으로 성과로서 측정되지는 않지만 조직 전반의 분위기, 풍토, 문화적인 요인은 성과를 내는 동인으로 작용하는 것으로 믿어진다. 따라서 조직 진단 등의 방법으로 이를 평가하여 지속적인 개선의 도구로 활용하는 것이 중요하다.

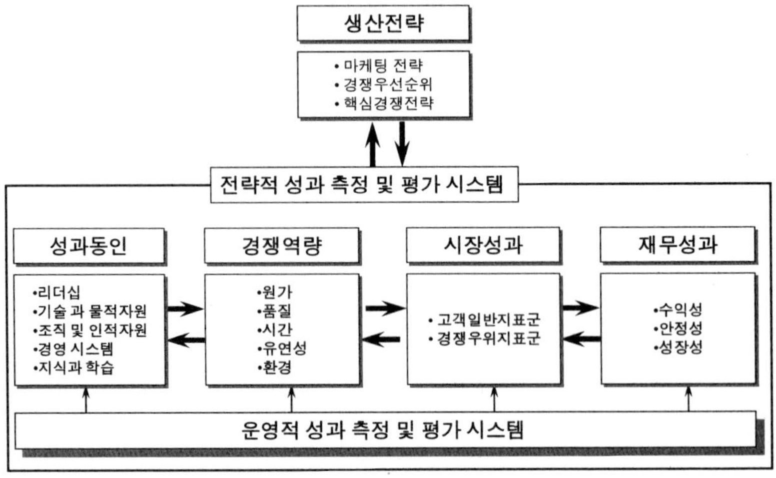

그림 14-3 전략적 성과측정 체계(예)

성과동인은 조직의 기초체력과 같다. 목표와 성과를 향상시키기 위한 지속적인 개선도 현재의 역량을 정확히 알지 못하면 불가능하거나 효과가 떨어진다. 예를 들어 품질혁신이 조직의 중요한 전략적 과제가 되었을 때, 성과는 품질지표로 측정하게 된다. 그러나 현재 측정된 성과는 과거에 기울여진 노력의 결과이기 때문에, 그 측정결과를 놓고 현재의 역량수준이 개선되고 있는지 정확히 반영하지는 못한다. 성과동인은 미래의 성과 향상을 위한 단서를 제공할 수 있는 지표다. 이와 같이 성과동인에 대한 평가는 보다 장기적으로 역량의 강화를 가져올 수 있는 활동을 간과하지 않게 한다.

경쟁역량

경쟁역량의 차원은 생산이 탁월하게 수행해야 할 과업을 말한다. 생산전략의 문헌연구를 통해서 레옹(G. K. Leong) 등은 생산이 탁월하게 수행해야 할 생산과업의 영역으로 품질, 납기 속도, 납기의 신뢰성, 가격(원가), 그리고 신축성을 들고 있다. 그러나 이들 각 영역은 총칭(generic term)이기 때문에 구체적으로 그 내용이 무엇을 의미하는지에 대해서 명확히 하지 않으면 안 된다.

예컨대 신축성은 다시 생산량의 증감을 신속하게 하는 능력의 차원과 다양한 제품을 신속하게 출시하는 능력의 차원으로 나눌 수 있다. 그리고 각 총칭적인 표현을 구성하는 척도는 매우 다양하다.

품 질	납 기	원 가	신 축 성
- 성능 - 특성 - 신뢰성 - 적합품질 - 내구성 - 심미적 수준 - 인지된 품질 - 가치	- 제조 리드타임 - 신제품 소개율 - 인도 리드타임 - 납기 준수율 - 인도 주기	- 제조원가 - 부가가치 원가 - 판가 - 운전비용 - 서비스 원가	-자재 품질 -신제품출시능력 - 제품변경능력 - 납품 신축성 - 양적 신축성 -제품구색신축성 - 자원 신축성

표 14-1 생산과업의 다양한 차원, * 자료 : Neely, 1995, p83.

표 14-1에서 볼 수 있듯이 신축성이라 하더라도 제품의 생산량(volume)을 신속히 변경할 수 있는 능력으로 볼 수도 있는 반면, 신제품을 신속하게 개발해 내는 능력으로 보는 경우도 있다. 따라서 기업의 성과측정 시스템을 설계할 때는 자사의 전략이 추구하는 방향에 일관되도록 성과척도를 구체적으로 정의해야 한다. 이하 각 생산과업의 영역 별로 자주 논의되고 있는 성과측정의 척도들에 대해서 살펴본다.

1) 품질에 관한 성과측정

품질은 가격, 유연성, 납기, 서비스와 같은 여러 경쟁우위변수의 하나인데도 불구하고, 모든 선진 기업의 예에서 보듯이 우수 기업은 하나같이 품질을 최우선 과제로 하고 있다. 그만큼 품질의 역할이 중요하기 때문이다. 품질은 원천적인 공정 능력에서 비롯되는 것이지 제품검사나 단순한 기법을 도입한다고 만들어지는 것이 아니다.

기존의 많은 연구에서 밝혀진 바에 의하면, 품질은 위의 경쟁 변수 중에서 가장 기반이 되는 요소로 알려져 왔다. 퍼도우즈와 드메이어의 연구결과는 마치 모래성을 쌓을 때처럼, 품질 기반이 밑바닥에 자리잡으면 그 위에 납기 능력이 축적되고, 다시 그 위에 원가, 유연성의 순으로 경쟁우위 요인이 형성된다는 것이다. 다시 말하면 품질 기반이 없으면 다른 어떤 경쟁능력도 강화될 수 없다는 것이다.

모래성 이론은 경쟁능력 간의 상호 연계성을 암시하는 것이다. 예컨대 낭비와 재고를 제거하면서 동시에 공정 내 자재의 흐름을 원활하게 하기 위한 JIT방식의 어프로치는, 낮은 재공품 재고, 품질, 납기, 유연성의 향상을 이루어 내고 있다. 결론적으로 생산에 있어서의 역량축적에 있어서 경쟁우위 변수 간에는 상호 연계되어 있고, 그 핵심에는 품질이 자리 잡고 있다는 것을 알 수 있다.

제품의 품질은 사용상의 적합성(모양, 특성적합, 기능), 신뢰성, 일관성, 요구(requirements)에의 합치 등 다차원의 구성 개념을 총칭하는 용어다. 또한 품질은 해당 기업의 역량 축적 수준에 따라 개념이 서로 다르다. 예컨대 표준으로부터 이탈되지 않으면 되는 적합품질이 관심사인 기업도 있는 반면에 설계상의 제품 성능이 관심사인 기업의 경우, 서로 같은 품질을 논하는 것이 아니다. 품질의 단계별 유형은 다음과 같이 개념화 할 수 있다.

① 적합품질(conformance). 제품을 설계규격에 맞게 균일한 품질로 안정되게 생산할 수 있는 능력을 말한다. 이 능력은 생산공정이 안정되지 않으면 발휘되기 어렵다. 다시 말해서 생산방법이나 라인의 통제능력이 중요하다.

② 신뢰품질(reliability). 제품의 수명이나 내구성, 성능의 올바른 작동 등

제품의 특성이 옳게 발휘될 수 있는 제품을 공급하는 능력이다.

③ 성능품질(performance). 고객이 요구하는 여러 가지 높은 성능의 제품을 공급하는 능력이다.

④ 감성품질(amenity). 같은 성능이라도 감성적으로 우월한 제품을 공급하는 능력이다.

품질 개선의 개념도 그 기업이 현재 처해 있는 역량의 수준에 관계가 된다. 전반적으로 보면 품질경영에서 앞서가는 일본 기업들은 성능품질이나 감성품질을 관리하는 단계에 가 있다면, 한국 기업은 아직 생산공정에서 설계대로 불량품을 덜 내고 균일한 품질을 제조하는 적합품질이 중심적 이슈다. 그러나 최근 경영자들은 제품의 품질이 갖는 중요성을 인식하면서 식스시그마 품질경영과 같은 TQM을 응용한 다각적인 대응이 전개되고 있다.

2) 납기에 관한 성과측정

오늘날의 핵심 경쟁우위는 과거의 원가우위와 품질을 기반으로 하던 시대에서 이제는 시간을 기반으로 한 경쟁으로 관점이 변하고 있다.

우량기업들이 생산과정 상, 또는 신제품의 출시, 판매와 분배에 있어서 시간을 관리하는 방법은 가장 강력한 경쟁우위의 원천이 되고 있다. 전통적으로 생산은 한정된 자원을 요하는 수많은 작업이나 활동들 간의 충돌로 인하여 리드타임(lead time)을 길게 하는 경우가 많았다. 생산계획을 세우기 위해서는 리드타임 기간을 선행하여 수요예측이 이루어져야 하는데, 수요예측이란 본질적으로 추측이기 때문에 틀릴 수밖에 없는 것이다. 따라서 리드타임이 더욱 길어질수록 생산계획의 정확성은 보다 낮아지게 된다. 그 결과 안전재고의 필요성이 커지면서 재고가 증가될 것이다. 수요예측상의 오류는 또한 생산현장에 있어서 계획 외의 작업과 독촉을 유발하며, 결과적으로 리드타임을 더욱 길게 해야만 하는 악순환에 빠져 지체와 원가의 상승 등 시스템상의 비효율을 초래하게 된다.

특히 리드타임이 길다면 현재의 시장여건의 특징인 다양한 제품구색의 요구를 신속히 맞추어 나가는 신축적 생산시스템을 실현하는 것은 불가능하다.

시간과 관련한 성과측정은 제조리드타임, 원재료의 구매에 대한 리드타임, 생산계획과 통제에 있어서의 생산계획 준수율, 신제품 출시 사이클타임 등이 중요한 대상이 된다.

3) 원가에 관한 성과측정

원가절감에 관련된 성과측정에는 재무적 지표가 많이 쓰인다. 그러나 오늘날의 사업환경은 이미 현저히 변화되어 있기 때문에 과거의 환경에서 적용되던 재무적 지표에 의한 통제는 더 이상 타당하지 않다는 지적이 많다. 특히 종래의 회계시스템에서의 간접비 배부방법은 원가상의 왜곡을 가져오는 원인이 되고 있는데, 이는 오늘날 생산시스템의 발달에 따라 생산원가에서 직접노무비가 차지하는 비중이 점차 낮아지고 반면에 전체 제조간접비의 비중은 커졌기 때문이다.

원가회계 시스템은 단위 영업기간 동안의 노무비, 재료비, 간접비 등 자원의 소요에 대한 피이드백을 제공하는 운영통제(operational control) 기능과 개별 제품원가를 산출해내는 기능이 있어야 한다. 그러나 대부분의 원가회계는 재무보고나 세무보고의 요건에 맞추어 기간별 총생산원가를 매출원가와 재고에 배분하는 재고자산 평가에 중심을 두고 있다. 그 결과, 자원사용에 대한 피이드백이 지체되고 너무 총괄적이어서 운영통제에 도움이 되지 않는다.

또한 원가절감을 위해서 자주 사용되는 표준원가에 의한 원가차이분석은 부분적정화 현상을 초래할 위험이 있다. 예컨대 구매단가의 표준원가 차이를 강조하다 보면 구매담당자로 하여금 품질이 다소 문제가 있더라도 다량의 구매에 의해서 가격할인을 받는 방향의 구매를 하도록 유도하게 되며, 결과적으로 재고유지비의 상승, 재고의 진부화 비용의 증가로 총원가로 볼 때는 오히려 원가가 상승하는 결과가 될 수 있다. 이와 유사하게 직접재료비의 사용효율이나 직접노무비 효율을 강조하면 불필요한 생산과 초과재고를 유발하는 원인이 된다. 또한 표준원가차이를 강조하는 것은 지속적 개선이라는 적시생산체계(JIT)의 사고와 부합되지 않는다. 예를 들어 품질을 개선하는 것도 표준이 있다기 보다는 끊임없는 개선이 요구되는 것이다.

마서(H. Mather)는 전통적으로 원가를 보는 관점인 직접노무비, 직접재료비, 제조간접비와 일반관리비 등은, 회계적 계정과목으로서는 적합할지 모르나 원가를 낮출 가능성이 어디에 존재하는지 알려주는 기능이 결여되어 있음을 지적한다. 원가의 절감은 비부가가치(non-value added) 활동인 낭비를 제거함으로써 생기는 것이다.

적시생산체계(JIT)에서는 가치를 부가하는 데 절대로 필요한 최소한의 장비, 원재료, 부품, 공간, 정보, 사람, 시간을 초과하는 모든 것을 비부가가치 낭비로 정의한다. 이렇게 볼 때, 불량에 의한 폐기, 원재료의 취급비용, 검사비용, 품절에 의한 손실, 설계변경에 대한 수정작업, 불량발생에 따른 재작업 등 부가가치를 내지 못하는 모든 활동을 제거하는 것이 진정한 원가절감이다. 이상의 논의와 같이 원가절감을 위한 성과측정은 매우 주의 깊은 고려가 요구된다. 경쟁여건의 변화에 따라 원가관련 재무적 지표를 바탕으로 공정을 통제하려 할 경우, 간혹 단위 공정의 목표를 맞추기 위해서 결과적으로 전체적으로는 효과성을 떨어지게 하는 결과를 빚을 수 있다.

4) 신축성에 관련된 성과측정

신축성은 오늘날의 생산경쟁력에 있어서 가장 절실히 요구되는 특성이다. 일본 기업들의 개선활동을 연구한 결과에 의하면 신축성에 대한 목표는 품질, 납기, 원가의 개선이 이루어지고 난 이후에야 실현가능한 목표인 것으로 밝혀졌다. 다른 개선 목표에서 상당한 성과를 축적하지 않고서는 합당한 비용으로 신축성의 향상을 이룬다는 것은 불가능하다는 것이다.

신축성은 생산시스템이 제품의 종류나 양을 얼마나 신속히게 변화시킬 수 있는가의 척도이다. 좀더 구체적으로 신축성은 생산량, 제품믹스(mix), 고객사양에 따른 제품의 설계변경, 신제품 출시, 신기술의 채택에 있어서 신속하게 응답하는 능력으로 정의된다.

기업들은 흔히 시장으로부터의 수요변동에 대응하기 위해서 무리한 독촉과 일정변경으로 생산공정에 큰 혼란을 야기하는 경우가 많다. 신축성이 탁월하기 위해서는 모든 방면의 생산활동, 즉 설계변경 능력, 개발능력, 생산능력의 변경, 작업전환의 신속성, 작업경로의 변경, 일정변경, 작업자의 다기능 능력에 있어서 탁월할 것이 요구된다. 신축성의 향상은 결국 생산 프로세스의 모든 국면에 있어서 리드타임을 단축해야 가능한 것으로, 적시생산체계(JIT)에 있어서의 목표인 낭비제거, 공정과 기술의 혁신은 본질적으로 신축성 향상으로 연결된다.

시장 성과

최근 대부분의 기업들은 기업운영의 최우선의 가치로 고객중심 내지 고객만족을 꼽고 있다. 이제 기업은 단순히 제품성능의 향상이나 기술혁신을 강조하는 것을 넘어, 새로운 시장을 창조하고 기존 시장에서의 우위를 유지해야 한다는 마케팅적 사고를 가져야 한다. 이는 고객가치를 명확하게 정의하고 생산활동에서 그 가치를 제대로 빚어내어 고객을 만족시키는 능력에 달렸다고 할 수 있다.

성과측정 시스템에 있어서도 이러한 고객관점의 수용이 필요하다. 사업이 장기적으로 성공적인 재무 성과를 달성한다는 것은 많은 고객을 창출하고 획득한 결과다. 고객은 자신이 원하는 가치를 찾아 구매행동을 결정하며, 한 기업의 고객획득은 무엇보다도 고객이 원하는 가치를 담고 있는 제품과 서비스를 통해 가능하다. 결국 기업의 내부역량이란 시장에 고객가치를 담은 제품과 서비스를 제공할 수 있는 능력이라 할 수 있다. 따라서 실제 시장에서 고객가치로 이어지지 못하는 생산부문의 경쟁역량은 진정한 경쟁력이라 부를 수 없다.

고객 관점을 수용한 성과측정은 고객가치를 창출하여 고객획득으로 이어지는 일련의 과정과, 이 과정을 통해 구현된 기업의 경쟁우위를 측정하고 평가하는 것을 의미한다. 잘 정의된 시장 관점의 성과측정은 경영자로 하여금 기업의 장기적인 전략과 목표에 부합하는 실행계획과 목표를 고객가치 중심으로 구체화 할 수 있도록 해준다. 그리고 시장 성과의 향상은 직접 재무적 효과로 이어져 기업의 지속적인 성장을 보장할 것이다.

그림 14-4는 시장성과의 관리를 위한 지표의 구성을 보이고 있다.

관리되는 지표의 유형은 제품과 서비스로부터 창출되는 가치 척도, 고객과의 관계에서 창출되는 가치척도, 이미지와 명성을 통한 가치척도로 구분할 수 있다. 측정항목으로는 일반적인 경쟁우위 지표인 가격, 품질, 납기의 적시성, 단납기 제공, 고객화(customization) 정도, 서비스를 포함하여 고객의 구매 결정요인에 관한 지표인 성능, 기능, 고객응대, 구매과정 만족도, 고객 충성도 등이 포함된다.

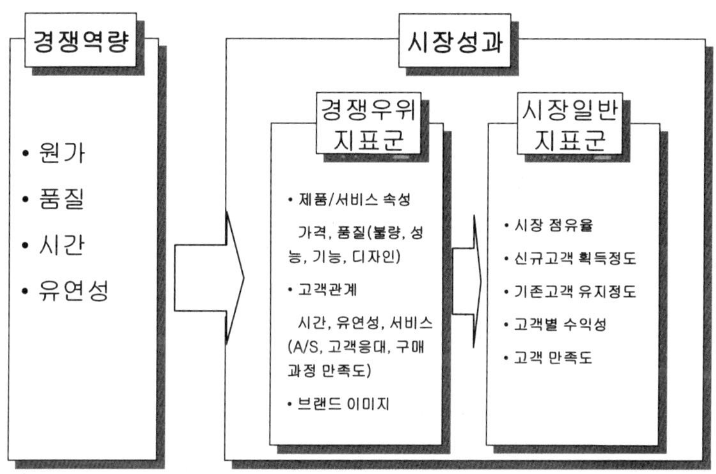

그림 14-4 시장성과의 정의와 구성요소

재무적 성과

종래 성과측정에서 사용된 재무지표들은 회계정보에만 치중한 결과, 경쟁역량의 향상과 연결되지 않는다는 지적이 많았다. 이를 보완하기 위해서는 기업의 수익성을 생산활동과 관련하여 살펴보아야 한다. 생산활동과 관련된 재무지표의 유형은 활동성, 수익성, 성장성의 세 영역으로 나눌 수 있다.

1) 활동성

생산 활동이 활발히 일어나고 있는가를 측정하는 것으로 이를 통해 효율적인 생산 활동이 이루어지고 있는가를 알 수 있다. 활동성을 나타내는 지표로는 자산의 회전율, 노동 및 자산의 생산성, 각 부문의 운영비용 등이다. 회전율 지표에는 재고회전율, 재공재고 회전율, 고정자산 회전율, 생산성지표(노동생산성, 자산생산성, 설비이용률, 공수회수율, 자재비 손실률 등이 포함된다.

2) 수익성

기업의 이익창출능력을 측정하는 지표로서 기업의 역량이 가치로 표현되는 것이라 할 수 있다. 수익성 지표의 예로는 종업원당 순이익율, 투자수익율(ROI), 자산수익율(ROA)이 포함된다.

3) 성장성

기업의 성과지표가 전기에 비해 얼마나 나아졌는가를 측정하는 것으로 위의 활동성 지표와 수익성지표의 개선정도를 통해 기업의 미래를 예측한다. 기존의 재무적 성과측정에서는 주로 수익성 지표에 대해서만 성장성을 평가하였으나 활동성에 관한 지표에 대해서도 성장률을 측정할 필요가 있다.

수행도 평가

1. 다음 중 종업원이 인센티브 보상을 결정하는 어떤 척도의 목표치가 쉽게 달성될 때 보일 수 있는 반응은?

   A. 그 척도를 무시한다.
   B. 그 목표치 만큼만 달성하려고 열심히 노력한다.
   C. 그 척도의 성과를 최대화하려고 열심히 노력한다.
   D. 그 척도의 성과와 다른 척도 간 균형을 맞추고자 한다.

2. 국내적 또는 국제적 품질 상 또는 증명은 기업에 있어서 다음 중 어떤 역할을 하는가?

   A. 개선의 출발점
   B. 개선을 위한 표준(benchmark)
   C. 비교 가능한 산업표준
   D. 의무적인 성과수준

3. 성과 측정이 어떻게 이루어질 때 개인의 의욕을 잃게 할 수 있는가?

   A. 보상에 직접 영향을 주지 않는다.
   B. 성취 하기 어려운 목표를 준다.
   C. 그 사람이 인지하는 영향력을 넘어서는 영역의 평가를 한다.
   D. 프로세스 효과성의 지표를 쓴다.

4. 다음 척도 중 인도 신뢰성(delivery reliability)을 향상시켜 고객 주문을 창출토록 할만한 것은?

   A. 주일정 부합성(master schedule conformance)
   B. 견적된 리드타임(quoted lead times)
   C. 재고수준(inventory levels)
   D. 총 요소 생산성(total factor productivity)

5. 다음중 효과적인 성과 측정시스템의 가장 중요한 기능은?
   A. 의사소통 하기(communicating)
   B. 평가 하기(evaluating)
   C. 재고 수준(inventory levels)
   D. 총 요소 생산성(total-factor productivity)

6. 다음 중 제품 믹스(product mix) 상의 신축성(flexibility)을 개선시키기 위한 노력과 가장 부합되는 것은?
   A. 동요하는 생산능력
   B. 급격한 공정 개선
   C. 표준화된 공정
   D. 높은 수준의 자동화

7. 다음 중 제품 품질개선과 원가감소를 동시에 이룰 수 있는 것은?
   A. 최종 검사의 수준 향상
   B. 간접 노동의 감소
   C. 계획 시스템의 개선
   D. 부품 표준화 정도의 증가

8. 다음 중 기능횡단적 품질 개선 노력(cross-functional quality improvement efforts)을 증진시키는 것과 가장 관련이 없는 것은?
   A. 품질 평가 비용(cost of quality appraisal)
   B. 부문 별 폐기 비용(departmental scrap cost)
   C. 결점 확인과 수정까지의 경과시간(time between defect identification and correction)
   D. 제품 보증 클레임과 반송률(product warranty claim and return rates)

9. 이것을 줄이면 인도 신뢰성과 인도속도를 동시에 개선할 수 있다. 다음 중 이것과 가장 관계가 깊은 것은?

A. 대기시간(queue times)
B. 공급자 리드타임(supplier lead times)
C. 준비 시간(setup times)
D. 작업 주기(operation cycle time)

10. 다음 중 비용 관리 자료를 이용한 성과평가의 이점은?
A. 수집 비용이 적게 든다.
B. 보고가 적시에 가능하다.
C. 척도가 이해하기 쉽다.
D. 다른 회사와 비교가 가능하다.

참고문헌

강두원, 곽재호, 주요섭 편저, 공급망 관리 기초, KPICS, 2002

문근찬, 현대 생산관리, KPICS, 2008

J. R. Tony Arnold, Stephen N. Chapman, 공급망 관리 기초, 피어슨에듀케이션, 2002

Adam, E. E. and P. M. Swamidass,"Assesing Operations Management from a Strategic Perspective", *Journal of Management,* Vol. 15, No. 2, 1989.

Andrews, K. R., *The Concept of Corporate Strategy*, Homewood, Irwin. 1980

Anthony, R. N., *The Management Control Function*, The Harvard Business School Press, 1988.

APICS, *CPIM – certification review course*, 2012

APICS, CPIM Certification Series(All modules), 2012

APICS, Series CPIM – Detailed Scheduling and Planning, 2012

APICS, Series CPIM – Execution and Control of Operations, 2012

APICS, Series CPIM – Master Planning of Resources, 2012

APICS, Series CPIM – Strategic Management of Resources, 2012

APICS, Series CPIM – Basics of Supply Chain Management, 2012

Buffa, E. S. and R. K. Sarin, Modern Production Operations Management, 8th ed., New York: Wiley, 1987.

Goldratt, E. M. and J. Cox, The Goal, rev. ed., Croton-on-Hudson, NY:North River Press, 1986

Hill T., *Manufacuring Strategy – Text and Cases*, Richard D. Irwin, Inc., 1989.

J.R. Tony Arnold and Stephen N. Chapman, CFPIM, Introduction to

Materials Management Fifth Edition, 2004

Johnson, H. Thomas and Robert S. Kaplan, *Relevance lost – The Rise and Fall of Management Accounting*, Harvard Business School Press, 1987.

Kaplan, R. S. & D. P. Norton,"The Balanced Scorecard – Measures that drive performance", *Harvard Business Review*, January-February, 1992.

Mather, H., *Competitive Manufaturing*, Prentice Hall, 1988

Neely A., J. Mills, K. Platts, M. Gregory and H. Richards,"realizing strategy through Measurement", *IJOPM*, Vol. 14, No. 3, 1994. Hall, R. W., H. Thomas Johnson and Peter B. Turney, *Measuring up – Charting Pathways to Manufacturing Excellence*, Business One Irwin, 1991.

Orlicky, J., Material Requirements Planning. New York: McGraw-Hill, 1975.

Skinner, W.,"Manufacturing – Missing link in corporate strategy", *Harvard Business Review*, 46(3), 1969.

Vollmann, T. E., W. L. Berry, and D. C. Whybark, Manufacturing Planning and Control Systems, 3rd ed., Homewood, Irwin, 1992.

수행도 평가 해답

장	해답									
1. 개요	A	B	A	A	B	C	A	D	D	C
2. 수요예측	B	A	C	A	B	B	B	A	A	D
3. 판매 및 생산계획	B	B	D	C	C	D	C	A	A	B
4. 기준생산일정	B	C	C	B	B	A	C	B	C	D
5. 자재소요량계획	A	B	B	D	C	B	A	C	C	A
6. 생산능력계획	B	C	A	D	B	A	C	A	D	C
7. 생산의 실행과 통제	A	D	C	B	D	C	D	D	D	C
8. 재고관리 기초	A	D	B	A	A	B	A	C	D	A
9. 재고통제시스템과 재고모형	D	B	D	A	A	A	A	A	C	C
10. 적시생산과 제약이론	B	A	A	C	B	D	C	C	D	D
11. 제약자원이론	D	A	C	C	D	D	A	B	C	B
12. 물적 유통	A	B	B	A	C	B	D	A	A	A
13. 품질경영	A	B	C	D	C	D	C	B	A	C
14. 제조기업의 성과측정	C	B	C	A	A	C	D	B	A	A

색인

저자약력

• 서울대 사범대학 졸업(이학사), 경북대(경영학 석사),)

• 아주대 대학원(경영학 박사), 미 Indiana대학교 교환교수

• 미 APICS 생산재고관리협회 CPIM 인증

• LG그룹(정보통신, LG-EDS, LG인화원, LG전자)

• 현, 숭실사이버대학교 경영학과 교수, e-mail : kcmoon@mail.kcu.ac

• 저서 : 현대생산관리의 이해(KPICS, 2005, 2008),

• 창업론(한티미디어, 2005, 2009), 리더십 산책(2003, 2007),

• 경영학(한티미디어, 2005, 2012), 혁신과 변화관리(2006)

CPIM 개론

2012년 12월 25일 초판 1쇄 발행

저 자 문 근 찬

발행인 김 준 호

발행처 한티미디어

121-869 서울시 마포구 언남동 570-20

전화: 02-332-7993~4 팩스: 02-332-7995

정가 22,000원 ISBN 978-89-6421-143-4 93320